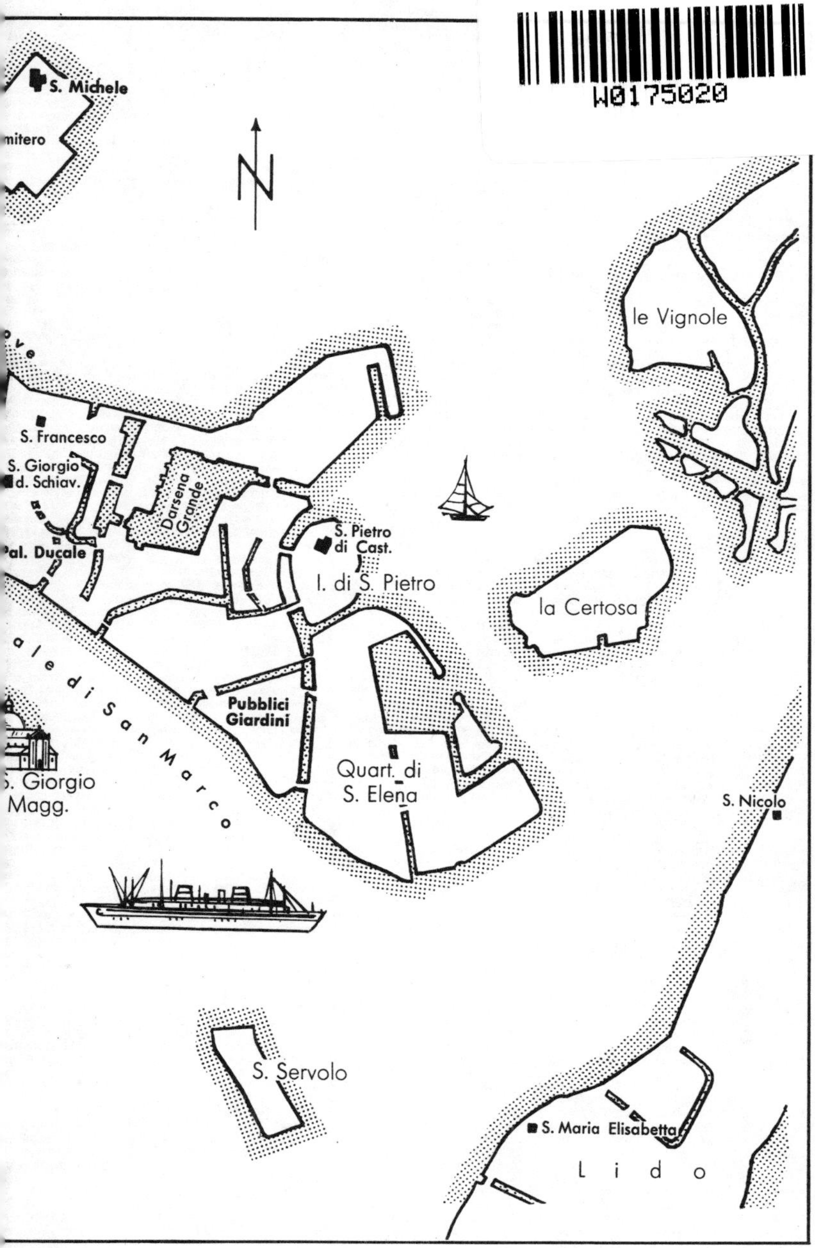
S. Michele
mitero
ve
S. Francesco
S. Giorgio
d. Schiav.
Darsena Grande
Pal. Ducale
S. Pietro
di Cast.
I. di S. Pietro
le Vignole
la Certosa
ale di San Marco
Pubblici
Giardini
. Giorgio
Magg.
Quart. di
S. Elena
S. Nicolo
S. Servolo
S. Maria Elisabetta
L i d o

Humbert Fink

Begegnung mit Venedig

Für Ulrike und Gregor

Humbert Fink

Begegnung mit Venedig

Pinguin-Verlag, Innsbruck
Umschau-Verlag, Frankfurt/Main

Farbphotos von: Michael Leischner, Seite 32, 33, 57, 96, 97, 128, 129, 161; Ferdinand Neumüller, Seite 48, 64, 65, 80, 160, 224, 232; Erik Pflanzer, Seite 81, 120, 145; Hella Pflanzer, Seite 49, 56, 121, 144, 225, 233.

A-6021 Innsbruck

Schutzumschlag: Jochen Pabst, München
Lasersatz: Josef Maringer, 5751 Maishofen
Farbreproduktionen: Ifolith, Fotolitho, 6020 Innsbruck
Druck- und Bindearbeiten: Carl Ueberreuter
Druckerei Ges. m. b. H, 2100 Korneuburg
Printed in Austria
ISBN 3-7016-2298-1

Inhaltsverzeichnis

Venedig, Stadt der Widersprüche

Man sollte sich in Venedig nie ganz sicher sein, daß das, was man sieht, mit der Wirklichkeit übereinstimmt. Nicht einmal dem, was man für sein Spiegelbild hält, darf man blindlings vertrauen. Venezianische Spiegel haben manchmal einen doppelten Boden. Und das, was man darin zu erkennen vermeint, ist nichts weiter als eine Illusion.

Wahrscheinlich erblickt man deshalb selbst bei strahlendem Sonnenschein so viele Venezianer, die mit einem eingerollten Regenschirm unterm Arm am Morgen ihr Haus verlassen. Und ihr Mißtrauen ist durchaus gerechtfertigt. Irgendwann, in irgendeinem Winkel der Stadt wird es — sofern es sich um die winterliche Jahreszeit handelt, die in Venedig unberechenbar ist — ganz gewiß noch regnen. Spätestens Mitte November muß man auch immer wieder einmal damit rechnen, daß die halbe Stadt mit einem verdrießlichen Seufzer ins graugrüne bis schwärzliche Wasser der Lagune eintaucht. Vorsichtige Charaktere gehen dann nie ohne Gummistiefel aus dem Haus, und es ergibt ein hübsches Bild, wenn am Abend — da das Wasser vom Markusplatz wieder abgeflossen ist — dekorativ gekleidete Damen in schwerem Stiefelzeug über die hölzernen Gehsteige balancieren, die jetzt natürlich überflüssig sind.

Wer nach Venedig kommt, erwartet sich ein Wunder. Und in irgendeiner Form wird dieses Wunder auch eintreffen. Man weiß allerdings nie ganz genau, wie weit die Venezianer dabei ihre Hand mit im Spiel haben. In der Santi Giovanni e Paolo, der Klosterkirche der Dominikaner unmittelbar neben dem Ospedale Civile, findet sich neben und über dem Eingangsportal ein Monument für den Dogen Alvise Mocenigo I., der ein ungemein frommer und freilich auch recht kluger Mann gewesen sein muß. Im Jahre 1574 — da bekleidete Alvise Mocenigo gerade vier Jahre lang das Amt des Dogen — war er Gastgeber des damals 23jährigen französischen Königs Heinrich III., dem zu beweisen war, wozu Venedig wirklich imstande ist, wenn es um die Inszenierung eines Wunders geht. Man holte den jungen König vom Festland mit einem von vierhundert Ruderern fortbewegten Schiff ab, begleitet von vierzehn Galeeren und einem riesigen Floß, darauf Glasbläser zur „Belustigung des Königs alle möglichen Figuren“ formten, wie es in einem zeitgenössischen Bericht heißt. In Venedig selbst war dann der Palazzo Foscari am Canal Grande als Gästehaus eingerichtet. Die Bilder, welche die verschiedenen Gemächer schmückten, stammten von Bellini, Tizian, Bordone, Tintoretto und Veronese. Und das abendliche Hauptbankett im Großen Ratssaal des Dogenpalastes vereinigte an die dreitausend Gäste, für die man eine Speisekarte von mehr als zwölfhundert Gerichten arrangiert hatte. Die Serviette Heinrichs war aus Zucker gesponnen. Selbstverständlich speiste man von Silbergeschirr. Dreihundert verschiedene Sorten von Zuckerwaren wurden verteilt. Und als der verwirrte junge Mann aus Frankreich endlich die üppige, luxuriös geschmückte Tafel verlassen konnte, wurde ihm die erste Oper gezeigt, die angeblich jemals in Italien aufgeführt wurde. Den krönenden Abschluß bildete die Vorführung einer Galeere, die man während des Banketts draußen im Arsenal angefertigt hatte.

Heinrich, ein eher schlichter Mensch, soll nach seinen venezianischen Erfahrungen sehr nachdenklich geworden sein. Er lebte den Rest seines Lebens im Zustand ständiger Benommenheit dahin, notierte der englische Reiseschriftsteller James Morris. Was den frommen Dogen Alvise Mocenigo angeht, der solche Verschwendung zuließ, so verstarb er drei Jahre später. Auf seinem Monument in San Zanipolo, wie die Dominikanerkirche im Volksmund genannt wird, liegt grauer Staub.

Venedig ist gänzlich anders als alles, was man bis zur ersten Begegnung mit dieser Stadt von ihr zu wissen glaubt. Die Eisenbahn fährt in die Lagunen ein, und sofort nimmt die Landschaft ein fremdartiges Aussehen und eine seltsame Farbe an, hat Hippolyte Taine 1864 festgestellt, als er über den Eisenbahndamm — den die Österreicher übrigens achtzehn Jahre vorher erbaut hatten — in die Lagunenstadt kam. An solchen Eindrücken hat sich bis heute nichts geändert. Und auch nichts an den Überraschungen, mit denen man in Venedig stets rechnen muß.

An einem prachtvollen Morgen im Spätherbst, als längst schon die Sonne gegen die hölzernen Läden meines Hotelzimmers trommelte, erschrak ich zutiefst, als plötzlich ein riesiger englischer Passagierdampfer scheinbar mitten durch mein schmales Zimmer rauschte. Das war draußen an der Riva degli Schiavoni, dem Slawonierkai, wie Baedeker um die Jahrhundertwende feststellte und dabei nicht zu erklären unterließ, daß der Name von den Handelsschiffen herrührte, die, aus Dalmatien kommend, einst hier angelegt haben. Ich gewöhnte mich dann übrigens rasch an den Anblick mächtiger Schiffsaufbauten, die gelegentlich mein Zimmer verdunkelten. Später übersiedelte ich in den gartenseitigen Trakt des Hotels, denn das laute Schrammen und Scharren der vertäuten Ausflugsdampfer und Motorbarkassen kann eine venezianische Nacht zur Qual werden lassen. Deshalb sollte man sich auch davor hüten, in einem Zimmer Quartier zu nehmen, das auf den Canal Grande hinausgeht. Der Anblick, den man tagsüber genießt, wenn man aufs aufgewühlte Wasser mit den darin schaukelnden Vaporetti und Motorbooten blickt, deren Schrauben das Wasser aufwirbeln und deren Abgase einen feinen Schleier über den Kanal legen, mag zwar romantisch sein, aber der Lärm, den das auf- und abschwellende Motorengeräusch in der Nacht verursacht, ist es weniger.

Nur wer Venedig zu lieben imstande ist, kommt auch mit den Besonderheiten dieser Stadt zurecht und wird nicht stets nach dem Nutzen dessen fragen, was er auf sich nimmt, um der Serenissima ein ebenbürtiger Gast zu sein. Von dem Geld, das man dabei kaltblütig investieren muß, sollte man in diesem Zusammenhang nicht reden. Eines Tages beobachtete ich im Café Florian auf dem Markusplatz eine Szene, in die der wahre Liebhaber Venedigs niemals verwickelt sein sollte. Eine Dame aus Österreich beschwerte sich beim Geschäftsführer dieses angesehenen oder eigentlich schon legendären Etablissements über die Höhe der Rechnung. Sie habe lediglich den unvermeidlichen Cappuccino und zwei winzige Stückchen Schokoladetörtchen zu sich genommen und sie denke nun nicht daran, dafür den Preis eines mehrgängigen Mittagessens zu bezahlen. Vielleicht hätte sie sich, wenn man es ihr bloß erzählt hätte, mit der Versicherung zufrieden gegeben, die der französische Literat Stendhal schon 1817 abgegeben hat: daß im „Florian" nämlich nur „die allerbesten Damen der ersten Gesellschaft verkehren" und man sich dort auch um ein Uhr in der Nacht nicht zu genieren brauche, gesehen zu werden. Aber der Geschäftsführer bewältigte die Situation auch ohne Zuhilfenahme literarischer Reminiszenzen, indem er einfach bedauernd die Achseln hob, der Entrüsteten einen melancholischen Blick schenkte, der es verdient hätte, in Casanovas Memoiren ausführlich beschrieben worden zu sein, und ihr dann mit unnachahmlicher Grandezza die beiden kleinen Flügeltüren aufhielt, die auf die — an jenem Tag gerade wieder einmal überflutete — Piazza hinausführen.

Das ist die eine Seite der Medaille, die in Venedig freilich mehr als bloß eine Kehrseite hat. Venedig habe, schrieb einst Voltaire, elf Jahrhunderte lang seine Unabhängigkeit bewahrt. Und er könne sich vorstellen, daß es sie für alle Zeit bewahren werde. Voltaire traf diese Feststellung zwar nur ein knappes halbes Menschenalter vor dem eher ruhmlosen Ende der Republik, aber auf eine gewisse Weise hat der französische Philosoph und Literat recht behalten. Venedig ist heute — und das in mehr als einer Hinsicht — so unabhängig wie in seinen Glanzzeiten, ohne jetzt allerdings durch irgendeine politische Bürde belastet zu sein. Man lebt sozusagen von den Zinsen jenes Kapitals, das man über rund ein Jahrtausend hinweg angesammelt hat. Und man lebt nicht schlecht dabei, wenn man einmal davon absehen will, daß die nächste große Springflut oder das nächste schwere Erdbeben die ohnedies schon schwankende, langsam in den morastigen Grund der Lagune versinkende Stadt vollends zerstören könnte.

In Venedig ist vieles ungewiß oder zumindest doppelbödig. Und jede Wahrheit, die von den Venezianern in die Welt gesetzt wurde, sollte zuerst einmal Mißtrauen erwecken. Gleichsam schaumgeboren sei die Stadt, dem bräunlichen Brackwasser der Lagune entstiegen, wird spätestens seit dem 15. Jahrhundert behauptet, als dieses biographische Versatzstück erstmals die venezianische Bühne schmückte. Auf einen Freitag hat man die legendäre Geburtsstunde Venedigs verlegt. Angeblich soll das am 25. März des Jahres 421 gewesen sein, genau um die Mittagsstunde, was die Venezianer später dazu ermutigte, einen ebenso eigenwilligen wie gegen alle üblichen Gewohnheiten gerichteten Kalender zu erfinden, dessen Tage am Abend und dessen Jahre am 1. März begannen. Der selbsterwählte Titel, mit welchem man sich fürstlich schmückte und der inzwischen längst schon zum Markenzeichen geworden ist, konnte da ohnedies nur noch „Serenissima" lauten.

Einer solchen Stadt, die weit mehr als jede andere mediterrane Metropole den Okzident mit dem Orient verbindet und die eigentlich ein orientalischer oder wenigstens levantinischer Brückenkopf auf schwankendem europäischem Boden ist, muß man (fast) alles glauben. Auch das Unvernünftige und Widersprüchliche. Auch dann, wenn man immer wieder irritiert wird durch das diffuse venezianische Licht, durch die verwischten Farben, durch verräterische oder schlichtweg unglaubwürdige Jahreszahlen oder durch sogenannte wahre Geschichten, die einwandfrei als Fälschungen identifiziert werden können. Selbst schamlose Lügen werden, wenn man sie mit graziöser Haltung vorbringt, in Venedig allmählich zu einer Art Wahrheit.

Ein Brief aus dem frühen 6. Jahrhundert skizziert allerdings das Milieu, in welchem wir uns die tatsächlichen Anfänge Venedigs — oder eigentlich Venetiens, was bei weitem nicht dasselbe ist — vorstellen dürfen. Cassiodor, der Kanzler des in Ravenna residierenden ostgotischen Königs Theoderich, schrieb diesen Brief, darin es unter anderem heißt: „Dort, in diesem Gebiet, um welches Meer und Erde sich streiten, habt ihr euch Häuser aufgerichtet wie die Nester von Wasservögeln; durch Faschinen und kunstvolle Dämme wußtet ihr eure Wohnungen miteinander zu verbinden; den Meeressand häuftet ihr an, um die Wut der Wellen zu brechen, und der scheinbar schwache Wall trotzte der Stärke des Wassers." Und an anderer Stelle schreibt Cassiodor: „Eure Erwerbstätigkeit ist einzig darauf gerichtet, Salz zu gewinnen. Und die Räume, wo es abgedünstet wird, dienen euch als Acker." Im übrigen fordert der Kanzler Theoderichs die See-Veneter auf, Wein und Öl von Istrien quer über die Adria hinüber nach Ravenna zu transportieren, was das Vorhandensein einer verhältnismäßig gut organisierten Küstenschiffahrt voraussetzt.

Dieser Brief ist also irgendwann in der ersten Hälfte des 6. Jahrhunderts geschrieben worden. Venedig selbst existierte zu diesem Zeitpunkt noch nicht. Lediglich gewisse Voraussetzungen, die seine spätere Existenz vorbereitet und ermöglicht haben, waren damals schon abgeschlossen oder befanden sich im Stadium der Vollendung. Die gefürchteten Hunnen, die um die Mitte des 5. Jahrhunderts die Nordostgrenze des römischen Reiches mühelos überrannt und die volkreichen Städte Aquileia und Altinum am nördlichen Adriaufer vernichtet hatten, waren wieder am Horizont der Geschichte untergetaucht. Die verängstigte Bevölkerung des Festlandes war vor ihnen hinaus in die Sand- und Schwemmböden geflüchtet, die sich meilenweit zwischen offenem Meer und der Küste dehnten, eine nur schwer zugängliche Region, in der damals bereits seit Jahrhunderten Jäger, Fischer und Eremiten eine Art amphibischer Existenz fristeten. Hier, wohin die hunnischen Reiter nicht kamen und wo ein Jahrhundert später — also im 6. Jahrhundert — die Langobarden vor dem weglosen Labyrinth aus Schlamm, Treibsand, verschwimmenden Horizonten und verästelten Wasserwegen resignierend umkehrten, hier fanden die Flüchtlinge vom Festland eine sichere Zufluchtsstätte.

In diesem Zusammenhang gibt es eine kleine Anekdote, die zur Legende geworden ist. Als nämlich immer neue Flüchtlinge zu den Ureinwohnern in der Lagune stießen, soll einmal ein Fischer eher ärgerlich gesagt haben, „da kommen schon wieder welche“, was damals etwa so lautete: „Veni etiam.“ Und daraus soll sich der Name „Venezia“, also Venedig, gebildet haben.

Wann kann diese Anekdote, deren Wahrheitsgehalt so bedeutend oder auch unbedeutend ist wie vieles, was mit Venedig zu tun hat, passiert sein? Im 6., 7. oder vielleicht doch erst im 8. Jahrhundert?

Manche Historiker nennen das Jahr 568 als eigentliches Gründungsdatum Venedigs. Denn in jenem Jahr hatten die ebenso kriegerischen wie rücksichtslosen Langobarden unter ihrem Anführer Alboin die Okkupation Oberitaliens praktisch abgeschlossen, was sich vor allem in der neuerlichen Zerstörung der alten römischen Städte auf dem Festland und einer dadurch verursachten zweiten großen Fluchtwelle hinaus in die der Küste vorgelagerten Lagunen und Marschen manifestierte. Grado, Torcello, Murano, Mazzorbo und Malamocco erhielten durch diesen Bevölkerungszuwachs eine neue Bedeutung und bildeten eine letzte Bastion — oder einen stets gefährdeten Vorposten — des damals bereits aus Italien verdrängten oströmischen Kaiserreiches von Byzanz.

Es ist also keine Legende, daß See-Venetien und damit in einem gewissen Sinne auch Venedig selbst „im Unglück begründet" wurde — wie das James Morris einmal ausgedrückt hat —, und zwar von Flüchtlingen, „die man ihrer alten Lebensweise beraubte und auf die Suche nach einer neuen gezwungen hatte".

Nichts am Entstehen und Werden dieser Stadt und ihres unmittelbaren Lebensraumes ist banal in dem Sinne, daß man es mit einer anderen berühmten oder auch nur berüchtigten Stadt ähnlichen Zuschnittes vergleichen könnte. Die Geburtsstunde Venedigs — auf welches Jahr man auch immer sie datieren mag — war also kein schöpferischer Akt, vergleichbar dem Werden Roms oder Athens, sondern das Ergebnis einer Katastrophe und der daraus resultierenden Konsequenzen. Keine Gottheiten, kein frommer Zauber und nicht einmal das Kreisen mächtiger Adler — wie das noch beim benachbarten Aquileia der Fall gewesen war — bestimmten Ort und Stunde des Geburtsaktes. Und selbst den Schutzpatron, lebensnotwendige Voraussetzung für die gedeihliche Existenz einer jeden mittelalterlichen Stadt, mußte man sich unter Anwendung zweifelhafter Methoden erobern.

Der erste Doge Venedigs hieß Paulutius Anafestus. Allerdings existiert zu diesem Zeitpunkt (um das Jahr 700) weder Venedig noch die Dogenwürde. Das hindert fast alle modernen Autoren, beeinflußt durch die venezianische Geschichtsdarstellung, keinesfalls daran, diesem Anafestus ihre besondere Aufmerksamkeit zu schenken. Er stammte aus Heracliana, dem späteren Eraclea, im Norden der Lagune, residierte und amtierte auch dort, wo Byzanz noch gleichsam einen halben Fuß auf das von den Langobarden beherrschte italienische Festland zu setzen versuchte, war von dem in Ravenna als Militärgouverneur fungierenden byzantinischen Exarchen als politischer Verwalter See-Venetiens eingesetzt worden und erhielt erst dreihundert Jahre später eine Biographie zugeschrieben, die nunmehr freilich alle Attribute venezianischer Geschichtsschreibung und Legendenbildung auf sich vereinigte. Demnach soll Anafestus von den Bischöfen, dem Patriarchen von Grado und den Bewohnern der lagunaren Landschaften gemeinsam zum Dux, zum Herzog See-Venetiens, ernannt worden sein. Als rühmenswert bezeichnete man auch seine Fähigkeit, mit den Langobarden auszukommen.

Daran ist lediglich wahr oder historisch abgesichert, daß Anafestus im Auftrag des Exarchen von Ravenna tatsächlich mit den Langobarden einen Vertrag, Grenzvereinbarungen betreffend, ausgehandelt hat. Er und seine unmittelbaren Nachfolger waren und blieben abhängig von den Weisungen der byzantinischen Militär- und Zivilbeamten. Und Venedig, das seine Keimzelle auf einigen Inseln rund um den heutigen Rialtobezirk hatte, spielte in jenem 7. und frühen 8. Jahrhundert noch gar keine Rolle. „Im 7. Jahrhundert noch schwach, im 8. Jahrhundert vermutlich bereits etwas dichter bewohnt“, schreibt Reinhard Lebe in einer genau recherchierten Arbeit über die Geschichte Venedigs, „erlebten die Rialto-Inseln ihren maßgeblichen Besiedlungsschub in den Jahrzehnten um das Jahr 800.“ Lebe führt das auf die Eroberung des nordöstlichen Italien durch die Franken unter Karl dem Großen zurück, dessen Auseinandersetzung mit dem Kaiserreich von Byzanz die Grenzprovinz Venetien in den Mittelpunkt des Interesses rückte. Karls Statthalter im fränkischen Italien unternahm im Jahre 809 einen Feldzug gegen See-Venetien und eroberte und verwüstete dabei einige der wichtigsten damaligen Zentren dieses Gebietes, darunter Heracliana, Pelestrina und Malamocco, das zu jener Zeit der Regierungssitz der nach wie vor von Byzanz abhängigen Herzöge war.

Übrigens hat auch hier die außerordentliche Begabung der Venezianer für die Heranbildung von Mythen dafür gesorgt, daß aus diesem durchaus erfolgreichen Feldzug der Franken ein triumphaler Sieg der Lagunenbewohner wurde. Und weil man es in Venedig als wenig schmeichelhaft ansah, daß lediglich ein Statthalter oder Feldherr Karls des Großen diesen Feldzug angeführt habe, erfanden Venedigs Geschichtsschreiber später die eindrucksvollere Version, daß es der große Kaiser selbst gewesen sei, der „die Inseln am Rialto erfolglos belagert und schließlich den Dogen gebeten hat, wenigstens der Reliquie des heiligen Markus seine Verehrung darbringen zu dürfen“. Das habe man Karl dem Großen dann auch erlaubt. Und als Dank dafür soll der Kaiser eine Lanze im Rivus Altus — dem heutigen Canal Grande — versenkt und versichert haben, „daß so wie dieser Speer niemals mehr gesehen, auch kein Feind Rialtos jemals die Stadt angreifen werde, ohne Gottes Zorn auf sich zu ziehen“.

Lebe nennt derlei herzergreifende Geschichten zu Recht „Phantasien an venezianischen Kaminen“. In diesem Zusammenhang ist es auch gar nicht mehr notwendig, daran zu erinnern, daß es zu jener Zeit die Reliquien des heiligen Markus an den Ufern des Rialto noch gar nicht gegeben hat, weil sie erst rund zwanzig Jahre später im ägyptischen Alexandria von venezianischen Kaufleuten eingehandelt wurden.

Weniger dramatisch war das, was etwa drei Jahre später im fernen Aachen passierte. Und was man nun allerdings mit einiger Berechtigung als eine Geburtsstunde Venedigs bezeichnen könnte. Denn im sogenannten Vertrag von Aachen im Jahre 812, der ein Friedensvertrag zwischen Byzanz und Karl dem Großen war, garantierte der Frankenkaiser die Rückgabe des von seinem Heer eroberten See-Venetien nebst Istrien und bestimmten Teilen Dalmatiens an Byzanz. Damit war die wichtigste Voraussetzung geschaffen für eine friedliche Entwicklung dieser Region. „Auf den Rialto-Inseln formte sich das neue Verwaltungszentrum der (nunmehr wieder) byzantinischen Provinz. Aus den früheren, jetzt zerstörten Regierungssitzen Heracliana und Malamocco übersiedelten neben vielen Tausenden auch die großen patrizischen Geschlechter nach Rialto . . . Sie haben über Jahrhunderte, zum Teil bis in die Neuzeit, den Kern der venezianischen Aristokratie gebildet und zahlreiche Dogen gestellt.“ (R. Lebe)

Der Rialtobezirk erhielt jetzt (811) auch erstmals einen eigenen Dogen. Es ist der im offiziellen Verzeichnis der venezianischen Dogen an zehnter Stelle gereihte Agnello Partecipazio, der freilich nicht, wie es in den gefälschten Urkunden heißt, von den Venezianern „per divinam gratiam“, sondern vom Kaiser in Byzanz in sein Amt gewählt wurde. Dennoch begann mit diesem Agnello Partecipazio die Reihe jener Dogen, die auf dem Rialto und damit im Herzen des nunmehr sich machtvoll entwickelnden Venedig ihren Sitz hatten.

Und damit begann ein Zauber wirksam zu werden, der bis auf den heutigen Tag nichts von seiner Wirkung eingebüßt hat.

Venezianisches Credo

Ein winziger Friseurladen am Canale di Cannaregio. Es ist noch früh am Abend. Aber die winterliche Dunkelheit ist schon längst über die Stadt gefallen. Und über die Fondamenta Pescaria wippen jetzt schwarze Regenschirme. Wind bläht sie auf, zerrt an ihnen. Mehr als das ist durch die beschlagenen Scheiben nicht zu erkennen. Auch nicht der Regen, der strähnig herabfällt. Nur die nasse Haut der tanzenden Regenschirme glänzt im dünnen Lichtschein der Laternen. Im Laden gehen Gespräche hin und her, scharf, raschzüngig, kehlig. Der Meister und sein Geselle arbeiten an diesem Abend fast im Akkord. Aber das hindert sie nicht daran, an den Gesprächen aufmerksam, fast leidenschaftlich teilzunehmen. Manchmal wird die Tür zum Laden aufgestoßen. Ein Schwall feuchter Luft dringt herein. Dann verstummt das Gespräch für einen Augenblick. Es ist, als lausche man nach draußen, wo sich hinter der kompakten Dunkelheit das Wasser im Kanal rührt. Oder ist es bloß der Wind, der den Regen gegen die Fassaden der Häuser schlägt? Ich erinnere mich an einen Friseurladen draußen an der Riva degli Schiavoni, wo ich vor ein paar Wochen gewesen bin. Auch dort diese klemmende Tür und der schmale Schlauch mit den zwei Friseurstühlen, den beiden Waschbecken, den kleinen Spiegeln mit den vergilbten Postkarten im Rahmen und diesen Bildern an der Wand, die wie hier am Cannaregio Kutter in einem Kanal zeigen, Boote in der Lagune und die Basilika von San Marco vor rötlich eingefärbtem Himmel.

Und noch etwas war den beiden Läden gemeinsam — diese Sprache, von der ich so gut wie kein Wort verstand.

Der Dialekt der Venezianer ist eine eigenständige, selbstbewußte und die Grenzen der Stadt wie selbstverständlich sprengende Sprache. Er sagt auch mehr über die Geschichte und den Charakter Venedigs aus, als es jede noch so bemühte Biographie zustande brächte. Wer diesen Dialekt zu enträtseln und zugleich auch seine vielfältigen Ursprünge zu bestimmen vermag, wird manches Geheimnis aus der Vergangenheit Venedigs dechiffrieren können.

Warum das so ist und weshalb dieser Dialekt, der immerhin die Sprache eines Goldoni und Gozzi und auch der offizielle Umgangston der Republik war, so vielschichtig und zugleich lehrreich ist, kann man bei James Morris nachlesen, der viele Jahre in Venedig zubrachte und eines der gescheitesten Bücher über die Stadt und die Venezianer geschrieben hat. Vielleicht sollte man auch daran erinnern, daß Lord Byron, der gleichfalls einige Zeit in Venedig zubrachte und den Venezianern seiner galanten Fähigkeiten wegen durchaus sympathisch war, diesen Dialekt ein „süßes Bastardlatein" genannt hat. Morris wiederum hat französische, griechische, arabische, deutsche und noch eine ganze Reihe anderer Ursprünge dieses Dialektes ausgemacht, „das Ganze versehen mit einem feinen Extraschleier durch eine ungestüme Singsangmodulation". Oft scheine, so Morris, der Venezianer gar kein bestimmtes Wort im Mund zu haben, „sondern eine butterweiche Folge von halbartikulierten Konsonanten".

Die venezianische Sprache — denn der Begriff „Dialekt" trifft die Wahrheit nur ungefähr — besitzt jedenfalls Eigenarten, mit denen sich auch die Festlanditaliener ungemein schwertun. Immerhin gibt es eine Reihe von italienisch-venezianischen Wörterbüchern, die eine Verständigung zwischen den beiden Sprachen erleichtern sollen. Gabel heißt zum Beispiel auf italienisch „forchetta", im Venezianischen aber „piron". Der Bäcker wird bei den Venezianern als „pistor", bei den Italienern als „fornaio" geführt. „Velozo" ist die Uhr in Venedig, bei den Italienern heißt das bekanntlich „orologio". Und wo der Italiener „tu sei", also „du bist", sagt, verfremdet der Venezianer das zu „ti ti xe". Die Liste dieser eher zufällig ausgewählten Beispiele könnte man beliebig fortsetzen.

„Diese distinktive und attraktive Sprache", meint Morris, „hat sich auch auf seltsame Kontraktionen und Verzerrungen spezialisiert, und die Straßenschilder der Stadt, die oft noch in der Volkssprache geschrieben sind, können den Unkundigen verwirren." Ein nahezu klassisches Beispiel dafür ist die berühmte Dominikanerkirche Santi Giovanni e Paolo, die in Venedig ganz allgemein als San Zanipolo bekannt ist.

Diese Kirche mit dem schönen Platz davor — dem Campo Santi Giovanni e Paolo, der in die gleichnamige Salizida übergeht und an seiner Westseite vom Rio dei Mendicanti flankiert wird, einem recht breiten Kanal, der am Campo und dem daran anschließenden Ospedale Civile vorbei hinaus auf die nördliche Lagune führt — wäre übrigens gleichfalls ein brauchbarer Schauplatz, um jenseits aller Venedigklischees ein unverfälschtes Bild der Stadt und ihrer Menschen zu bekommen. Ich denke da an eine kleine Bar namens „Al Cavallo", die an der Südseite des Campo liegt und in der man vor allem im Spätherbst und Winter, wenn die Flut der Touristen etwas gebrochen ist, Unterricht im venezianischen Dialekt nehmen kann. Das „Al Cavallo" hat sich im Verlauf der Zeit zu einer Art Refugium für die alten Männer dieses Viertels entwickelt. Gelegentlich stolziert eine dicke, fette und abscheulich häßliche Taube durch das Lokal, die sich hier bereits so etwas wie ein Wohnrecht erkämpft hat. Die krächzenden oder scharf gurrenden Laute, die sie in regelmäßigen Abständen hervorstößt, sind eine adäquate Ergänzung des Zischens oder Schnalzens, mit welchem sich die Männer untereinander verständigen. Von den Wänden herab blickt das furchteinflößende Antlitz des Condottiere Bartolomeo Colleoni, der übrigens ein Bergamaske war und dessen gewaltiges Reiterstandbild den ganzen Campo beherrscht. Pferd und Reiter hat Andrea Verrocchio modelliert. Alessandro Leopardi hat es dann gegossen. Das war 1496. Zwölf Jahre zuvor war Colleoni, der es als Söldnerführer zu beträchtlichem Reichtum gebracht hatte, in Venedig gestorben und hatte sein ganzes Vermögen der Regierung vermacht. Man spricht von 150.000 Dukaten. Andere Quellen geben eine halbe Million an. Die Summe war in jedem Fall groß genug, daß sich die Venezianer dem letzten Wunsch Colleonis nicht verschließen mochten; er hatte auf ein Denkmal vor San Marco bestanden.

Er bekam es auch. Allerdings nicht, wie er es sich wahrscheinlich vorgestellt hatte, vor der Basilika, sondern vor der Scuola Grande di San Marco, die neben der Dominikanerkirche liegt, der Bruderschaft des heiligen Markus gehörte und 1815 dem großen Bürgerspital zugeordnet wurde. So wurde der letzte Wunsch des

Condottiere unter Zuhilfenahme eines listigen Umweges respektiert, erhielt sein Testament Gültigkeit, bekamen die Venezianer sein Vermögen und blickt er heute noch mit grimmigen Augen — teils von den Photographien im „Al Cavallo“ und teils draußen auf dem Campo — auf die Stadt herab, der er Ruhm, Vermögen und freilich auch ein kleines Schelmenstück verdankte.

Drinnen in der Bar heben die Alten mit zittrigen Fingern ihr Gläschen Weißwein an die Lippen. Draußen auf dem Campo wallt der Nebel ums Monument. Casanova hat sich hier einst des öfteren mit einer hübschen jungen Nonne verabredet. „Er erwartete sie ungeduldig, und sie erschien verkleidet als Galan, in schwarzen Kniehosen aus Satin und einem rosa Samtmantel, in dessen Tasche eine englische Pistole steckte.“ (H. V. Morton) Heute umrunden Fremde, den Kopf wißbegierig in ihre Reisehandbücher gesteckt, das Denkmal, das längst schon von den allgegenwärtigen Tauben erobert worden ist. Hausfrauen aus dem Viertel, von ihren vormittäglichen Besorgungen kommend, eilen über den Platz, Besucher des Krankenhauses, einige Lieferanten, Schulkinder . . . Weder Casanova noch Colleoni hätten heutzutage hier eine Gelegenheit, sich vorteilhaft in Szene setzen zu können.

Venedig sei, so wird hartnäckig behauptet, auf einem Archipel von genau 117 Inseln entstanden — einer anderen Meinung zufolge sollen es 118 Inseln gewesen sein —, obgleich selbst die Geologen nicht wirklich imstande sind, eine präzise Auskunft darüber zu geben, wo die Inseln enden und die Schlammbänke beginnen oder was als Insel gelten darf und was nur eine Anhäufung von schwankendem Schlick und Schlamm ist. Aber da Venedig ohnedies ein überaus komplizierter Ort ist, der sich sowohl hinter seinem Dialekt verbirgt als sich auch dagegen sträubt, wahrheitsgetreu porträtiert zu werden, müssen auch alle topographischen Angaben mit großer Vorsicht genossen werden. Einigermaßen gesichert scheint nur der Umstand zu sein, daß der Untergrund Venedigs bis in eine Tiefe von mehr als dreißig Metern weich und nachgiebig ist — wobei die Insel Dorsoduro, von San Marco durch den Canal Grande getrennt, eine Ausnahme bildet —, was wiederum das allmähliche Eintauchen der Stadt in den morastigen Boden der Lagune erklärt.

Im übrigen sind es nicht nur die topographischen Angaben, denen man ähnlich wie dem venezianischen Dialekt mit wachsamem Mißtrauen begegnen sollte, sondern auch einige andere Dinge und Umstände, die sich als Markenzeichen Venedigs etabliert haben, bedürfen besonderer Vorsicht. Venedig und seine Dogen zum Beispiel . . . das ist in der Tat ein fast unerschöpfliches Thema. Insgesamt gab es zwischen dem Jahre 697, da in Heraciliana der erste Dux von den Byzantinern eingesetzt wurde, und dem Jahre 1797, als der bedauernswerte Lodovico Manin am 12. Mai alle seine Würdenzeichen im Dogenpalast ablegte und die Kopfhaube, derer er sich gleichfalls entledigte, seinem Kammerdiener zum Geschenk machte, insgesamt gab es also 120 sogenannte Dogen. Die ersten neun in dieser stolzen Galerie residierten freilich nicht am Rialto oder in San Marco, da beide Quartiere zu jener Zeit noch gar nicht existierten.

Von den ersten 25 dieser sogenannten Dogen — erst dem an anderer Stelle schon erwähnten Agnello Partecipazio, welcher der erste Dux gewesen ist, der auf dem Rialto residierte, steht dieser Ehrentitel zu — wurden drei ermordet, vier abgesetzt, drei andere öffentlich geblendet. Vier weitere dankten freiwillig ab, ein exaltierter Schritt, den in der Blütezeit Venedigs kein Doge mehr zu tun wagte. Und einer wurde schließlich sogar heiliggesprochen, was nichts daran ändern konnte, daß er völlig in Vergessenheit geraten ist.

Es ist übrigens keineswegs abwegig, den Dogen als den „unglücklichsten aller venezianischen Patrizier" zu bezeichnen, denn er war „der offensichtliche Anwärter auf diktatorischen Glanz, also wurden, um ihn hilflos zu machen, seine Machtbefugnisse über die Jahrhunderte hin so beschnitten, daß er zum Schluß beinahe die Parodie eines konstitutionellen Monarchen war, eine vergoldete Marionette, der es untersagt war, ohne Aufsicht mit einem Fremden zu sprechen, ein Mann, der nicht einmal einen unzensurierten Brief an seine Frau schreiben konnte. Die einzigen Geschenke, die er von Gesetzes wegen annehmen durfte, waren Rosenwasser, Blumen, süß duftende Kräuter und Balsam. Es fällt schwer, sich eine femininere Zusammenstellung auszudenken." (J. Morris)

Aber auch dieses Bild ist trügerisch, das man sich nach einer solchen Darstellung von den Dogen als eine Art willenloser, hilfloser und sogar ein wenig lächerlicher Marionetten in den Händen tyrannischer Politiker machen könnte. Es sei in diesem Zusammenhang lediglich an Enrico Dandolo erinnert, an den Inszenator und Beherrscher des Vierten Kreuzzuges. Er, zum Zeitpunkt der Eroberung Konstantinopels ein blinder Greis, hat durch seine Initiative, durch seinen Weitblick und vor allem durch die Radikalität, mit der er seine Pläne realisierte, Venedig tatsächlich zur Serenissima, zur Beherrscherin des Mittelmeeres und zur führenden politischen Kraft des Kontinents gemacht.

Das war zu Beginn des 13. Jahrhunderts. Rund 440 Jahre vorher, am 13. September 864, wurde vor der alten Kirche von San Zaccaria ein anderer Doge ermordet. Sein Name war Pietro Tradonico. Er hatte nicht bloß seinen Sohn zum Mitregenten ernannt und zum Nachfolger vorgesehen, was man ihm zu jener Zeit vielleicht noch nachgesehen hätte, sondern auch die Ungeschicklichkeit begangen, ungemein populär zu sein. Er scheint also einer jener volkstümlichen Diktatoren gewesen zu sein, wie sie Italien immer wieder hervorgebracht hat und deren instinktive Begabung für die Machbarkeit von Politik nur noch von ihrer Fähigkeit übertroffen wurde, sich beim einfachen Volk beliebt zu machen. Tradonico, der weder lesen noch schreiben konnte — angeblich war er der einzige Analphabet unter den 120 Dogen Venedigs —, war aber auch der Begründer der legendären venezianischen Flotte, die den Aufstieg Venedigs zur ersten Seemacht des Mittelmeeres später einmal ermöglichen sollte. „Die Flotte des Dogen ließ die Welt aufhorchen", schreibt ein anonymer mittelalterlicher Chronist, der sein Erstaunen darüber nicht verhehlen kann, daß man dieser Schiffe wegen „überall von Venedig zu sprechen begann".

Freilich waren die Venezianer damals schon schlau und geschäftstüchtig genug, um diese Flotte dem jeweils Meistbietenden zu vermieten. „Der Kaiser im Osten lieh sich die Flotte gegen die Sarazenen, der Kaiser im Westen erbat ihren Einsatz gegen die dalmatinischen Seeräuber." (Hermann Schreiber) Die Venezianer kamen solchen gewinnbringenden Aufforderungen freudig nach. Sie gewannen dadurch an Vermögen und, was noch mehr zählte, auch an politischer Unabhängigkeit.

Der Nachfolger Tradonicos war dann ein gewisser Orseo Partecipazio, der als erster Doge den damals noch so gut wie hoffnungslosen Versuch unternahm, den Sklavenhandel für Venedig zu unterbinden. Denn auch an diesem einträglichen Geschäft beteiligte man sich in Venedig schon sehr früh, wobei man hier allerdings im Gegensatz zu den großen Sklavenmärkten Nordafrikas und der Levante etwas delikater vorzugehen pflegte. Am Gewinn der Händler und am Elend der Sklaven änderte das nichts. Verbürgt ist in diesem Zusammenhang die Geschichte von einigen italienischen Mönchen, die, nachdem sie von den Sarazenen geraubt worden waren, eines Tages plötzlich auf einem der venezianischen Sklavenmärkte als „besonders preisgünstige Ware" wieder auftauchten und erst nach mühsamen Verhandlungen mit dem christlichen Arrangeur dieses Geschäftes freigekauft werden konnten.

Übrigens spricht man auch heute noch vom „venezianischen Adel", was vielleicht damit zusammenhängt, daß fast jeder Besucher Venedigs zutiefst davon überzeugt ist, sich in einer aristokratischen Stadt zu befinden. Aber in Wahrheit gab es hier nie irgendeinen Adel. Und als zum Beispiel die Österreicher nach dem Zusammenbruch des napoleonischen Imperiums Venedig übernahmen und den Patriziern, die im Goldenen Buch der Stadt verewigt waren, das Angebot machten, sie ohne weitere Formalitäten in den Grafenstand zu erheben, da ergriff nur eine Handvoll dieser ebenso stolzen wie empfindsamen Bürger die Gelegenheit, in ein aristokratisches Mäntelchen zu schlüpfen.

Diese auch in Italien eher seltene Neigung, strengen demokratischen Verhaltensweisen zu gehorchen, hängt wohl mit dem ausgeprägten Familienstolz der alten venezianischen Geschlechter zusammen. Denn seit den Tagen der Hunnen und Langobarden, als ihre Ahnen in die unzugängliche Lagune geflüchtet waren, hatte niemand es für sonderlich bedeutsam erachtet, irgendeinen Titel zu tragen. Was hingegen immer zählte, waren der untadelige

Stammbaum und die Verdienste um die Republik, welche diese alteingesessenen Familien geleistet haben. Dazu kam noch die ehrenvolle — und gelegentlich recht kostspielige — Eintragung ins Goldene Buch der Stadt, was ohnedies einer Erhebung in den Adelsstand gleichkam. „Die Ziele der (sogenannten) Aristokratie waren genau festgelegt, und alle diese Patrizierfamilien hatten ihre Pflicht zu erfüllen", schreibt James Morris. Und tatsächlich war jeder Bürger, der das Glück hatte, in das Goldene Buch aufgenommen zu werden, vor allem anderen einmal ein Diener der Republik, ein unbezahlter Diener, wie man hinzufügen muß, der wesentlich mehr Pflichten als Rechte hatte und sich dennoch glücklich schätzte, seine Gesundheit, sein Leben, sein Glück und — was manchmal die härteste Prüfung war — auch sein Vermögen der Republik zu opfern.

Die Existenz eines solchen bevorzugten Bürgers war selbstverständlich von strengen Regeln begleitet. Es wurde ihm sogar die Art der Kleidung vorgeschrieben, die er zu tragen hatte, „so daß man bisweilen verarmte Patrizier in zerlumpter roter Seide betteln gehen sah" (J. Morris).

Freilich mußte ein solcher sozialer Abstieg noch nicht die schlimmste Demütigung bedeuten, die einem Patrizier widerfahren konnte. Denn die Republik herrschte mit geradezu drakonischer Strenge über ihre bevorzugten Familien. Keiner dieser Bürger durfte irgendeine Ernennung oder einen Auftrag, der ihm vom Großen Rat überantwortet wurde, ausschlagen. Auch dann nicht, wenn Ernennung oder Auftrag den privaten Neigungen des Betroffenen widersprach. Generäle, deren Heldenmut unbestritten und deren Leistungen für die Republik außerordentlich waren, wurden des Verrats angeklagt, in den Kerker geworfen, verbannt, geblendet, gelegentlich auch hingerichtet, wenn sie bloß eine einzige Schlacht verloren hatten oder in den Verdacht gerieten, ihre Popularität zu ihrem eigenen Vorteil ausnützen zu wollen. Es sei immer ein Wagnis gewesen, in Venedig ein großer Befehlshaber zu sein, meint dazu Morris, denn man „gab ihm selten Gelegenheit, seinen gichtgeplagten Ruhestand zu genießen". Und selbst einem so erfolgreichen Mann wie Bartolomeo Colleoni spielte man noch nach dessen Tod einen üblen Streich, indem man seinen Wunsch nach einem Standbild zwar wohl dem Sinne, jedoch nicht dem auserwählten Schauplatz nach erfüllte, was angesichts der bedeutenden Summe, die man dabei kassieren durfte, der Ehre Venedigs kein sonderlich gutes Zeugnis ausstellt.

Was die Dogen angeht, deren Volkstümlichkeit und möglichen Machtgewinn man manchmal mehr fürchtete als Türken und Habsburger, so wurde ihnen schon 1275 jeder Landbesitz außerhalb Venedigs untersagt. Ihre Söhne durften keine ausländischen Frauen ehelichen, sofern der Große Rat seine Zustimmung verweigerte. Die Ehefrau eines Dogen konnte weder Schulden machen noch Geschenke annehmen, was gelegentlich zu abenteuerlichen Verwicklungen und irrwitzigen Komödien führte, wenn diese Gebote doch umgangen wurden. Im 15. Jahrhundert untersagte man den Dogen sogar das eher harmlose Vergnügen, sich mit Ausländern ohne Anwesenheit von verläßlichen Zeugen zu unterhalten. Dem Dogen Antonio Grimani, der ein leidenschaftlicher Jäger war, erlaubte man nur viermal im Jahr, an der Entenjagd teilzunehmen. Andrea Gritti, ein anderer Doge, durfte die Stadt überhaupt nicht verlassen. Ihm mißtraute man so gründlich, daß selbst Briefe, die an ihn oder seine Söhne gerichtet waren, im Beisein von Ratsherren geöffnet werden mußten. „Selbstverständlich war der Doge immer von Spionen umgeben. Der Geheimdienst notierte alle seine Worte und Handlungen“, schreibt der englische Publizist Morton und berichtet erstaunt von einem geheimen Lauschposten in der Wand unmittelbar hinter dem Bett des Dogen in dessen Privatgemächern, um dann resignierend festzustellen, daß ein Gemeinwesen, „das seinem Herrscher solche Strafen auferlegen konnte, einmalig“ sei.

Tatsächlich war der Doge nichts weiter als ein Sklave Venedigs. Er opferte seine Vergnügungen, seine private Existenz und sogar seine Zukunft dem Wohl der Republik. Von dem Augenblick an, da ihn die Wahl traf, hörte er auf, ein normaler Mensch zu sein. Er verschwand in einer Art von luxuriös dekorierter Isolation und war völlig abhängig von den eigentlichen Beherrschern der Republik, den Mitgliedern des Großen Rates, der von englischen Autoren gern mit dem britischen Oberhaus verglichen wird, weil jeder vornehme venezianische Patrizier, dessen Name im Goldenen Buch eingetragen war, automatisch dieser Versammlung angehörte. Allerdings unterstand diese Körperschaft einer noch mächtigeren Gruppe, nämlich dem ebenso berühmten wie berüchtigten Rat der Zehn. Das war so etwas wie ein zahlenmäßig kleiner Senat, der sich im Verlauf der Zeit die reale Macht angeeignet hatte. Die zehn Mitglieder wurden jeweils nur für die Dauer eines Jahres gewählt. Aber in dieser Zeit war ihr Einfluß auf Venedig nahezu uneingeschränkt. Sie waren zu absoluter Verschwiegenheit verpflichtet, erhielten für ihre Tätigkeit keinerlei Entschädigung und zogen sich nach dem Ablauf ihrer Amtsperiode wieder diskret in ihr Privatleben zurück. Wie gefürchtet sie waren, verdeutlicht eine Anekdote, die man sich von Montesquieu erzählt. Als der große französische Gelehrte eines Tages Venedig besuchte, soll ihn ein Freund scherzend davor gewarnt haben, daß er unter Umständen vom Rat der Zehn beobachtet werde. Daraufhin packte Montesquieu seine Koffer und kehrte unverzüglich nach Paris zurück. Die Furcht vor diesem geheimnisvollen und gefährlichen Konsilium war größer als sein Interesse an Venedig.

Solche Anekdoten und Geschichten sind heute schon lange nicht mehr vorstellbar. Die Dogen sind verschwunden; und mit ihnen der Große Rat und der Rat der Zehn. Das ändert jedoch nichts am bedeutsamen Respekt, den man sich in Venedig zur Selbstverständlichkeit machen sollte, wenn man venezianischer Geschichte und venezianischem Lokalkolorit auf der Spur ist.

Eines Tages bestieg ich einen Vaporetto der Linie 5 und fuhr hinaus nach San Michele, der sogenannten Friedhofsinsel. In den vergangenen Tagen war Venedig wieder einmal überschwemmt gewesen. Jetzt drückte der Wind das ablaufende Wasser noch einmal gegen die flachen Ufer, was am Landungssteg von San Michele zu einigen Komplikationen führte, weil der provisorische Holzsteg, den man über das geräuschvoll heranplätschernde Wasser der Lagune gelegt hatte, viel zu schmal war. Bei jedem neu anlegenden Vaporetto standen sich die Fahrgäste, die gerade ausgestiegen waren, und jene, die zurück in die Stadt wollten, ein wenig ratlos gegenüber. Die düsteren Mauern des Inselklosters im Hintergrund, der sausende Wind, das zerrende Wasser vermittelten dazu einen recht ungemütlichen, bedrohlichen Eindruck, der sich später, als ich langsam durch die verschiedenen Abteilungen des Friedhofs wanderte, fast zum Alptraum verdichtete. Die adretten, weiß unter der Sonne glänzenden Reihen der Totenhäuser, darin die Dahingeschiedenen wie in Schubfächern aufbewahrt werden, und die zahlreichen Mausoleen, die wie hübsch dekorierte Sommerhäuschen aussehen, machen San Michele beinahe zu einer bizarren Sommerfrische, wo es sich vorzüglich lustwandeln ließe — pittoreske Bäume und krauses Strauchwerk fehlen selbstverständlich nicht —, wenn man nicht unentwegt über Grabplatten hinwegschreiten müßte. Man watet gleichsam in den Biographien Verstorbener, bildet sich ein, über blankgescheuerte Knochen hinwegzugehen — was in Sant'Ariano, einer winzigen, weitverlorenen Insel bei Torcello tatsächlich der Fall ist — und beginnt irgendwann einmal, beeindruckt oder eigentlich verunsichert durch die überwältigende Fülle von zwar unsichtbarem, jedoch stets gegenwärtigem Gebein, wie hysterisch auf den Zehenspitzen zu gehen.

Dabei ist der Friedhof von San Michele — der ursprünglich aus zwei voneinander getrennten Inseln bestand, nämlich aus San Michele selbst und dem inzwischen durch Aufschüttungen eingemeindeten San Cristoforo — eine kulturhistorische Fundgrube. Die Friedhofskirche und das Kloster werden von Franziskanern betreut. Am Eingang zur Kirche findet sich das Grabdenkmal für Paolo Sarpi, der ein Mönch war, im 17. Jahrhundert lebte, das Phänomen der sich zusammenziehenden Iris im menschlichen Auge entdeckte, zu seiner Zeit und auch noch ein, zwei Jahrhunderte danach als Venedigs klügster Kopf galt, der die politischen und ideologischen Angelegenheiten der Republik vor dem Papst im Vatikan vortrefflich zu vertreten wußte und der eines Tages unweit der Kirche Santa Fosca von zwei gedungenen Bravi, die im Auftrag des Vatikan tätig waren, überfallen und durch Dolchstiche lebensgefährlich verwundet wurde. Die Mörder hatten freilich nicht mit der Zähigkeit Sarpis gerechnet. Er gesundete wieder, ließ einen Dolch, der in seinen Wangenknochen steckengeblieben und dann herausoperiert worden war, als Exvoto in einer Kirche aufhängen und attackierte weiterhin mit ebensoviel Scharfsinn wie politischem Instinkt die kuriale Diplomatie in Rom, die zu jener Zeit wie schon so oft zuvor unmißverständlich gegen die Interessen Venedigs gerichtet war.

Heute ist Paolo Sarpi längst vergessen. Sein Grab am Eingang zur Klosterkirche bleibt so gut wie unbeachtet. Das Kloster selbst wurde übrigens in der ersten Hälfte des 19. Jahrhunderts von den Österreichern als Zuchthaus für politische Gefangene verwendet.

Anders verhält es sich mit den Gräbern des legendären Tanzgenies Diaghilew und des weltberühmten Komponisten Strawinsky, die auf dem griechischen Friedhof San Micheles zu finden sind. Ein verblichener Ballettschuh schmückt das Grab des Tänzers, wobei man annehmen muß, daß dieser Schuh alle paar Monate ausgetauscht wird, denn schon vor Jahren konnte man die rührende Beschreibung jener Szene nachlesen, in welcher eine Ballettelevin einen ihrer Tanzschuhe mit einer Geste unendlicher Demut auf das Grab Diaghilews legte. Im Vergleich dazu nimmt sich die hoffnungslos verwelkte Rose, die auf dem Grab Vera Strawinskys, der Gattin des Komponisten, liegt, recht bescheiden aus. Was Strawinsky angeht, so war er Venedig zutiefst verbunden; er hat des öfteren im Teatro La Fenice dirigiert, einige seiner Werke sind hier uraufgeführt worden.

In einem verborgenen Winkel des griechischen Friedhofs entdeckte ich auch die verwahrlosten Gräber von Catherine Bagration und ihrer Tochter Anna, die eine illegitime Tochter des österreichischen Staatskanzlers Metternich war. Man steht ein wenig ratlos vor diesen unansehnlich gewordenen Monumenten einer großen Leidenschaft, die einst für soviel Aufregung und Klatsch gesorgt hatte. Ähnliches ließe sich auch sagen über die Grabstätten russischer Fürsten, griechischer Königinwitwen, längst vergessener Prinzessinnen vom Balkan und einstmals bedeutender Konsuln, die ihren Lebensabend in der Republik verbrachten. Sie alle ruhen auf dem griechischen oder dem protestantischen Friedhof im Nordosten der Insel, wo alte Bäume, viel grünes Moos, zerrissene Sträucher und flirrende Schatten zwischen eingesunkenen Grabhügeln eine eigenartige Stimmung entstehen lassen. Auch Ezra Pound, der große amerikanische Lyriker und fanatische Faschist, der noch 1944 von den Amerikanern in Pisa einer wütenden Menschenmenge in einem Gitterkäfig vorgeführt wurde, auch er hat hier seine letzte Ruhestätte gefunden. Wer liest heute noch seine dithyrambischen Gesänge, die einst das Entzücken einer ganzen Generation von jungen Poeten hervorgerufen haben?

Es ist ein recht merkwürdiger Friedhof, der auf und mit dieser Insel wie ein welkes Blatt durch die Lagune treibt. Vor allem erweist er sich immer wieder — und ungeachtet des Umstandes, daß die Bevölkerungszahl Venedigs kontinuierlich abnimmt — als zu klein, was dazu führt, daß man die Gebeine der Verstorbenen spätestens nach zwölf Jahren exhumiert und in ein Gemeinschaftsgrab legt, um Platz für die neuen Toten zu bekommen. Ausgenommen von dieser Regelung sind selbstverständlich jene Gräber, für die nicht unbeträchtliche Summen an sogenannter Pacht bezahlt werden. Früher hat man die Gebeine der Toten nach Sant'Ariano bei Torcello gebracht. Das ist eine kleine Insel, die ursprünglich einmal von Jägern und Fischern bewohnt gewesen ist, bis sie im 17. Jahrhundert zum Beinhaus Venedigs wurde. Auf alten Karten ist sie noch unter dem Namen „Osseria" eingezeichnet, und James Morris, der in den fünfziger Jahren Sant'Ariano aufgesucht hat, schrieb verstört von den Knochen, auf denen er stand: „Unter den Büschen bestand der Boden aus Knochen. Es waren Knochenbüsche. Kein Fleck Erde war zu sehen zwischen den Wurzeln, nur Knochen. Schenkelknochen und Fingerknochen, zerbröckelte Knochen und ganze Knochen und ein paar schrägstehende Schädel, die im Schatten des Dickichts phosphoreszierend leuchteten." Wenn man einem in Jahre 1904 veröffentlichten Reiseführer glauben darf, dann bediente sich die Zuckerindustrie damals dieser namen- und herrenlosen Skelette zum Raffinieren des Zuckers. Heute freilich, da man zu diesem Zweck chemische Substanzen einsetzt, kann davon keine Rede mehr sein.

Das Thema vom Tod in Venedig hat spätestens seit Thomas Mann die höheren literarischen Weihen erhalten. Aber auch Mord und Gewalttat waren für Venedig immer etwas ganz Selbstverständliches. Die Glasbläser zum Beispiel, die zu den geschicktesten und begehrtesten Facharbeitern der Serenissima zählten und deren kostbare Produkte bereits im ausgehenden Mittelalter in aller Welt berühmt waren, wurden für den Fall, daß sie die Geheimnisse ihrer Kunst ausplaudern wollten, rasch mundtot gemacht. Man ermordete sie kaltblütig. Ein ähnliches Schicksal ist übrigens auch jenen beiden Meistern widerfahren, die an der berühmten Uhr mit den Tierkreiszeichen, die den Markusplatz krönend abschließt, viele Jahre lang gearbeitet hatten. Nach der endgültigen Fertigstellung dieser ebenso kunstreichen wie dekorativen und allerdings auch ungemein komplizierten Uhr wurden sie auf Anweisung des Großen Rates geblendet, damit sie für keinen anderen Auftraggeber ein ähnliches Kunstwerk produzieren konnten. Das Eigenartige daran war, daß jedermann in Venedig diese barbarische Methode guthieß. Und in der Basilika von San Marco gibt es eine seltsame, tragikomisch anmutende Figur, die einen Turban trägt, an Krücken geht und allem Anschein nach verzweifelt an den Fingernägeln kaut. Das soll, so wird behauptet, eine Darstellung des Baumeisters dieser großartigen Kirche sein, der den Venezianern versprochen hatte, mit der Basilika das vollkommenste Kunstwerk der Welt zu schaffen. Aber da ihm das nach Meinung der kritischen Venezianer nicht gelungen war, wurde er geächtet.

In Wahrheit waren freilich griechische Architekten für den Bau der ersten Markuskirche verantwortlich. Und es gibt keinen einzigen authentischen Hinweis darauf, daß sie sich den Unwillen der Venezianer zugezogen hätten.

In Venedig hatte man jedenfalls immer schon eine ebenso einfache wie radikale Methode, sich irgendwelche Gegner vom Hals zu schaffen. Sogenannte Staatsfeinde wurden ohne jeden Prozeß ertränkt oder gehängt; oder auch, wenn man dem Volk ein Schauspiel besonderer Art bieten wollte, zwischen den beiden Säulen auf der Piazzetta San Marco enthauptet oder auch gevierteilt, was eine recht zweifelhafte Ehre war, die neben politischen Delinquenten nur noch einigen besonders berüchtigten Verbrechern zuteil wurde. Zuletzt wurde 1781 ein gewisser Stefano Fantoni öffentlich gevierteilt. Er hatte den Ehemann seiner Geliebten ermordet und dann die Unvorsichtigkeit begangen, sich dieser Tat lauthals zu rühmen. In Venedig gibt es auch eine Mördergasse, die Calle degli Assassini. Sie befindet sich im Bezirk von San Marco, ganz in der Nähe von San Stefano, einer schönen und durchaus sehenswerten Kirche, die im Verlauf ihrer abwechslungsreichen Geschichte verschiedener Bluttaten wegen sechsmal neu geweiht werden mußte.

Im Fondaco dei Turchi am Canal Grande steht ein schmuckloser Sarkophag, der an das wenig erfreuliche Schicksal des Dogen Marin Faliero erinnert, dem im Jahre 1355 innerhalb einer einzigen Stunde zuerst Hochverrat vorgeworfen, die Nachricht seiner Verurteilung überbracht und schließlich auf den Stufen seines eigenen Palastes der Kopf abgeschlagen wurde. „Ihr seid verurteilt, innerhalb der nächsten Stunde den Kopf abgeschlagen zu bekommen", hatte der Abgesandte des Rates der Zehn kühl erklärt und war dann zur Seite getreten, um dem bereits wartenden Henker Platz zu machen. Der Leichnam wurde vierundzwanzig Stunden lang in diesem Sarkophag den Venezianern vorgeführt, die das Schauspiel gebührend genossen und, wie ein Chronist mitteilte, „es nicht verabsäumt haben, den Kopf des Dogen, der zwischen seinen Beinen lag, anzuspucken". Später wurden Sarkophag und Leichnam in die Dominikanerkirche Santi Giovanni e Paolo gebracht und ohne Aufsehen beigesetzt. Im Jahre 1812 wurde die Grablege geöffnet, der Sarkophag vom Gebein gesäubert, aus der Kirche fortgebracht und jahrelang vom Apotheker des benachbarten Bürgerspitals als Behälter benutzt. Später gelangte der Sarkophag aufs Festland, wo er als Viehtrog diente. „Jetzt steht er, groß und düster, unbeachtet neben den Wasserstufen des Museums (es handelt sich hier ausgerechnet um das Museum für Naturgeschichte), ohne Schädel, ohne Wappen, ohne Inschrift, aber behaftet mit traurigen Erinnerungen. Was endlich aus dem Skelett des armen Dogen geworden ist, scheint niemand zu wissen." (J. Morris)

Gewalt war etwas, das den Venezianern stets leicht von der Hand gegangen ist. Über das sogenannte eiserne Zeitalter der Republik — also rund um das 10. Jahrhundert — schrieb einmal ein Freiherr von Pölnitz in einem umfangreichen und freilich längst vergessenen Venedig-Buch: „Diese Zeit scheute kein Blutvergießen. Sie liebte es. Die stete Gefahr eines gewaltsamen Endes blieb der dunkle Hintergrund, vor dem sich in scharfen Umrissen die noch urhaft ungebändigten Charaktere voll sagenhafter Wildheit abhoben." Pölnitz hat hinzuzufügen vergessen, daß auch in den nachfolgenden Jahrhunderten der Umgang mit der Gewalt in Venedig etwas ganz Selbstverständliches war. Beispiele für die Richtigkeit einer solchen Feststellung gibt es genügend. Eines davon — und den wenigsten Reisenden, die mit dem Schiff Venedig erreichen, vertraut — hat mit dem Canale Orfano zu tun, einer verhältnismäßig breiten Schiffahrtsrinne vor dem Lido, durch welche heute die Fährschiffe vom Festland und den Inseln in der Lagune sich der Stadt nähern. Hier soll der venezianischen Geschichtsschreibung zufolge, der man allerdings nur mit wachsamer Skepsis begegnen darf, das Heer der Franken vernichtend geschlagen worden sein, was insofern eine Legende sein muß, als die Franken damals (809) See-Venetien wirklich erobert haben. Im Mittelalter dann und auch später wurde der Canale Orfano tatsächlich zum bevorzugten Schauplatz blutiger Ereignisse. Denn viele vom Senat zum Tode verurteilte Verbrecher wurden hier einfach ertränkt. Man band ihnen die Hände auf den Rücken, beschwerte ihre Körper mit Gewichten, knebelte sie und warf sie ins dunkle Wasser der Lagune. Selbstverständlich geschahen diese Hinrichtungen immer nur nachts und ihr Vollzug wurde nie öffentlich gemacht. Aber aus alten Aufzeichnungen weiß man, daß allein in den Jahren zwischen 1551 und 1604 mehr als zweihundert Menschen auf diese Weise den Tod gefunden haben. Der letzte Delinquent wurde zu Beginn des 18. Jahrhunderts im Canale Orfano ertränkt, aber noch bis zum Ende der Republik, als Napoleon die Serenissima kurzerhand für erledigt erklärte, war das Fischen in diesem Gewässer bei Todesstrafe untersagt.

Es war gewiß nie ganz einfach, ein Venezianer zu sein und in dieser Stadt zu leben oder eigentlich, um es genauer auszudrücken, zu überleben. Venedig mußte vielleicht deshalb so unmenschlich agieren, weil es stets erfolgreich sein wollte. Und da konnte es nicht sonderlich erheiternd sein, zwischen unaufhörlicher Hals-

 Blick über San Zaccaria gegen Santa Maria della Salute

IGOR·STRAVINSKY
VERA·STRAVINSKY

abschneiderei und zynischem Intrigantentum mit Gesetzen auszukommen, die sonderbar, verwirrend und brutal waren. Denn Venedig ging auch dort, wo es sich ums Leben handelte, mit seinen Bürgern nicht besonders zimperlich um. Im 12. Jahrhundert zum Beispiel ergriff man drakonische Maßnahmen, als man voll Bedauern mit dem Aussterben einer der angesehensten Patrizierfamilien rechnen mußte, nämlich mit jener der Giustiniani, die ihre Herkunft vom byzantinischen Kaisergeschlecht der Justinian ableitete. Man holte den letzten lebenden männlichen Nachkommen der Giustiniani, der als Mönch auf einer Insel in der Lagune lebte, mit sanfter Gewalt nach Venedig zurück und verheiratete ihn mit der Tochter des regierenden Dogen. Nach etlichen Jahren, als das Paar der Republik ein rundes Dutzend Kinder geschenkt hatte, kehrte der Mann in sein Inselkloster zurück, während die Frau ein Nonnenkloster gründete.

Die Ordnung, die in Venedig auch im vermeintlichen Chaos stets allgegenwärtig sei, meinte einmal ein kluger Kopf, müsse wohl auch mit der Selbstverständlichkeit etwas zu tun haben, mit der man hier das Sterben und den Tod betrachte. Jedenfalls sollte niemand, der selbstvergessen und vielleicht sogar freudig erregt durch die schmalen Gassen spaziert oder sich im Vaporetto, im Motorboot, zu einer der Inseln führen läßt, vergessen, auf welch schwankendem Boden er sich bewegt und welchen Abgründen er das bezaubernde bis phantastische Bild verdankt, das sich unverlierbar in seine Seele senkt.

Venedig ist in der Tat eine Stadt, die mit immer neuen Überraschungen, Legenden, Kuriositäten und unheimlichen Anekdoten aufwarten kann. Goethe nannte es den „Marktplatz der Morgen- und Abendländer". Und der amerikanische Journalist Robert Benchley telegraphierte einmal an seine Zeitung in New York: „Straßen voller Wasser, erbitte weitere Anweisungen." Der Vicomte de Chateaubriand wiederum verstieg sich zu einem poetischen Seufzer und verglich Venedig mit einer schönen Frau: „Der Abendwind spielt in ihrem duftenden Haar, und sie stirbt, umgeben von den Grazien und dem Lächeln der Schöpfung."

Die Gräber von Igor und Vera Stravinsky auf der Insel San Michele

Vielleicht sollte man sich tatsächlich von solchen Gedanken bewegen lassen, wenn einem in der Lagune vor San Michele ein Leichenboot entgegenkommt, das durch die leise schnalzenden Wellen zum Friedhof hinausfährt. Der Sarg ruht auf einem kleinen Podest in der Mitte des Bootes. In der Kabine, abgeschirmt gegen den pfeifenden Wind, kauern einige Trauergäste mit eingezogenen Köpfen, was freilich nur mit den schaukelnden Bewegungen zu tun hat, mit den kleinen weißen Gischtspritzern, die über den Sarg, über den schmalen Kabinenaufbau hinwegfliegen. Ein Stück der violetten Umhüllung, mit der das Boot drapiert ist, flattert aufgeregt im Wind. Und von San Michele herüber dringt eine Lautsprecherstimme, die gebieterisch und ungeduldig die Familienangehörigen des Verstorbenen zum Grab ruft. An manchen Tagen wird auf San Michele gleichsam im Akkord begraben; Zeit kostet inzwischen auch in Venedig Geld.

Wer schwache Nerven hat oder wem diese unaufhörliche Begegnung mit dem Sterben unerträglich wird oder wer irgendeine Krankheit fürchtet, für die sein Hausarzt noch keine Erklärung gefunden hat, der könnte versuchen, einer Dose voll Teriaca habhaft zu werden. Das hilft angeblich nicht nur gegen jede Art der Hysterie, sondern auch gegen den Tod. Seit rund einem Jahrtausend wird nämlich in einer altehrwürdigen Apotheke am Rialto dieses geheimnisvolle Wundermittel verkauft, das angeblich über sechzig Kräuter enthält, dazu noch verarbeiteten Pfeffer, Zimt, Opium und Bernstein. Die Geschichte dieser Medizin, die gegen jedes nur erdenkliche Leiden helfen soll, enthält Hinweise auf die Kreuzfahrer, die Jerusalem von den Mohammedanern befreiten, berührt das Schicksal des englischen Königs Heinrich V., soll aber auch schon dem Leibarzt Kaiser Neros vertraut gewesen sein, beginnt eigentlich bei König Mithridates und soll dann ihren letzten vorläufigen Höhepunkt in den turbulenten Pestjahren gehabt haben, als halb Europa durch diese Seuche ausgerottet wurde. Es handelt sich demnach um eine typisch venezianische Medizin, um eine zaubrische Mixtur, die allerdings nur dann wirkt, wenn man an ihre geheimnisvolle Magie glaubt.

Ich muß freilich gestehen, daß es mir bisher noch nicht gelungen ist, eine Dose dieses Teriaca aufzutreiben. Auch die geheimnisvolle Apotheke am Rialto, wo die Mixtur noch vorrätig sein soll, habe ich nicht entdecken können. Aber da es sich dabei um eine venezianische Kostbarkeit handelt, werde ich wohl bereit sein müssen, mich weiterhin in Geduld zu üben.

Oder aber, wie Hippolyte Taine das einmal ein wenig resignierend ausgedrückt hat, „man setzt sich ins Café Florian in einen kleinen mit Spiegeln und mit fröhlichen, allegorischen Gestalten gezierten Raum; und mit halbgeschlossenen Augen folgt man innerlich den Bildern des Tages, welche sich ordnen und wandeln wie ein Traum . . ." Das ist es, wessen man in Venedig stets gegenwärtig sein muß. Daß nämlich alles im Grunde nur ein Traum ist: die Grausamkeit, der Tod, die zahllosen Geschichten und letztlich wohl auch die schwankende, rätselhafte Stadt, die mitten in der Lagune liegt, längst zum Untergang verdammt und doch, obgleich von unaufhörlichem Sterben umgeben, ein prachtvolles Sinnbild des Lebens.

Es war auf dem Rio Terra della Maddalena, und zwar unweit jenes Hauses, an dem eine in der Höhe des ersten Stockwerks angebrachte Gedenktafel daran erinnert, daß hier 1918 eine österreichische Fliegerbombe eingeschlagen hat, nur ein paar Schritte vor dem Zugang zum Palazzo Vendramin-Calergi, darin 1883 Richard Wagner gestorben und wo heute im Winter das Spielcasino untergebracht ist. Ein junger Marionettenspieler ließ hier, umgeben von einer stattlichen Anzahl freundlich animierter Gaffer, eine Marionette über den Boden tanzen, die einem magyarischen Salongeiger täuschend ähnlich nachgeahmt war. Dazu kam von einem Tonband Musik. Es war eine dieser hübschen kleinen Szenen, die man das ganze Jahr über auf vielen italienischen Plätzen erleben kann, wo sich junge Leute, die ihre Fähigkeiten geschickt auszunützen wissen, mehr als bloß ein Taschengeld verdienen.

Auch dieser junge Mann auf dem Rio Terra della Maddalena hatte mit seinem Salongeiger unbestreitbaren Erfolg, bis er seine Puppe plötzlich mit dramatischen Bewegungen den Radetzkymarsch spielen ließ. In diesem Augenblick konnte man ziemlich genau unterscheiden, welcher Teil des Publikums vor allem der

Dogen, des heiligen Markus und der Gondeln wegen nach Venedig gekommen und wer ohnedies ein Venezianer im weiteren Sinne des Wortes und dazu noch ein guter Patriot war. Diese nämlich, die heute noch darauf stolz sind, daß sich Venedig 1848 gegen Österreich erhoben und sich dann rund ein Jahr lang gegen eine militärische Übermacht behauptet hatte, blickten jetzt mit ernsten Gesichtern auf die Puppe und applaudierten, als diese mit dem letzten Takt des Marsches wie erschöpft ihre Glieder auf dem Straßenpflaster ausbreitete, mit zurückhaltender Höflichkeit, während der andere, größere Teil des Publikums das tat, was man von ihm beim Anhören des Radetzkymarsches immer erwartet. Es applaudierte fast frenetisch.

Gewisse Dinge müssen in Venedig delikat behandelt werden, wenn man hier als Mann von Charakter und, was wahrscheinlich noch mehr zählt, auch als welterfahren gelten will. Dazu gehört zweifellos die Frage des Patriotismus oder eigentlich des Nationalstolzes, der sich allerdings ein wenig eigenartig ausnimmt angesichts der vielschichtigen Biographie dieser Stadt. Freilich haben die Venezianer bis heute nicht vergessen, daß es der damals einundachtzigjährige Feldmarschall Radetzky gewesen ist, der im Hochsommer des Jahres 1849 in einer Art Triumphzug den Canal Grande entlanggefahren ist und von der besiegten, erschöpften Stadt Besitz ergriffen hat, wobei eine etwas dürftige Kulisse die Begeisterung des Sieges gedämpft haben mag. Lediglich ein Priester, so wird erzählt, sei an jenem Tag aus der Basilika auf die Piazzetta hinausgeeilt, um den dort an Land kletternden Österreichern seine Aufwartung zu machen.

Später hat man sich mit den Österreichern irgendwie arrangiert. Immerhin hatten sie die herabgewirtschaftete und erledigte Republik einst aus den Händen Napoleons empfangen und schon vor dem Revolutionsjahr 1848 immer wieder versucht, die Wirtschaft der Stadt, die in der ersten Hälfte des 19. Jahrhunderts völlig darniederlag, energisch anzukurbeln. Aber die Österreicher haben dabei den Fehler gemacht, die Venezianer wie Untergebene oder wie Bürger zweiter Klasse zu behandeln, was schließlich dazu führte, „daß ein ordentlicher Venezianer die österreichischen Kreuzer und Gulden nur mit spitzen Fingern und allen Bekundungen des Abscheus anfaßte", wie das von einigen Autoren maliziös dargestellt wurde. Vor allem die starke und zu jener Zeit auch bereits finanzkräftige jüdische Minderheit Venedigs war es, die sich in einem militanten Patriotismus gefiel und von einer Wiedererrichtung der Markusrepublik träumte.

Im Jahre 1848 schließlich, als fast überall in Europa revolutionäre Ideen zum Durchbruch kamen und am Wiener Ballhausplatz Österreichs Kanzler Metternich — der nicht nur von den Venezianern als Symbol der Unterdrückung verabscheut wurde — endlich demissionierte, berauschte man sich auch in Venedig an dem, was man für die Befreiung vom Joch der Unterdrücker hielt. Vergessen war, daß es die verhaßten Österreicher gewesen waren, die ein paar Jahre zuvor mit beträchtlichem Kostenaufwand den Damm und die Brücke errichtet hatten, über die nun Wirtschaftsgüter und Touristen die Stadt erreichen konnten, wobei übrigens der vielfach geschmähte Metternich die treibende Kraft für den Ausbau der Eisenbahnlinie bis zum Canal Grande gewesen ist. Und vergessen war auch, daß die Österreicher vieles versucht hatten, nun der „Leiche Venedig" neues Leben einzuhauchen. Österreich habe eine Leiche in Erbschaft übernommen, klagte man damals nämlich in Wien und gab sich doch alle Mühe, aus dieser wenig erfreulichen Erbschaft das Beste zu machen.

Aber in Venedig dachte man nicht einen Augenblick lang daran, diese Bemühungen zu honorieren. Und im Frühling 1848 schließlich sahen sich die patriotischen Verschwörer, die sich in der Hauptsache aus dem Mittelstand rekrutierten, endlich am Ziel. Der Advokat Daniele Manin, Halbjude, seiner politischen Aktivitäten wegen von der österreichischen Militärkommandatur ins Gefängnis gesteckt, aus welchem ihn die Ereignisse vom März 1848 befreiten, übernahm jetzt das Kommando. Er setzte sich an die Spitze der Zivilgarde und stürmte das Arsenal, wo man zuerst einen völlig überraschten österreichischen Fähnrich aus dem Fenster warf und dann den Österreichern großzügig freien Abzug gewährte, um schließlich in einer berauschenden Feier auf dem

Markusplatz die Republik von San Marco auszurufen. Ihr erster Präsident war selbstverständlich Daniele Manin. Zwei seiner Minister, Isacco Pesaro und Leone Pincherle, gehörten der jüdischen Gemeinde an.

Aber der schöne Traum dauerte nicht lange. Und das Erwachen daraus war schmerzhaft. Noch im Sommer 1848 schlossen die Österreicher Venedig ein. Manin versuchte verzweifelt, Verbündete für seine Republik zu gewinnen. Das Königreich Piemont, an das er sich zuerst wandte, antwortete mit einem Waffenstillstandsabkommen mit Österreich. Frankreich und England, die nächsten Adressaten der venezianischen Hilferufe, reagierten mit höflichem Schweigen. Dafür machten sich jetzt die Österreicher bemerkbar. Sie beschossen im Frühsommer 1849 die Stadt, in der zu allem Überfluß auch noch der Hunger umging und eine Choleraepidemie ausgebrochen war. Ende August resignierte Daniele Manin. Er entfloh in einem kleinen Ruderboot hinaus zum Lido, wo er einen Schoner bestieg, der ihn in die Freiheit bringen sollte. Letztlich landete er in Paris und fristete als schlechtbezahlter Sprachlehrer sein Leben. 1857, als er völlig vereinsamt starb, hatte man ihn längst vergessen.

In Venedig aber setzten sich die Österreicher wieder fest, als wollten sie Jahrhunderte bleiben, obgleich sie bereits 1866 die Stadt endgültig den Italienern übergeben mußten. Bis dahin aber war Venedig eine österreichische Provinzstadt, in deren Tiefe es gefährlich rumorte. Man boykottierte die Österreicher, die alteingesessenen Familien der Stadt hüllten sich in verachtungsvolles Schweigen, und als Kaiser Franz Joseph im Spätherbst des Jahres 1856 in Begleitung seiner Frau Elisabeth der Stadt einen offiziellen Besuch abstattete, wurde das Herrscherpaar von den Venezianern unmißverständlich brüskiert. Egon Caesar Conte Corti, der Biograph Franz Josephs und Elisabeths, beschreibt dieses Intermezzo recht anschaulich: „Die Behörden haben alles getan, was in ihrer Macht steht, um eine möglichst glänzende Aufnahme vorzutäuschen. Der Empfang schien ganz zufriedenstellend und prächtig, wenn nicht das Kaiserpaar, als es auf der Piazzetta landete, unter eisigem Schweigen der Kopf an Kopf dicht gedrängten

Menge zur Markuskirche hinübergehen müßte." Und von einem Empfang, den Franz Joseph gibt, weiß Conte Corti zu berichten, daß von den rund 130 geladenen Patriziern nur dreißig erschienen sind, „um dem Kaiser ihren Respekt zu bezeigen. Die Damen kommen zahlreicher, aber sie werden lange an dieses Fest denken. Die schönen Frauen mit den großen historischen Namen sind gezwungen, nach dem Aussteigen aus den Gondeln in ihren prachtvollen Hoftoiletten noch zweihundert Meter durch dichtgedrängte Massen Volkes zu gehen, bevor sie die Tore des Palastes erreichen. Dabei bekommen sie die bittersten Schimpfworte und Beleidigungen zu hören."

Ob das der junge Mann auf dem Rio Terra della Maddalena alles bedacht hat, als er seinen Salongeiger ausgerechnet den Radetzkymarsch spielen ließ?

Übrigens entbehrt der Umstand, daß sich Daniele Manin, der Begründer und Held der letzten Republik von San Marco, wie ein Dieb durch die Hintertür Venedigs hinausschleichen mußte, nicht einer gewissen melancholischen Symbolik. Denn auch am Anfang der glorreichen Republik stand ein Ereignis, das weniger heldenhaft als vielmehr fragwürdig oder vielleicht sogar anrüchig gewesen ist; nämlich die sogenannte Translatio Sancti Marci, oder, um es etwas nüchterner auszudrücken, die Herbeischaffung eines Leichnams, den man dann als jenen des Evangelisten Markus und damit auch als eine den Ruhm der damals noch jungen Stadt unendlich erhöhende Reliquie vermarkten konnte. Es haben sich also am Anfang und am Ende dieser Republik Dinge ereignet, die, sofern man sie nicht zur Legende stilisiert, der Reputation Venedigs nicht gerade förderlich gewesen sind.

Aber vielleicht ist es eben dieses Widerspruchsvolle, das Venedig auch heute noch ebenso reizvoll wie verführerisch wirken läßt. Denn welche der vielen Versionen, die man sich über den Diebstahl (oder den Erwerb) der Leiche des Evangelisten Markus erzählt, der dann zum Schutzpatron der Stadt wurde, entspricht zum Beispiel wirklich der historischen Wahrheit? Geschah das, wie vielfach behauptet wird, im Auftrag des Dogen Giustiniano Partecipazio? Oder war es — wie 1848 die Ausrufung der Republik von San Marco mehr als ein Jahrtausend später — das Werk einiger patriotischer Individualisten, die sich nicht damit abfinden wollten, daß ihre Heimatstadt auf die fragwürdige Unterstützung eines obskuren Märtyrers namens Theodor, dessen Wahrzeichen ein abscheuliches Krokodil war, angewiesen sein sollte? Waren es eigentlich Venezianer, die damals im 9. Jahrhundert aus dem fernen Alexandria den Leichnam des heiligen Markus in die Lagune gebracht haben? Und war es überhaupt das Gebein dessen, den man um jeden Preis als kostbare Reliquie haben wollte?

Jede einzelne dieser Fragen ist in den Augen eines überzeugten Venezianers selbstverständlich unzulässig. Ihm ist die Geschichte der Translatio Sancti Marci, wie sie offiziell erzählt wird, längst in Fleisch und Blut übergegangen und sozusagen zum legitimen Bestandteil seiner eigenen Lebensgeschichte geworden. Wer daran zweifelt, zweifelt auch an der Existenz Venedigs und der Venezianer. Dagegen nimmt sich der Radetzkymarsch, dieses musikalische Symbol der einstmals verhaßten österreichischen Tyrannei, fast harmlos aus.

Historisch einigermaßen abgesichert, soweit es sich um den heiligen Markus handelt, ist freilich nur soviel, daß irgendwann in den Jahren zwischen 827 und 829 zwei Kaufleute aus der Lagune, ein gewisser Bonus aus Malamocco und ein Mann namens Rusticus aus Torcello, sich im ägyptischen Alexandria eines Leichnams bemächtigten, den sie selbst als jenen des Evangelisten Markus bezeichneten. Offiziell bestätigt wurde das dann vom Dogen Giustiniano Partecipazio, der Markus sogleich zum Schutzpatron des ihm unterstehenden Rialtobezirkes proklamierte und den Leichnam vorerst einmal in einer rasch bereitgestellten Gruft seiner Residenz provisorisch beisetzen ließ.

Diese wenigen und eher nüchternen Fakten wurden dann rund zweihundert Jahre später durch den Dogen Andrea Dandolo prachtvoll ausgeschmückt. Auch andere Chronisten sorgten in späterer Zeit dafür, daß das Abenteuer der beiden Kaufleute — sofern es sich überhaupt um ein solches gehandelt hat — aus einer günstigeren, gleichsam schicksalsträchtigeren Perspektive betrachtet werden konnte; an die fünfzig Zechinen hätten sie den koptischen Mönchen in Alexandria für die Reliquie geben müssen und unter Körben voll Schweinefleisch, welches den Mohammedanern als unrein gilt, hätten sie den Leichnam aus dem streng bewachten Hafen Alexandrias hinausgebracht auf die offene See, während andere Autoren gern an jenes furchteinflößende Unwetter erinnern, das genau in dem Augenblick eingesetzt habe, als Bonus und Rusticus mit dem Leichnam durch die Gassen der ägyptischen Hafenstadt eilten. Immerhin malte viele Jahrhunderte später Tintoretto diese dramatischen Szenen, beseelt vom guten Glauben an deren Wahrheitsgehalt und wie alle Venezianer durchdrungen von der Gewißheit, daß sich diese Geschichte nur so und nicht anders abgespielt haben müßte. Dazu kommt noch, daß während der Heimreise Markus immer wieder Gelegenheit hatte, helfend einzugreifen. Ohne seine Unterstützung, versichern venezianische Chronisten übereinstimmend, hätte das Schiff niemals den Rialto erreicht.

Auch in der Lagune gab er durch ein deutliches Zeichen — dessen nähere Umstände aber nirgends zufriedenstellend beschrieben werden — seinen Entführern oder Käufern zu erkennen, daß er seine neue Heimstätte nicht in Olivolo zu finden wünsche, wo die Bischöfe See-Venetiens residierten und wohin man die Reliquie zuerst bringen wollte. Erst in der Residenz des Dogen fand die Irrfahrt dann ihr vorläufiges Ende.

Giustiniano Partecipazio ließ, wie berichtet wird, „in einer Ecke seines Palastes eine Kapelle errichten, in der er die Reliquien des heiligen Markus so lange unterbrachte, bis eine eigene Kirche erbaut sein würde. Jedoch wurde er durch schnellen Tod daran gehindert, diese Kirche zu vollenden“. Auch für diesen Fall war Vorsorge getroffen worden, denn in seinem Testament hatte der Doge seine Frau Felizitas damit beauftragt, für die Errichtung einer Basilika auf dem Gelände des Klosters San Zaccaria zu sorgen. Und es war dann der Bruder und Nachfolger des Verstorbenen, Giovanni Partecipazio, der mit den Bauarbeiten der ersten Markuskirche begonnen hat. Diese dürfte um das Jahr 836 vollendet gewesen sein, diente aber nicht, wie zu erwarten gewesen wäre, als Bischofs-, sondern als Staatskirche, darin vor allem das streng bewachte Grab des Evangelisten — dessen Überwachung von Mitgliedern der Leibgarde des Dogen übernommen wurde — die Hauptsache war. Der Historiker Heinrich Kretschmayr zog daraus in seiner umfangreichen „Geschichte Venedigs“ den logischen Schluß, daß dieser Leichnam den Venezianern mehr bedeutete als der Staatsschatz, weil sie dadurch erst in die Möglichkeit versetzt wurden, über ein bemerkenswertes Staatsheiligtum zu verfügen. Wer sich im Besitz einer solchen Reliquie wußte, vermochte nach den Vorstellungen des Mittelalters seine staatliche Autorität nachdrücklich unter Beweis zu stellen. „Kein Wunder“, meint daher Kretschmayr, „daß man den Leichnam zunächst und weiterhin an geheimnisvoller, nur wenigen vereidigten Eingeweihten bekannter Stelle barg.“

Aber San Marco, worunter man jetzt Kirche und Leichnam verstehen sollte, wurde im Jahre 976 durch einen verheerenden Brand vollständig zerstört. Das entmutigte die Venezianer nicht im mindesten. Bereits 1063 begann man mit dem Bau der neuen, heute noch existierenden Basilika. Was die Reliquie betraf, so erklärte man, daß ihr Aufenthaltsort in Vergessenheit geraten wäre. Im übrigen aber wäre es gänzlich unwahrscheinlich, daß Markus, der Beschützer Venedigs, ein Opfer der Flammen geworden sein könnte. Man verfügte zwar nicht mehr über die Reliquie, verhielt sich aber so, als habe man sie nie aus den Augen verloren.

Tatsächlich kam die Reliquie ein paar Jahrzehnte später, als man in der Basilika „um Erleuchtung in der Causa Markus flehte“, auf recht ungewöhnliche Weise wieder zum Vorschein. Es knirschte im Gemäuer, eine Säule zerbrach vor den Augen der zuerst entsetzten und dann jubelnden Gemeinde, „und plötzlich trat der ganze heilige Leichnam, als ob er noch am Leben wäre, aus der Säule hervor“, wie das ein Augenzeuge dieser Szene beschrieb. Heute noch dokumentiert eine kleine, unscheinbare Tafel an einer Säule neben dem Altar des Heiligen Sakramentes dieses Wunder, das den Venezianern ihren einflußreichen Schutzpatron zurückgab, und zwar zu einer Zeit, als sich immer mehr Reisende auf Venedig zu konzentrieren begannen und die Stadt in der Lagune zu einem Mittelpunkt des sich frühzeitig schon abzeichnenden Kulturtourismus zu werden versprach.

Was den verheerenden Brand vom Jahre 976 angeht, welchem die erste Markusbasilika und wahrscheinlich auch der aus Alexandria herbeigeschaffte mysteriöse Leichnam zum Opfer gefallen sind, so war die Ursache dafür eine gegen den damals amtierenden Dogen Pietro Candiano gerichtete Verschwörung der venezianischen Patrizier. Wie wir den Aufzeichnungen des Chronisten Johannes Diaconus entnehmen können, haben die Rebellen am 11. August 976 die schwerbewachte Residenz des Dogen vergeblich zu erstürmen versucht. Aber nachdem alle ihre Angriffe abgeschlagen wurden, legten sie ganz einfach Feuer an die Nachbargebäude. Wind begünstigte ihr Unternehmen und verstärkte es dann freilich in einem solchen Maße, daß auch die an den Dogenpalast angrenzende Markuskirche, wohin sich der Doge mit seinem minderjährigen Sohn zu retten versuchte, ein Raub der Flammen wurde. Candiano und sein Sohn wurden übrigens in der Vorhalle von San Marco von den Verschwörern ermordet.

Das Feuer vernichtete die Residenz mit allen Urkunden und Akten, die Kirchen San Teodoro, Santa Maria Zobenigo und die Markusbasilika sowie an die dreihundert Häuser. Es war, alles in allem, ein recht kostspieliger Tyrannenmord. Am glanzvollen Aufstieg Venedigs und am Ruhm seines Schutzpartrons änderte das allerdings nichts, so daß man tatsächlich mit Reinhard Lebe übereinstimmen darf, der einmal gesagt hat, daß diese ganze Geschichte „schon ein aparter Kasus" sei. Denn „das Skelett des Evangelisten, der sehr wahrscheinlich nie in Alexandria gewesen ist, wird dort trotzdem ausgegraben und entführt; es verbrennt sehr wahrscheinlich hunderfünfzig Jahre später und tritt wenige Jahrzehnte darauf seine Laufbahn als charismatischer Patron des Staates an".

Aber so ist das in Venedig. Und es wäre nicht Venedig, würde sich diese Geschichte — und nicht nur diese — anders, realistischer, glaubhafter abgespielt haben.

In einer der kleinen Imbißstuben an der Fondamenta degli Scalzi gleich neben dem Bahnhof und der gleichnamigen Kirche, die den

Karmelitern als Klosterkirche dient und wo sich das wenig beachtete Grabmal jenes Lodovico Manin befindet, der 1789 anläßlich seiner Wahl zum Dogen erklärt hatte, vor Angst kaum zu wissen, was mit ihm geschehe, und der dann im Mai 1797 vor Napoleon kapitulierte und abdankte, in einer dieser Imbißstuben und Kaffeebars also, die von hier bis in die anschließende Lista di Spagna hineinreichen, bereitete sich an einem Sonntagmorgen eine junge Frau aus dem Veneto mit ihren beiden halbwüchsigen Söhnen auf Venedig vor. Draußen lag noch Nebel über dem Canal Grande. Aber man sah, daß er sich bald heben und daß es dann einen prachtvollen Tag geben würde. Die junge Frau, sie war blond, stämmig, besaß die gesunde Gesichtsfarbe von Menschen, die viel in frischer Luft zu tun haben, und sie war, erstaunlich genug für eine Italienerin und noch dazu an einem Sonntag, kaum geschminkt, diese Frau hatte zuerst ihre beiden Söhne fürsorglich auf die Toilette geschickt und erlaubte ihnen nun, sich an der Theke mit Süßigkeiten zu bedienen. Sie selbst trank einen Milchkaffee und blickte mit einem Ausdruck fröhlicher Erwartung hinaus in den sich lichtenden Nebel. Sie würde den Kindern Venedig zeigen. Es würde für sie alle ein erfreulicher, heiterer Tag sein. Und wenn sie am späten Nachmittag oder am Abend mit dem Zug in ihr heimatliches Dorf zurückführen, würden sich ihre Gedanken mit angenehmen Erinnerungen beschäftigen.

Aber als es ans Bezahlen der Rechnung ging, schüttelte sie bloß verwirrt den Kopf. Dann blähte sie ihre Backen auf und stieß einen pfeifenden Seufzer aus. Sie ließ nachrechnen, rechnete selbst nach, schüttelte noch einmal den Kopf und bezahlte schließlich zögernd und sichtlich irritiert die Mehlspeisen und Limonaden ihrer Söhne und ihren Milchkaffee. Sie hatte sichtlich mit weniger als der Hälfte dessen gerechnet, was sie nun begleichen mußte. Und ihr junges, unbeschwertes Gesicht war recht nachdenklich geworden, als sie schließlich das Lokal verließ.

Venedig hat die unverschämtesten Preise Italiens. Das hätte die Frau wissen müssen. Jeder Tourist, der zum erstenmal nach Venedig kommt, weiß es. Allerdings dauert es eine ganze Weile, bis er es auch tatsächlich begreift. Und sich vielleicht Gedanken darüber macht, warum das so sein muß. Immerhin ist die Berufung der Venezianer, wie sie es selbst sehen, der Handel. „Die Venezianer waren immer auf ein Monopol oder einen schnellen Umsatz aus und standen im Ruf, bereitwillig alles zu verkaufen, was sie besaßen, wenn man ihnen genug dafür zahlte". (J. Morris) Sie machten einst sogar einen Kreuzzug, nämlich den vierten, zum Anlaß eines glänzenden Geschäftes, indem sie den Rittern und Soldaten, die ins Heilige Land ziehen wollten, zuerst für den Transport und die Verpflegung einen gepfefferten Kostenvoranschlag machten und dann, als die Kreuzfahrer außerstande waren, die geforderten Summen zu bezahlen, die ganze, mehr als 30.000 Mann starke Armee dazu benützten, einige dalmatinische Städte und schließlich das griechisch-christliche Konstantinopel für Venedig zu erobern. Das geschah in der Zeit zwischen 1192 und 1205; und sollte Venedig nicht nur zur Beherrscherin der Adria, sondern des ganzen östlichen Mittelmeeres machen.

Aber nicht einmal zweihundert Jahre später hatten die Venezianer bereits gelernt, daß man den Fremden gegenüber zwar auf Gewinn bedacht, ihnen aber auch gefällig sein muß. Im Jahre 1397 wurde jedenfalls ein venezianischer Gasthof für längere Zeit geschlossen und ein Wirt ins Gefängnis geworfen, und das nicht deshalb, weil er unverschämte Preise gefordert hatte, sondern weil der Gasthof verschmutzt und das Essen dort ungenießbar war. Schon im 13. Jahrhundert hatte es in Venedig eine Art Touristenpolizei gegeben, die dafür sorgen mußte, daß die Herbergen in der Stadt sauber und ordentlich waren und es den Gästen an nichts mangelte, „wessen ein Christenmensch bedarf".

Wen wundert es also, daß man einerseits keine besondere Freude mit den sogenannten Rucksacktouristen hat, die in der warmen Jahreszeit den Bahnhof und den Platz davor Nacht für Nacht hartnäckig als kostenloses Quartier benützen und selbstverständlich weder willens noch fähig sind, die Preise zu bezahlen, die man in Venedig als eine Art Eintrittsgeld in das bizzarste und sehenswerteste Museum der Welt für gerechtfertigt hält? Und daß man andererseits mit einer beeindruckenden Geste der Gerechtigkeit von allen Gästen dieselben Preise fordert, also keinen Unterschied macht zwischen Festlanditalienern, Deutschen, Amerikanern, Japanern oder den Venezianern selbst?

Irgendwann begreift man in Venedig ohnedies, daß die Art der materiellen Ausbeutung, der man in dieser Stadt unterliegt, durchaus ihre moralische Berechtigung hat. Man bezahlt nämlich am Canal Grande, am Rialto oder in San Marco nicht bloß das Vorrecht, extravagante Sehenswürdigkeiten besichtigen zu dürfen oder einen faszinierenden Blick auf die Vergangenheit einer triumphalen Stadt werfen zu können, sondern man honoriert das Privileg, sowohl den Zusammenbruch einer einst einzigartigen kulturellen und politischen Ordnung mitzuerleben als auch die verschiedenen Phasen dieses Zusammenbruches im Zeitraffertempo zu beobachten. Manchmal, nach eines langen Tages erschöpfender Beschäftigung mit der Geschichte Venedigs oder den Biographien einiger ihrer berühmten oder auch nur berüchtigten Repräsentanten, wünscht man sich dann die Anwesenheit jener zeitgenössischen Politiker, deren Leistungen einen Vertreter des Großen Rates oder des Rates der Zehn nur ein nachsichtiges Lächeln gekostet hätten.

Was die Venezianer selbst angeht, so meiden sie freilich nach Möglichkeit jene Schauplätze, an denen sich die Besucher und Bewunderer ihrer Stadt versammeln, um das vermeintliche Ambiente Venedigs zu entdecken. In „Harry's Bar" zum Beispiel dominieren heute längst schon Amerikaner und Deutsche, denen das Gefühl, an einem Ort zu sein, wo früher einmal Hemingway, Orson Welles oder Winston Churchill verkehrten, jede materielle Anstrengung wert ist. Hotels wie das „Daniel" oder das „Cipriani" sind in den Augen der alteingesessenen Venezianer ohnedies exterritoriale Gebiete. Und in die berühmten Kaffeehäuser am Markusplatz verirren sich nur in den etwas ruhigeren Wintermonaten einige Einheimische, die dann mit teils belustigtem, teils nachdenklichem Gesichtsausdruck die Bemühungen der Fremden beobachten, sich möglichst ungezwungen in einem Rahmen zu bewegen, der ihnen kostbar und exotisch erscheinen muß.

Der amerikanische Journalist William Dean Howells, der zwischen 1863 und 1865, als Venedig gerade noch unter österreichischer Herrschaft stand, einige Berichte nach New York kabelte und später auch ein Buch über Venedig herausgab, erzählte von den Müßiggängern, welche damals das „Florian“ beherrschten, wobei die Venezianer „sorgfältig darauf achteten, sich in einem mit grünem Samt ausgestattenen Raum zusammenzufinden, während die Österreicher und ihre Anhänger häufig ein Zimmer mit Möbeln aus rotem Samt aufsuchten“. Und im „Quadri“, gegenüber dem „Florian“, verkehrten vornehmlich österreichische Offiziere, „hübsche, intelligent aussehende Leute mit überaus gutmütigen Gesichtern, die elegantesten Soldaten der Welt“. Die Unteroffiziere wiederum bevorzugten das altösterreichische Kaffeehaus „Zum Kaiser von Österreich“, das schon längst nicht mehr existiert, während viele italienische Patrioten ins „Suttil“ gingen, das gleichfalls verschwunden ist. Am auffälligsten war für Howells damals die Barttracht der Gäste, an der man ablesen konnte, wer welcher Partei angehörte: „Der Bart ist in Venedig bei jedem Mann ein Merkmal der politischen Gesinnung. Kein Österreicher trägt den Knebelbart, kein Italiener läßt ihn sich abnehmen.“

Solche Unterscheidungsmöglichkeiten sind heute kaum noch vorstellbar. Und die Kaffeehäuser auf dem Markusplatz, sofern sie noch vorhanden sind, haben ihre Bedeutung als Versammlungs- und Demonstrationsort der einen oder der anderen Partei längst eingebüßt. Dafür kann man hier gelegentlich andere, subtilere Beobachtungen machen, die auch etwas mit dem Zustand der Stadt und ihrer Menschen zu tun haben. In Venedig passiert nichts absichtslos, geschieht kaum einmal etwas, das nicht einen inneren Zusammenhang hätte mit dem Werden und Vergehen dieses lagunaren Mikrokosmos.

Eines Tages, es war noch früh am Vormittag, gerade ein paar Minuten nach neun Uhr, um welche Zeit das „Florian“ täglich zu öffnen pflegt, saß dort in einem der winzigen Salons, von denen man einen hübschen Ausblick auf den Platz hat, eine alte Frau, eine Greisin, deren Gesicht nur noch aus Runzeln und Falten zu bestehen schien. Sie bestellte sich etwas umständlich einen Kaffee, schälte sich ebenso umständlich aus ihrem Mantel, der innen mit

Pelz gefüttert war, ließ sich von den rasch herbeigeeilten Kellnern, die sie mit außerordentlichem Respekt behandelten, eine Zigarette und Feuer geben und saß dann eine ganze Weile still paffend und scheinbar in sich versunken einfach da. Schließlich trat ein junges Paar an ihren Tisch. Der Mann küßte der Alten zuerst die Hände und dann die Wangen. Das Mädchen, das des jungen Mannes Ehefrau war, blieb einige Augenblicke stehen, bis es eine verlegene Demutsgeste machte und sich zögernd auf dem entferntesten Stuhl niederließ. Der junge Mann war ein Enkel der Alten, hatte Venedig vor einiger Zeit verlassen, um in der Lombardei Arbeit zu finden und selbst eine Familie zu gründen, und jetzt examinierte ihn seine Großmutter recht unbarmherzig. Er mußte ihr mitteilen, welche Art von Arbeit er hatte, wieviel der verdiente, wo und unter welchen Verhältnissen er wohnte. Er antwortete gehorsam. Und Kinder, fragte die Alte schließlich. Wieviele gibt es schon? Es entstand eine winzige Pause. Dann schüttelte der junge Mann langsam den Kopf. Keine Kinder. Noch nicht. Vielleicht später einmal. Die alte Frau blickte ihn lange an. Und wie soll Venedig überleben, wenn es keine Kinder mehr gibt, sagte sie schließlich mit ruhiger, fast ausdrucksloser Stimme.

Venedig ist zweifellos die erste Stadt, die das erlebte, was man heute Fremdenverkehr nennt. Und die davon natürlich in jeder Hinsicht profitierte. „Nach Rom zogen die Pilger. Nach Venedig kam man schon im Mittelalter, um der Lust am Staunen zu genügen, auch der am Abenteuer. Die Hauptreiseziele der Nordländer sind Venedig und Rom gewesen. Erst gegen Ende des 18. Jahrhunderts kam Neapel dazu. In Rom suchte man die heilige Stadt, die Gräber der Märtyrer, später auch das Antike, Monumentale, Heroische. Venedig dagegen bot die Verzauberung, das Geheimnis, die lockende Gefahr des Morgenländischen. Es trug Maske. Hinter dieser Maske verbargen sich Lüstlinge, Glücksjäger, Hochstapler, Spieler. Noch heute liegt viel Unheimliches in der Lagunenluft."

So sah Eckart Peterich die Stadt am Canal Grande, und tatsächlich ist Venedig eine „intime, heimlichtuerische, flüsternde, kunterbunte Anekdotenstadt" (J. Morris), reich „an pikanten, runzligen Dingen, gleich einem Sortiment von Krimskrams im Hause

 Die überflutete Piazzetta, rechts die Säule mit dem geflügelten Markuslöwen

eines eigenwilligen Kenners", und nie wird man dieser Einmaligkeit besser gewahr werden können, als wenn man langsam durch die verschmutzten, stillen und gespenstisch leeren Seitenkanäle treibt, den Blick auf verfallende Fassaden und absterbendes Leben gerichtet, das doch voll pittoresker Erinnerung ist. Oder wenn man neben der Frarikirche der Franziskaner in den Staatsarchiven der Republik stöbert, die im ehemaligen weitläufigen Franziskanerkonvent untergebracht sind und mit ihren rund fünfzehn Millionen Faszikeln und Dokumenten eine unschätzbare Geschichtsquelle darstellen.

Venedig trägt stets Maske, auch heute noch, da es langsam stirbt und sich dennoch seinen Besuchern als lebenssprühende, ungemein dekorative Schönheit anbietet, die ihre Geheimnisse freilich hinter kokettem Augenaufschlag und einer Geste lasziver Erschöpfung zu verbergen versucht. Wer weiß zum Beispiel, daß manche Kirche in Venedig Tausende von Reliquien besitzt? Und daß überhaupt jedes einzelne der venezianischen Gotteshäuser, selbst wenn es nur noch durch eine rätselhafte Gunst des Schicksals dem nagenden Zugriff des Wassers und der nebligen Feuchtigkeit trotzen sollte, über irgendeine reliquiare Kostbarkeit verfügt, um die es prunkvollere und von mehr Leben erfüllte Kirchen in aller Welt heftig beneiden? In San Pietro in Castello, einst Olivolo genannt und bis zum Sturz der Serenissima durch Napoleon der Sitz des Patriarchen von Venedig, befindet sich ein steinerner Thron, den der heilige Petrus angeblich in Antiochia benützt haben soll, als er dort den Heiden das Evangelium beibrachte. In der Basilika von San Marco befindet sich nicht nur der rotgefleckte Stein, auf welchem Johannes der Täufer enthauptet worden sein soll, sondern auch dessen ausgebleichter Schädel sowie ein Arm des heiligen Georg. Angesichts solcher Reliquien überrascht es nicht mehr, wenn man hier auch ein Relief entdeckt, das aus dem Stein geformt sein soll, an welchen Moses einst seinen Stab schlug, um für die dürstenden Israeliten Wasser zu besorgen. Ein Messer, das beim Letzten Abendmahl in Jerusalem benützt worden ist, darf in einer solchen Sammlung selbstverständlich nicht fehlen. Dazu kommen noch ein Finger der Maria Magdalena, ein Schemel, welcher der

In den Fensterscheiben des Café Florian spiegeln sich die Alten Prokuratien

Muttergottes gehörte, sowie das Schwert, mit dem Petrus dem Malchus einst kurzentschlossen ein Ohr abtrennte.

Solche Dinge haben über Jahrhunderte hinweg dafür gesorgt, daß die Menschen scharenweise nach Venedig strömten. Noch zu Luthers Zeiten fanden hier alljährlich sogenannte Reliquienmärkte statt, auf denen sich halb Europa mit dem begehrten Gebein irgendeiner Heiligen, irgendeines Märtyrers eindecken konnte, gegen Barzahlung natürlich und zu festgesetzten Preisen. Daß die Venezianer sich der meisten dieser Reliquien durch illegale Methoden bemächtigt hatten, kümmerte dabei kaum einen der frommen Käufer. Der Besitz einer Reliquie sorgte nicht zuletzt auch im Zeitalter der Ablässe für politisches Ansehen und wachsenden Wohlstand. Niemand wußte das besser als die Venezianer, deren Aufstieg mit dem mysteriösen Erwerb des angeblichen Leichnams eines Evangelisten eingesetzt hatte. Und niemand nützte das kaltblütiger aus als sie, die am Handel mit aschfarbenem Gebein und fragwürdigen Devotionalien buchtstäblich Millionen verdienten.

Gelegentlich wird eine solche Reliquie sozusagen zum eigenen Hausgebrauch benützt. Es mag sich beispielsweise mancher Besucher Venedigs schon gefragt haben, weshalb der Bahnhof der Stadt — er wurde in seiner heutigen Form 1955 fertiggestellt — ausgerechnet Santa Lucia und nicht, was eigentlich naheliegender wäre, San Marco heißt. Eine Erklärung dafür findet sich in der Kirche San Geremia gleich hinter der Lista di Spagna und nur drei Minuten vom Bahnhof entfernt. Ein Grab oder eigentlich ein gläserner Sarkophag beherrscht den Altar, dem man gegenübersteht, wenn man die Kirche — die in ihrer heutigen Form aus der Mitte des 18. Jahrhunderts stammt — betreten hat. Näherkommend erblickt man eine liegende Gestalt, deren Gesicht durch eine altersdunkle Bronzeplastik bedeckt wird. Handgeschriebene Wegweiser sorgen dafür, daß man den Weg um den Altar herum findet und so auch die Rückseite dieses Glassarges betrachten kann, darin ein wenig ansehnliches oder sogar, um die Wahrheit zu sagen, abscheuliches Skelett liegt, dessen fahlbraune Fingerknochen mit Bindfäden zusammengebunden sind, während einige der skelettierten Zehen eine merkwürdig verkrümmte Haltung einnehmen, als hätte die

Tote noch anderthalbtausend Jahre nach ihrem Hinscheiden unter heftigen Krämpfen zu leiden.

Dieses Skelett, das in San Geremia den Blicken der frommen oder auch bloß neugierigen Besucher preisgegeben wird, erinnert an die heilige Lucia von Syrakus, die während der diokletianischen Christenverfolgung auf eine besonders raffinierte Art gepeinigt wurde. Sie, die ihrem Glauben nicht abschwören wollte und ihrer Keuschheit wegen berühmt war, hätte in ein öffentliches Haus gebracht werden sollen. Als sich das aus mystischen Gründen — die Folterknechte brachten es nicht zuwege, das Mädchen von der Stelle zu bewegen — nicht machen ließ, versuchte man es mit dem Scheiterhaufen und mit siedendem Öl. Aber erst Dolchstiche machten dem irdischen Dasein der beharrlichen Heiligen ein Ende, wobei erzählt wird, daß sie mit einem Dolch im Hals noch so lange gelebt habe, bis sie einer letzten Tröstung durch die heilige Kommunion zugänglich geworden sei.

Lucia wurde bald zur Schutzheiligen von Syrakus, ferner zur Beschützerin des Augenlichts, der reuigen Sünderinnen, unter welcher Umschreibung man ohne weiteres die Zunft der sogenannten Hübschlerinnen begreifen mag, sowie der Näherinnen, Droschkenkutscher, Bauern und noch etlicher anderer Berufsgruppen. Ihr Leichnam mit Ausnahme einer Rippe, die in Syrakus verblieb, gelangte nach Konstantinopel, das vor Venedig gleichsam eine Art Schatzkammer für Reliquien war. Im Jahr 1204 schließlich, als die Venezianer mit Hilfe jener Armee, die den Vierten Kreuzzug unternehmen hätte sollen, Konstantinopel erstürmten und plünderten, wurde das kostbare Gebein in die Lagune verschleppt. Oder zumindest das, was davon noch erhalten war, denn bereits im 10. Jahrhundert soll durch die Vermittlung Kaiser Ottos des Großen ein Teil davon nach Metz gebracht worden sein.

Manchen Besucher, der sich heute dieser Reliquie nähert, mögen die widerstreitendsten Empfindungen bewegen. Vielen Venezianern aber bedeuten diese vergilbten Knochen so etwas wie eine Rückversicherung auf die Fährnisse des Lebens. Einige hübsche, in Silber getriebene Exvotos, auf denen ausnahmslos das menschliche Auge dargestellt ist, erinnern in San Geremia auch an die nützliche Wirkung dieser Heiligen, die dem Bahnhof der Lagunenstadt ihren Namen geschenkt hat.

Alle diese Reliquien — deren genaue Zahl, Beschaffenheit und vielfach immer noch vorhandener Zauber für jene, die daran glauben, niemand wirklich genau kennt — werden heute wie vor Jahrhunderten bestaunt und verehrt und verdeutlichen einen Hauch jener Faszination, die viele Jahrhunderte von Venedig ausgegangen ist und die Pilger aus ganz Europa angelockt hat. Aber es sind nicht nur diese frommen Dinge und ihre vermeintliche Magie, die Venedig so anziehend machen. Wer einmal von der Piazzetta langsam hinüberschreitet zum Markusplatz und, den Kopf eingeschüchtert in den Nacken werfend, das rötlichfarbene Monument des Campanile im herbstlichen Abendnebel verschwinden sieht, während er von einem der Cafés, die das bis zur Absurdität widerspruchsvolle Erscheinungsbild eines der schönsten Plätze Europas komplettieren, verwehte Walzerklänge herüberstreichen hört, der empfindet Venedig als eine Bühne, auf der sich das Leben selbst inszeniert. Und sich dabei seiner schwierigen Aufgabe ebenso graziös wie ironisch entledigt, indem es jedermann etwas bietet. Richard Wagner hat in Venedig den zweiten Akt seines „Tristan" geschrieben. In seinem Sterbehaus, dem Palazzo Vendramin-Calergi, drängen sich heute an den Winterabenden Venetiens Spieler um die Roulettetische. Italiens eigenwilligster und skurrilster Poet des 20. Jahrhunderts, Gabriele d'Annunzio, hat hier zu Füßen der von ihm leidenschaftlich angebeteten Duse gelegen, was ihn nicht davon abgehalten hat, sie schamlos zu betrügen. Und Lord Byron, Exzentriker, Freiheitsheld, Dichter und Bohemien, hat vom Balkon des von ihm gemieteten Palazzo Mocenigo aus ungerührt zugesehen, wie sich eine seiner venezianischen Liebhaberinnen voll Verzweiflung ins Wasser des Canal Grande stürzte, nachdem sie erfahren hatte, daß Byron eine neue Liebschaft eingegangen war.

Aber das ist Venedig. Widerspruchsvoll, lasziv, fromm, abergläubisch und voll von Überraschungen. Und fast stets den Preis wert, den es für seine kunstvolle und schamlose Zurschaustellung fordert.

Venedigs Vergangenheit ist voll von Täuschungen

Venedig sei eine Art Metropole, weil alle Welt herbeiströme, um die Wunder dieser Stadt zu besichtigen, meinte ein englischer Reisender einmal Ende des vorigen Jahrhunderts. James Morris beschreibt ein Menschenalter später den „langen, heißen, atemlosen Seufzer eines venezianischen Sommers", wenn die Stadt überquillt von Touristen, die sich, dem Anschein nach ziemlich unbeeindruckt von horrenden Preisen und gelegentlich fragwürdigen Geschäftsmethoden, auf die Suche nach jenen Dingen machen, denen Venedig seine einmalige Biographie verdanke.

Dabei ist es manchmal gerade das Selbstverständliche oder sogar Gewöhnliche, aus dem man einiges von der bizarren Geschichte dieser Stadt ablesen kann. Jene zahllosen Tauben zum Beispiel — Alfred Polgar bezifferte ihre Zahl einst in einem Anflug verzweifelten Humors mit 30.640 —, die rund um die Piazza di San Marco das Entzücken und manchmal allerdings auch so etwas wie eine Phobie bei den von ihnen umschwärmten und umgurrten Opfern hervorrufen, diese Tauben werden zweimal täglich auf Kosten einer Versicherungsgesellschaft gefüttert, die sich dieses Privileg seit dem Jahre 1952 einiges kosten läßt. Die Tauben von San Marco verfügen aber auch über einen historischen Hintergrund, wie er selbst erlauchten Patrizierfamilien gut zu Gesicht stünde. Der Doge Dandolo habe, so heißt es, eine Brieftaube nach Venedig abgesandt, als die von ihm dirigierten Ritter und Soldaten des Vierten Kreuzzuges Konstantinopel erstürmten. Und seit damals genießen die Tauben in Venedig buchstäblich Narrenfreiheit.

Eine andere, nicht minder reizvolle Legende führt die Taubenplage darauf zurück, daß es einst, als Altinum draußen auf dem Festland zuerst von den Hunnen und dann von den Langobarden überfallen und zerstört worden war, Tauben gewesen wären, die den verzweifelten Bewohnern der Stadt den Weg hinaus in die Lagune und nach Torcello gewiesen hätten, das bekanntlich eine der Urstädte See-Venetiens und damit auch eine der wichtigsten

Voraussetzungen für das Werden Venedigs gewesen ist. Und dann gibt es auch noch eine dritte Version, derzufolge man sich im Mittelalter an jedem Palmsonntag damit unterhielt, in Erinnerung an jene Taube, die Noah das Ende der Sintflut verdeutlicht habe, die Tauben von San Marco freizulassen, um dann jene Tiere, die töricht genug waren, sich wieder einfangen zu lassen, genußvoll zu verzehren. Den anderen, geschickteren oder einfach glücklicheren Tauben wurde ewige Freiheit zugesichert. Daraus entwickelte sich im Verlauf der Jahrhunderte dieser Mythos, der den einen zum pittoresken Vergnügen und den anderen zur Plage wurde.

Was davon geblieben ist, hat jedenfalls etwas Beängstigendes und zugleich Beeindruckendes an sich. Und ist längst zum festen Bestandteil jener Mischung aus Dichtung und Wahrheit geworden, aus der Venedig seine Kraft schöpft, um selbst im unaufhaltsamen Niedergang noch eine Stätte des Triumphes zu sein.

Was die Tauben angeht, so waren es übrigens nicht die einzigen Tiere, denen man in Venedig besondere Aufmerksamkeit schenkte. So gab es beispielsweise jahrhundertelang auf den meisten größeren Plätzen der Stadt Stierkämpfe, wobei man dressierte Hunde auf die an Pfählen angebundenen Stiere hetzte und sich an diesem merkwürdigen Schauspiel ergötzte. Der letzte dieser Stierkämpfe fand immerhin noch im Jahre 1802 statt.

Früher einmal gab es auch Pferde und Maulesel in der Lagunenstadt. Der Doge Michele Steno, er amtierte von 1400 bis 1413, soll über vierhundert Pferde besessen haben, deren Fell gelb eingefärbt werden mußte, weil das seine Lieblingsfarbe war. Ein Gesetz zwang damals die Pferdebesitzer, den Tieren Glocken umzuhängen, weil es immer wieder zu Kollisionen mit ahnungslosen Fußgängern kam. Erst im 16. und endgültig dann im 17. Jahrhundert verschwand das Pferd aus dem Stadtbild Venedigs, wobei es, wie manche Autoren meinen, die Einführung der sogenannten Bogenbrücke gewesen sei, die eine Pferdehaltung unmöglich machte, weil sich die Tiere schlichtweg weigerten, über solche Brücken hinwegzutraben. Heute gibt es in Venedig Pferde nur noch als unentbehrliches Requisit für einige berühmte Reiterstandbilder.

Es müssen allerdings nicht immer nur Geschöpfe aus Fleisch und Blut sein, die das Interesse der Besucher erwecken. Die „bocche dei leoni", die Löwenmäuler, waren steinerne Briefkästen, welche die tiefverwurzelte und vom Großen Rat wie vom Rat der Zehn geschickt ausgenützte Neigung der Venezianer zur Indiskretion und Denunziation nachdrücklich unterstützten. Diese Briefkästen waren den meist anonymen Beschwerden jener Mitbürger vorbehalten, welche glaubten, einen Nachbarn der Gotteslästerung oder des Hochverrats überführen zu können. Man kann sich unschwer vorstellen, wieviel an charakterlicher Abgefeimtheit und persönlicher Rachsucht dadurch freigesetzt wurde, daß jedermann als Ankläger auftreten oder als anonymer Zeuge fungieren konnte, auch wenn seine Angaben nicht immer mit der Wahrheit übereinstimmten. „Die Venezianer wurden zur Langohrigkeit ermuntert durch das System der Denunziation, auf das sich die Autokratie ihrer Republik stützte." (J. Morris) Vor einigen Jahren hat man einen dieser Briefkästen, die auch unter dem Namen „bocche di verità" bekannt waren, wieder in Betrieb genommen; jetzt allerdings nicht, um das Denunziantentum zu fördern, sondern um den Bürgern eine etwas romantische Gelegenheit zu geben, ihre Meinung über den Zustand der Stadt freimütig zu äußern.

Verfall und — das in des Wortes buchstäblichem Sinne — Verfäulnis sind freilich nicht erst heute die geheimen Kennzeichen Venedigs. Die meisten Glockentürme Venedigs stehen zum Beispiel auf unsicherem Fundament und neigen sich seit Jahrzehnten schon mit wahrhaft gravitätischer Würde ihrem unausbleiblichen Ende entgegen. Das wiederum bestärkt manchen aufmerksamen und phantasievollen Besucher in der Meinung, daß diese Stadt, um „ihre Laufbahn ästhetisch abzurunden, nur wieder in die Salzfluten einzutauchen brauche", ins gurgelnde und seufzende Wasser, das, wie der englische Schriftsteller Charles Dickens es einmal formulierte, „aufmerksam und ringsherum geschlungen die alte Stadt umfängt, in vielen Windungen wie eine Schlange: so wartet es auf die Zeit, da die Leute hinabsehen würden in seine Tiefe und Ausschau halten nach irgendeinem Stein dieser Stadt, die behauptet hatte, seine Herrin zu sein".

Was die schönen und schlanken venezianischen Campanili betrifft, die allesamt zum Tode verurteilt scheinen, so gibt es nicht wenige Venezianer, die meinen, man brauche nur das Ohr an ihr Gemäuer zu legen, um sie erbarmungswürdig ächzen und stöhnen zu hören. Dabei existierten um das Jahr 1500 noch mehr als zweihundert solcher Türme, die ursprünglich auch als Leuchttürme Verwendung fanden und vielfach sogar militärischen Zwecken zugeführt wurden. Heute sind es nur noch etwas über hundert, die überdauert haben. Und der berühmteste dieser Türme, nämlich der Campanile von San Marco, mit dessen Bau angeblich am Namenstag des Schutzheiligen Venedigs, also an einem 25. April — und zwar im Jahre 888 —, begonnen worden war, stürzte am 14. Juli 1902, genau fünf Minuten vor zehn Uhr morgens, mit gewaltigem Getöse in sich zusammen.

Dieser Campanile war nicht nur ein Wahrzeichen und der Stolz Venedigs, sondern auch so etwas wie ein Symbol für die Unzerstörbarkeit der Stadt. In seinem Glockenstuhl demonstrierte einst Galileo Galilei eine seiner epochalen Erfindungen, nämlich das Teleskop, was aber den Venezianern nicht sonderlich imponierte. Das Licht der Leuchtfeuer, die im Mittelalter hier entzündet wurden, drang viele Meilen weit über die Lagune hinaus. Tagsüber sorgten Goldplatten dafür, daß das Sonnenlicht reflektiert wurde. Im Jahre 1793 befestigte man an der Spitze des Turms den ersten Blitzableiter Europas. Und ein paar Jahrhunderte zuvor, nämlich 1452, ritt ein deutscher Kaiser, es war Friedrich III., über einen damals noch vorhandenen spiralenförmigen und stufenlosen Weg bis hinauf zum Glockenstuhl.

Die Katastrophe, die 1902 schließlich über den Campanile hereinbrach, kam nicht ganz unerwartet. Bereits Tage vor dem Einsturz hatte man die Piazza gesperrt. Auch die Musikkapellen der nahen Kaffeehäuser durften nicht mehr zum Vergnügen der Gäste aufspielen. „So hatte sich dann an jenem Julimorgen dieser berühmte Turm, nachdem er von einem leisen Zittern befallen worden war, plötzlich geschüttelt und war dann langsam, fast lautlos zusammengestürzt“, schilderte ein Augenzeuge das Ereignis. „Il Campanile s'è stato galantuomo“, sagten später die Venezianer,

nachdem feststand, daß der Einsturz lediglich einer Katze das Leben gekostet hatte, die bemerkenswerterweise auf jenen Namen hörte, den einst Giacomo Casanova seinem Hund gegeben hatte: Mélampyge. Und die Londoner „Times“ schwang sich in ihrem Bericht über die Katastrophe zur schönen und tröstenden Formulierung auf, daß der Turm „nicht wie ein morscher Baum gefallen sei, der während des Falles alles und alle zerstört“.

Der neue Campanile, dessen Bau durch Spenden aus ganz Europa ermöglicht wurde, konnte am 25. April 1912 eingeweiht werden. Und an der Festtafel, die zu diesem Ereignis ausgerichtet wurde, nahmen auch etliche Männer in etwas altmodisch wirkenden Hemden teil; es handelte sich dabei um jene Hemden, die von der Frau des Türmers am 14. Juli 1902 gebügelt hätten werden sollen und die man später völlig unversehrt unter dem Schutt des zusammengebrochenen Campanile gefunden hatte.

Einbildung und Täuschung, das Ungewöhnliche, Widerspruchsvolle und die bizarren Launen der Phantasie gehören ebenso zu Venedig wie der gelegentlich fast undurchdringliche Nebel, der die Lagune in den Wintermonaten heimsucht, und die gurrenden Tauben oder die Legenden, die im Verlauf der Zeit soviel altehrwürdige Patina ansetzen, daß man die darunter verborgene Wirklichkeit manchmal fast kaum noch ausmachen kann. Jene ergreifende Geschichte etwa, die von der alljährlich am Christi-Himmelfahrtstag stattfindenden Vermählung des Dogen mit dem Meer berichtet und die seit Generationen von allen Liebhabern Venedigs in der Form erzählt wird, daß dieses Zeremoniell auf Pietro Orseolo II. zurückführe, der zum Dank für einen Triumph über dalmatinische Piraten als erster Doge diese Vermählung inszeniert habe, was immerhin um das Jahr 997 stattgefunden haben müßte, diese Geschichte ist zwar nicht schlichtweg falsch, entspricht jedoch nur in rudimentären Ansätzen der historischen Wahrheit. Die geläufige Version kann man in jedem besseren Handbuch über Venedig nachlesen. Da wird der feierliche Aufzug der Gondeln, der Barken und des Bucintoro, also der dem Dogen vorbehaltenen Staatsgaleere, geschildert. Und wie diese prachtvolle und aufwendig geschmückte Flotte dann angesichts der schimmernden Stadt

Campanile und ehem. Zecca (Münze)

draußen am Hafen beidreht, um dem Patriarchen Gelegenheit zu geben, Weihwasser ins dunkle Wasser der Lagune zu gießen. Und schließlich die laute Stimme des Dogen, der dem Meer — das in diesem Fall freilich stets durch ein Stück Lagune ersetzt werden mußte — gebieterisch zuruft, daß er sich nunmehr mit ihm vereheliche zum Zeichen „einer treuen und ewigwährenden Herrschaft", während er, begleitet vom Gesang der Chöre und den Gebeten der Priester, einen kostbaren Ring von seinem Finger zieht und ihn mit weitausholender Gebärde ins Wasser schleudert. Hunderte von Ringen wurden auf diese Weise geopfert. Aber nur ein einziger, so erzählt es beispielsweise James Morris, sei später im Leib eines Fisches gefunden worden und werde jetzt in der Schatzkammer der Basilika aufbewahrt, „vornehm anzusehen, aber zerfressen".

Was ist hier gutgemeinte Dichtung? Und was Wahrheit? Zuerst einmal die Frage der ins Wasser geworfenen Ringe, über deren materiellen Wert es unterschiedliche Aussagen gibt: Ein Dominikanermönch aus Ulm namens Felix Fabri, der 1483 nach Venedig gekommen war, um sich „an den Wundern dieser Stadt zu ergötzen", bevor er die Überfahrt nach Palästina antrat, war damals auch Augenzeuge einer solchen Vermählung; rund dreihundert Männer ruderten die goldene und seidenbehangene Staatsgaleere mit dem Dogen in die Lagune hinaus, wo dieser dann unter Trompetenschall und dem Klang der Glocken Venedigs die Zeremonie vollzog. Aber unmittelbar danach, schreibt Fabri in seinen Erinnerungen, „legen viele Männer ihre Kleider ab und tauchen auf den Grund, um den Ring zu suchen. Der glückliche Finder darf ihn behalten und wird darüber hinaus für ein Jahr von allen Abgaben befreit, denen die anderen Einwohner dieser Republik unterworfen sind."

Und auch die immer wieder notierte Feststellung, daß diese Vermählung erstmals um das Jahr 997 vollzogen worden sei, ist eine nicht ganz zutreffende Vereinfachung der geschichtlichen Wahrheit. Denn tatsächlich hat diese symbolträchtige Feier erstmals im 13. Jahrhundert stattgefunden, dann allerdings bis zum Jahr 1796. Ein Jahr später übernahm bekanntlich Napoleon die Herrschaft über die Republik, indem er sie — und mit ihr jedes erinnerungsträchtige Zeremoniell — kurzerhand abschaffte. Richtig ist auch, daß dieses „Spektakel des Staatskultes, das aller Welt Venedigs Rolle als Herrin der Meere veranschaulichen sollte“, wie das Reinhard Lebe einmal ausgedrückt hat, auf Pietro Orseolo II. zurückführt, wobei man wiederum einiges über die Situation Venedigs um die Jahrtausendwende wissen muß, damit man die tiefere Bedeutung dieser „Vermählung mit dem Meer“ verstehen kann.

Im Jahre 976, nachdem man im Verlauf der letztlich erfolgreichen Verschwörung gegen den Dogen Pietro Candiano mit der Basilika und dem Dogenpalast auch den halben Bezirk von San Marco niedergebrannt hatte, wurde Pietro Orseolo I. zum neuen Dogen gewählt. Er war ein ungemein frommer Mann, der zwar den Wiederaufbau der Basilika in die Wege zu leiten, jedoch nicht eine Befriedung der blutigen Auseinandersetzungen zwischen den großen Familien der Stadt herbeiführen konnte. Zwei Jahre hielt er es in seinem schwierigen Amt aus. Dann entsagte er der Dogenwürde und zog sich in ein Pyrenäenkloster zurück, wo er zehn Jahre später als einfacher Mönch starb. Einige Jahrhunderte später holte man sein Gebein als Reliquie nach Venedig heim. Und im Jahre 1731 wurde er sogar heiliggesprochen, woran sich heute freilich fast niemand mehr zu erinnern vermag.

Was die außenpolitische Situation Venedigs in jenen Jahren rund um die Jahrtausendwende angeht, so schien sie nicht minder hoffnungslos als die Verhältnisse in der Stadt selbst, wo die einflußreichsten Familien darin wetteiferten, einander auszurotten. Außerdem hatte die Ermordung des Dogen Pietro Candiano zu recht unangenehmen Reaktionen geführt. Kaiser Otto II., ein Freund des Ermordeten, verhängte eine empfindliche Handelssperre gegen die Stadt und ließ keinen Zweifel daran, daß es auch zu militärischen Sanktionen kommen würde. Nur sein überraschender Tod im Dezember 983 — Otto II. starb in Rom an der Malaria — rettete Venedig vor einer Okkupation durch den deutschen Kaiser. Später würde man sagen, daß der heilige Markus schützend seine Hände über die gefährdete Stadt gehalten hätte, wobei man nichts daran fand, daß sein (angeblicher) Leichnam gerade sieben Jahre vor dem Hinscheiden Ottos II. in der Basilika verbrannt war. Andererseits hat man in Venedig dieses unrühmliche Ende der kostbaren Relique ohnedies nie akzeptiert, wie das die überraschende und wahrlich wundersame Auffindung des Evangelisten einige Jahre später eindrucksvoll bewies.

Im Jahre 991 wurde dann ein Sohn des frommen Pietro Orseolo in das Amt des Dogen berufen, und selten, schreibt Reinhard Lebe, habe Venedig im Verlauf der elfhundert Jahre andauernden Dogengeschichte bei der Wahl des Staatsoberhauptes eine glücklichere Hand gehabt als in dem Augenblick, da es Pietro Orseolo II. diese Würde anvertraute. Denn dieser Mann war in der Tat eine der überragenden politischen Begabungen in der Geschichte Venedigs, wobei sich bei ihm diplomatisches Geschick, persönlicher Mut und die Bereitschaft zum Risiko aufs glücklichste vereinten. Byzanz, das immer noch Venedigs Schicksal beeinflußte, handelte er günstige Verträge ab, welche die Geschäftsinteressen Venedigs über die Adria hinaus ermöglichen und erleichtern sollten. Dafür versprach er Flottenhilfe gegen die lästigen sarazenischen Piraten, welcher Zusicherung der Doge zwar vorbildlich nachkommen sollte, was ihn aber andererseits nicht daran hinderte, mit den islamischen Potentaten an den Küsten Nordafrikas und der Levante Freundschaftsverträge abzuschließen und die venezianische Flotte vorerst einmal zur Unterstützung der eigenen Interessen — die allerdings mit jenen von Byzanz in direktem Gegensatz standen — in die Adria zu entsenden.

Am Himmelfahrtstag des Jahres 1000, an einem 26. Mai, empfing Pietro Orseolo II. jedenfalls in der Kirche San Pietro di Castello ein sogenanntes Vexillum triumphale, also ein Triumphbanner, von dem die Historiker annehmen, daß es sich um die erste offizielle Markusfahne gehandelt haben könnte, die dann zur Staatsflagge Venedigs werden sollte. Am selben Tag noch liefen die Kriegsgaleeren unter dem persönlichen Kommando des Dogen aus und nahmen Kurs auf Istrien, wo übrigens im venezianisch beherrschten Pola einer der wichtigsten Sklavenmärkte jenes Zeitalters etabliert war. Die nächsten Stationen waren Osor auf der Insel Cres, das eine bedeutende Station für die venezianische Handelsschiffahrt war, dann Zara, Trogir, Split, die Inseln Korčula und Lastovo und schließlich Ragusa, das heutige Dubrovnik. Überall erkämpfte Pietro Orseolo II. mit mehr oder minder großer Anstrengung wichtige Siege entweder über selbstbewußte kroatische Fürsten oder über dalmatinische Piraten, die den Sarazenen an Grausamkeit und tollkühnem Mut nicht nachstanden.

Das Ergebnis dieser Flottenexpedition faßte der Historiker Heinrich Kretschmayr einmal so zusammen: „Der Zug vom Jahre 1000 ergab für die Stellung Venedigs in der Adria, was im größeren Maße der Vierte Kreuzzug für dessen Stellung im östlichen Mittelmeer ergeben sollte: die zielbewußte Aneinanderfügung eines Kranzes von Handelsstationen. Eben darum darf von ihm der erste Anfang venezianischer Handelsgroßmacht gerechnet und das Jahr 1000 als ein erstes Geburtsjahr der adriatischen Vorherrschaft Venedigs betrachtet werden." In diesem Zusammenhang ist es fast schon nebensächlich, daran zu erinnern, daß die nunmehr von Venedig beherrschte Ostküste der Adria nach wie vor zumindest nominell dem byzantinischen Herrschaftsbereich unterstand, was ohnedies nur noch eine theoretische Frage ohne jeden praktischen Wert darstellte. Was Byzanz selbst betraf, so unterstützte der Doge zwei Jahre später das Kaiserreich im Kampf gegen die Sarazenen, indem er mit seinen Schiffen das von den Piraten belagerte Bari in Süditalien befreite und in einer See- und Landschlacht, die sich über mehrere Tage hinzog, den Sarazenen eine schwere Niederlage beifügte. Außerdem verheiratete er jetzt seinen ältesten Sohn mit einer byzantinischen Prinzessin, die als kostbarste Mitgift die Reliquien der heiligen Barbara nach Venedig brachte, und eine seiner Töchter vermählte er einem kroatischen Königssohn, was ihm eine bessere Garantie zu sein schien für die Aufrechterhaltung des Friedens in Dalmatien als die Anwesenheit venezianischer Kampfgaleeren. Er selbst bestimmte dann noch seinen minderjährigen Sohn Ottone, dessen Taufpate einst Kaiser Otto III. gewesen war, zum Nachfolger, zog sich in ein Kloster zurück und starb schließlich im Jahre 1009.

Dieser Pietro Orseolo II. und sein militärischer Triumphzug in die Adria, der am Himmelfahrtstag des Jahres 1000 begonnen hatte, waren also gleichsam die Voraussetzungen für die einige Jahrhunderte später einsetzende Zeremonie der Vermählung des

Dogen mit dem Meer. Und es wäre nicht Venedig, hätte man nicht auch dieser ersten größeren Aktion einer venezianischen Kriegsflotte eine hübsche Legende beigefügt. Denn angeblich war ein Überfall marodierender Piraten auf die Kirche San Pietro di Castello, wo gerade eine Massenhochzeit stattfand, das auslösende Moment für alles Nachfolgende. Die dalmatinischen Seeräuber hatten nämlich die Bräute und auch deren kostbare Aussteuer geraubt. „Die erzürnten Venezianer, angeführt von den Männern der Kunsttischlerzunft, folgten ihnen in wilder Jagd nach." (J. Morris) Alles weitere wurde, wie wir wissen, ein Teil der Geschichte Venedigs.

Ein Bahnhof, ein Ghetto und ein Arsenal

Wer sich auf dem Bahnhof von Santa Lucia — wo die aus allen Gegenden Italiens und Europas ankommenden Eisenbahnzüge mit leisem Seufzen endgültig stehenbleiben — eines Gepäckträgers bedient, darf keinesfalls damit rechnen, daß dadurch die Frage des Gepäcktransportes zum nächstgelegenen Hotel schon erledigt sei. Denn jener Gepäckträger, dessen man auf dem Bahnsteig habhaft geworden ist, wird zwar die Koffer und Reisetaschen schwungvoll auf seinen Karren laden, dann aber lediglich die paar Schritte tun, die es braucht, um hinaus auf die Fondamenta degli Scalzi zu gelangen, wo das Wasser des Canal Grande gegen die trübgrauen Steine klatscht und ein anderer „facchino" das Gepäck übernimmt, um es an seinen Bestimmungsort zu bringen. Das funktioniert recht gut und ist außerdem eine Art Einübung in die Kunst des Trinkgeldgebens, mit der man in Venedig angesichts der geschickten Aufteilung der Masse Arbeit auf das Produkt Mensch eher vorsichtig umgehen sollte. Wer zum Beispiel in eines der Hotels an der Lista di Spagna will, wird nur mühsam einsehen, daß er für eine kurze Wegstrecke zwei Facharbeiter — wie sich mir gegenüber ein solcher „facchino" einmal allen Ernstes bezeichnete — beschäftigen, entlohnen und sich mit dem, was man eine noble Spende nennen könnte, auch noch bei ihnen bedanken muß.

Dafür kann es einem Reisenden, der Venedig frühmorgens verlassen will, ohne weiteres passieren, daß er im Selbstbedienungsrestaurant des Bahnhofs an der Kassa unbarmherzig abgewiesen wird, wenn er mit einem großen Geldschein bezahlen will. In der Regel ist es ratsam — sofern man nicht genügend kleine Scheine bei sich hat —, erst gegen halb sieben Uhr auf ein Frühstück zu beharren. Denn dann verfügen die resoluten Kassiererinnen über das notwendige Wechselgeld. Das hat wiederum damit zu tun, daß um diese frühe Tageszeit wesentlich mehr Reisende oder eigentlich Pendler, die ihr Frühstück oder den ersten Kaffee des Tages schon am heimatlichen Herd genossen haben, ankommen als abfahren. Wer sich der geringen Mühe unterzieht und etwa von sechs Uhr morgens an bis ungefähr halb acht den Bahnhof im Auge behält, wird nämlich rasch feststellen, daß es gar nicht so wenige Berufstätige gibt, die zur Arbeit vom Festland herein nach Venedig kommen. In manchen Reisehandbüchern und in allen soziologischen Abhandlungen kann man allerdings das Gegenteil nachlesen und erfahren, daß es in Venedig kaum noch Arbeitsplätze gibt und die bedauernswerten Venezianer, sofern sie nicht schon nach Mestre übersiedelt sind, jeden Morgen von neuem zu ihren Arbeitsplätzen auf die Terra ferma fahren müssen. Ich habe mich über dieses Thema einmal mit einem Kellner unterhalten, der im Bahnhofsrestaurant jene Tische beaufsichtigt, die nicht dem anstrengenden Zeremoniell der Selbstbedienung unterliegen. Er wohnt in einem Dorf zwischen Mestre und Padua, erreicht jeden Morgen etwas atemlos und mit Verspätung seinen Arbeitsplatz und erklärt das damit, daß italienische Eisenbahnzüge nie pünktlich sind, was übrigens nicht stimmt. Außerdem bestätigte er meine Beobachtung, daß wesentlich mehr Leute zur Arbeit nach Venedig hereinkämen als umgekehrt. Es sei nicht besonders vorteilhaft, in Venedig zu leben, erklärte er. Zu neblig, zu naß, zu teuer.

Der Bahnhof liegt im Sestiere di Cannaregio, was wahrscheinlich die wenigsten Touristen, die mit hochgespannten Erwartungen hier ankommen, interessieren dürfte; man ist auf San Marco neugierig, auf die Rialto- und die Seufzerbrücke, auf das eine oder andere Museum; und möglicherweise plant man noch einen Ausflug zum Lido. Dabei befindet sich im Bezirk von Cannaregio neben einigen anderen Dingen, von denen es sich lohnt, über sie informiert zu sein, auch ein Monte di Pietà, also eine Pfandleihe, die in einem altehrwürdigen Palast untergebracht ist und von der einmal ein britischer Journalist meinte, sie erinnere ihn an ein Institut für Wappenkunde. Die Einteilung der Stadt in sechs Sestieri oder Bezirke stammt übrigens aus dem 12. Jahrhundert.

Im Cannaregio-Bezirk liegt auch das Ghetto. Es ist einige bequeme Gehminuten vom Bahnhof entfernt. Man braucht nur den gleichnamigen Kanal zu überqueren, der von der nördlichen Lagune zum Canal Grande führt und an schönen, windstillen Tagen, wenn sich die rauchfarbenen Häuser in seinem Wasser spie-

ANNO

geln, was wie von Canaletto gemalt anmutet, und nachdem man, vom Bahnhof kommend, diesen Cannaregio-Kanal hinter sich gebracht hat, sind es wiederum nur ein paar Schritte, bis man neben einer alten Apotheke den schmalen und niedrigen Eingang zum Ghetto vor sich hat.

Dieser Eingang, der nicht viel mehr als ein altertümlich aussehender, düsterer und beengender Torbogen ist, in welchem ein großgewachsener Mensch unwillkürlich den Kopf einzieht, weil er sich instinktiv davor ängstigt, irgendwo anzustoßen, dieser Eingang war früher einmal — oder, um genau zu sein, bis 1797 — eine Art Falle, die jeden Tag bei Sonnenuntergang erbarmungslos zuschnappte. Spätestens dann nämlich mußten die Juden, die sich tagsüber in der Stadt völlig frei bewegen konnten, in das Ghetto zurückkehren, dessen wenige Zugänge allnächtlich von einer Handvoll Soldaten, die von den Juden selbst bezahlt werden mußten, streng überwacht wurden. Erst Napoleon hat die Öffnung des Ghettos herbeigeführt, das nun den patriotischen Namen Contrada dell'Unione erhielt, was nichts am bedrückenden, verwahrlosten und auch ein wenig exotischen Eindruck dieses Quartiers änderte, das mit seinen vielstöckigen und schmalbrüstigen Häusern und den engen Gassen, die sich allesamt auf den Campo Ghetto Nuovo hin konzentrieren, einige Jahrhunderte lang so etwas wie ein spröder Stachel im kunstvoll dekorierten Fleisch Venedigs gewesen sein mag.

Das Judenviertel von Venedig, welches das erste seiner Art in Italien gewesen und durch das auch der Begriff Ghetto für alle nachfolgenden Zeiten geprägt worden ist, entstand auf zwei kleinen Inseln in der Nähe von San Girolamo, wo eine Eisengießerei und Materialdepots untergebracht waren. Derlei hieß im Venezianischen „Getto". Und daraus entstand der Name „Ghetto". Das war im Jahre 1516. Und alle Vermutungen, daß dieser Name eigentlich von der Insel Giudecca herrühre, wo sich die ersten Juden bereits im Jahre 1373 niedergelassen haben sollen, sind ebenso falsch wie manches andere, was man sich über das venezianische Ghetto und die Juden von Venedig erzählt. In diesem Zusammenhang sei daran erinnert, daß Giudecca bis ins späte Mittelalter hinein Spinalunga

Löwe vor dem Haupttor zum Arsenal

geheißen hat und daß es damals zwar draußen auf dem Festland — etwa in Padua, Treviso, Bassano, Conegliano und vor allem in Mestre — kleine Judengemeinden gegeben hat, daß aber erst in der Zeit zwischen 1382 und 1397 Juden auch in Venedig vorübergehend ansässig sein durften. Es waren Deutsche, die für anderthalb Jahrzehnte eine Aufenthaltsgenehmigung erhielten. Sie richteten in Venedig die ersten „banchi dei poveri" ein, also Pfandleihanstalten, die von einer eigenen Behörde, der sogenannten Sopraconsoli, überwacht wurden. Und 1386 wurde den Juden auf dem Lido bei San Nicolò ein kleines Grundstück für die Errichtung eines Friedhofs überlassen.

Aber schon im Jahre 1397 hob der Große Rat alle Verfügungen, welche die Juden betrafen, wieder auf, schloß die Pfandleihen und wies die Juden aus der Stadt, was aber nie so drastisch gehandhabt wurde, wie es im ursprünglichen Gesetzestext gelautet haben mag. Es gab immer wieder zeitlich beschränkte Aufenthaltsgenehmigungen für die Juden Venedigs, welche sich diese freilich durch die Zahlung gelegentlich horrender Summen stets von neuem erkaufen mußten. Außerdem mochte und konnte die Serenissima nicht mehr auf die nützliche Einrichtung der Pfandleihanstalten verzichten, die sich vor allem für die ärmeren Bevölkerungsschichten als segensreich erwiesen und die andererseits der jüdischen Minderheit jenes Kapital zuführten, das sie für ihren bitteren Überlebenskampf dringend benötigte. Stets wurden sie auch dazu angehalten, sich durch besondere Abzeichen, die sie an ihrer Kleidung anbringen mußten, gleichsam zu legitimieren, wobei es verschiedene Symbole gab: einen gelben, später einen roten Hut und schließlich den sattsam bekannten gelben Stern.

Das Ghetto aber entwickelte sich sehr rasch zu einem ökonomischen und kulturellen Zentrum der Stadt. Zuerst waren es in der Hauptsache Deutsche, die sich hier niederließen und im Jahr 1529 mit dem Bau der ersten Synagoge auf venezianischem Boden begannen, der Scuola Grande Tedesca. Im Verlauf der folgenden Jahrzehnte und bedingt durch Judenverfolgungen im ganzen Mittelmeerbereich kamen auch größere Gruppen levantinischer und spanischer Juden nach Venedig, dessen Ghetto, da es räumlich nicht erweitert werden konnte, sich bald als viel zu klein erwies. Man war gezwungen, in die Höhe zu bauen, was die sogenannten venezianischen Wolkenkratzer entstehen ließ, wie man diese hochaufgeschossenen Wohnhäuser im Ghetto heute nennt und von denen sich etliche ihr ursprüngliches Aussehen erhalten haben. Allerdings leben hier jetzt wesentlich weniger Menschen als seinerzeit im 17. und 18. Jahrhundert, als es im Ghetto unaufhörlich gebrodelt und gesummt haben muß und dieses menschenwimmelnde Labyrinth, in das so gut wie nie das Licht der Sonne fiel, von qualvoller Enge gewesen sein muß. Was die Zahl der Juden angeht, die sich heute noch im Ghetto aufhalten, so handelt es sich dabei um kaum mehr als eine Handvoll, während in Venedig selbst noch an die sechshundert Juden leben, wie mir eine jüdische Studentin erzählte, als sie mir die Spanische Synagoge im Ghetto Vecchio zeigte, das freilich im Gegensatz zum Ghetto Nuovo jüngeren Datums ist (1541), während das Ghetto Nuovissimo überhaupt erst Ende des 16. Jahrhunderts angelegt wurde.

Wenn man heute durch das fast menschenleere Ghetto spaziert, wo eigentlich nur noch eine winzige Bäckerei, die ihre jüdischen Backwaren anpreist, sowie einige kleine Andenkenläden und ein nur sporadisch geöffnetes jüdisches Museum mit einigen wenigen sehenswerten Exponaten sowie ein großes Relief auf dem Campo di Ghetto Nuovo an die lange Leidensgeschichte der jüdischen Gemeinde von Venedig erinnern, dann mag man sich vor allem auch jener verwitterten Inschrift erinnern, die oberhalb des Eingangs zum Ghetto nachzulesen ist und darauf aufmerksam macht, daß die Sünde der Gotteslästerung zu unterdrücken sei. Diese Inschrift stammt aus dem 16. Jahrhundert. Ergänzt wurde sie einst durch eine offizielle Kundmachung der Magistratsmitglieder, darin nachzulesen ist, daß jeder Jude, der sich einer Gotteslästerung schuldig mache, mit dem Strang oder mit Stockschlägen, Peitschenhieben, mit der Galeere oder zumindest mit dem Gefängnis rechnen müsse. Und weiter heißt es in dieser Proklamation: „Ihre Exzellenzen erbieten sich, geheime Denunziationen entgegenzunehmen und Spitzel mit einer Summe von hundert Dukaten aus dem Vermögen des Missetäters zu belohnen, wenn dieser für schuldig befunden ist."

Aber es gab auch eine andere, schönere und prachtvollere Seite in diesem dunklen Ghetto, das einiger bedeutender Rabbis wegen, deren Predigten in den Synagogen berühmt waren, von Besuchern aus ganz Europa aufgesucht wurde. In alten Beschreibungen werden die vornehmen Jüdinnen als „von prächtiger, anziehender Erscheinung" dargestellt, „geschmückt mit Juwelen, goldenen Ketten und mit kostbaren Steinen besetzten Ringen. Sie haben herrlich lange Schleppen wie Prinzessinnen, und diese Schleppen werden von zumeist christlichen Zofen getragen, welche zu diesem Zwecke angestellt sind." Ende des 17. Jahrhunderts wurde allerdings christlichem Dienstpersonal die Arbeit für Juden untersagt.

Neben den Synagogen — insgesamt gab es fünf — waren es auch die jüdischen Buchdruckereien, die den Ruhm dieses Quartiers vermehrten. Namen wie Daniel Bomberg oder Alvise Bragadin sind hier zu nennen, die es der jüdischen und auch der venezianischen Kultur ermöglichten, sich über den Bereich Venedigs hinaus auszubreiten. Einer der berühmtesten literarischen Salons des 17. Jahrhunderts wurde von Sara Copio Sullam geleitet, einer, wie Zeitgenossen übereinstimmend versicherten, „hochgebildeten Frau, deren Schönheit und Bildung allgemein bewundert werden". Und Poeten wie Deborah Ascarelli oder Angelo Alatrini wurden vom Ghetto aus und mit Hilfe jüdischer Buchdrucker in ganz Europa bekannt. Dazu kam vor allem im 17. Jahrhundert der materielle Erfolg jüdischer Pfandleiher, die nach der Farbe der Quittungen, die sie ausstellten, als rote, grüne oder schwarze Bank bezeichnet und von den Venezianern ausgiebig in Anspruch genommen wurden.

Der Niedergang des Ghettos begann dann im 18. Jahrhundert, als der einträgliche Levantehandel — an dem einige jüdische Familien erfolgreich beteiligt waren — immer unsicherer wurde und die Pfandleihanstalten in wirtschaftliche Bedrängnis gerieten. Man mußte Geld von anderen jüdischen Gemeinden in Italien aufnehmen, bis schließlich 1737 die Pfandleiher des Ghettos ihre Zahlungsunfähigkeit erklären mußten. Umberto Fortis schreibt in seiner Abhandlung über das Ghetto von Venedig: „Lediglich einige große Familien konnten sich wirtschaftlich weiter ausdehnen, indem sie den Seehandel und die Spinnereien in den Händen weniger Unternehmer konzentrierten. So wuchs die Zahl der jüdischen Reeder, aber auch die Zahl der Wander- und Lumpenhändler, der kleinen Schneider, der armen Leute unter den Juden. Dafür schienen die Nichtjuden toleranter zu werden. Das Judenzeichen mußte jetzt nicht mehr getragen werden . . ."

Als Napoleons Soldaten in Venedig einmarschierten und die Tore des Ghettos für immer zerbrachen, lebten hier nur noch an die anderthalbtausend Juden. Während des Faschismus wurden die Juden Venedigs im großen und ganzen in Ruhe gelassen. Erst 1943 und dann in verstärktem Ausmaß 1944 gab es auch hier die berüchtigten Deportationen, denen zweihundert jüdische Venezianer zum Opfer fielen. Ein etwas martialisch geratenes Bronzerelief auf dem Campo di Ghetto Nuovo erinnert an diese Leidenszeit. Und eine sonderbare Unruhe empfindet man als Nichtjude — ein Gefühl der Schuld, ungenau, verwischt, unterdrückt und gegen das man sich heftig wehrt —, während man zwischen brüchigen Hausfassaden, dunklem Gemäuer, auf dem Tauben ihre Spuren hinterlassen haben, und blinden, vergitterten, verschmutzten Fensterscheiben durch eine Vergangenheit wandert, die nicht aufhört, auch für die Gegenwart wirksam zu sein.

Was den Namen angeht, von dem einige Autoren irrtümlich annehmen, das Wort Ghetto habe etwas mit der Insel Giudecca zu tun, während andere der wahrscheinlich richtigen Erklärung folgen, daß eine Gießerei — also ein „getto" —, die einst hier gestanden hat, sozusagen der Taufpate für das Ghetto gewesen sei, so hat der amerikanische Journalist William Dean Howells noch eine dritte Erklärung anzubieten. Das Wort Ghetto, so meinte er, der in den sechziger Jahren des vorigen Jahrhunderts einige Zeit in Venedig lebte, habe seinen Ursprung im hebräischen Nghedah, was soviel wie Gemeinde bedeutet.

Ein anderer und gänzlich andersgearteter Schauplatz, an dem man über die stürmisch bewegte, widerspruchsvolle und manchmal absurde Vergangenheit Venedigs nachdenken kann, ist das Arsenal draußen am anderen Ende der Stadt. Mehr als sechzehntausend Menschen arbeiteten hier auf einem riesigen Gelände von rund 32 Hektar, das heute von gespenstischer Leere, verödet, dem Verfall preisgegeben ist und von dem man nicht recht weiß, wozu ein Teil davon noch militärisches Sperrgebiet sein soll, nachdem längst schon auch die letzten Einheiten der italienischen Kriegsmarine aus der Lagune verschwunden sind. Noch unter den Österreichern, also bis 1866, befand sich hier einer der Hauptstützpunkte der kaiserlichen Flotte, deren Mannschaften in der Hauptsache aus Italienern und Dalmatinern bestanden und deren Schiffe zum Teil im Arsenal gebaut wurden. Ein Verteidigungsring von rund sechzig Befestigungen — die manchmal freilich nur aus einem winzigen Fort, einer Kaserne oder einigen Erdwällen auf einer einsamen Insel bestanden — sollte dieses Arsenal gegen mögliche Angriffe von der offenen See her schützen.

Angeblich wurde das Arsenal im Jahre 1104 gegründet, und zwar auf zwei Inseln, die im Verlauf der Zeit miteinander verbunden und durch Aufschüttungen vergrößert wurden. Erweiterungsarbeiten zu Beginn des 14. Jahrhunderts und dann noch einmal 1475 dokumentierten den Aufstieg Venedigs zur führenden Seemacht des Mittelmeeres. Auf einer Stadtansicht aus dem Jahre 1500 kann man gut erkennen, daß das Arsenal so etwas wie eine Stadt innerhalb der Stadt war, streng abgeschirmt gegen die Außenwelt und nur über zwei stark befestigte Eingänge zu erreichen. Später kamen auch noch Erz- und Eisengießwerke sowie Pulverlager und natürlich die Waffendepots dazu. Der Name stammt wahrscheinlich aus dem Arabischen. Darsiná-a, so meinen Experten, sei die ursprüngliche Bezeichnung gewesen; und das bedeutet soviel wie Arbeitsplatz.

Während der Türkenkriege soll einmal hundert Tage lang hintereinander täglich eine kriegsbereite Galeere vom Stapel gelaufen sein. Ein spanischer Reisender namens Pero Tafur, der das Arsenal 1438 besuchen durfte, berichtete von der technischen Perfektion und der Rationalisierung der Arbeit, die an heutige Fließbandmethoden erinnert, wie sie in dieser Herzkammer der venezianischen See- und Staatsmacht ganz selbstverständlich waren. Jede auf Kiel gelegte Galeere wurde durch die verschiedenen Schuppen oder Werkshallen gezogen, wobei sie zuerst mit der Takelage, dann mit der Armierung und schließlich mit der Verpflegung versehen wurde. An manchen Tagen, wenn in aller Eile eine neue Armada zusammengestellt werden mußte, wurde das Arbeitstempo noch verschärft, wobei den venezianischen Schiffsbauern zustatten kam, daß ihre Schiffe „sich glichen wie ein Schwalbennest dem anderen", wie das einmal ein anonymer Autor des 15. Jahrhunderts ausdrückte. Das Bauholz für die Galeeren kam aus den Wäldern der gegenüberliegenden dalmatinischen und kroatischen Küsten oder aus dem Norden der Terra ferma, etwa aus dem Cadore oder der Gegend von Belluno und Feltre. Die venezianischen Galeeren, so gut wie ausnahmslos im Arsenal hergestellt, galten über die Jahrhunderte hinweg als die seetüchtigsten Schiffe, soweit es das Mittelmeer betraf. Erst die Entdeckung Amerikas und neue Schiffsrouten über bisher unerforschte Ozeane hinweg leiteten die allmähliche Bedeutungslosigkeit des Arsenals und seinen Untergang ein.

Ein Erinnerungsstück an die Glanzzeiten dieser riesigen Schiffswerft ist jener Marmorlöwe, der in Gesellschaft anderer Löwen unterschiedlicher Größe und verschiedenartigen Ausdrucks vor dem Haupttor zum Arsenal aufgestellt ist und den der Doge Francesco Morosini Ende des 17. Jahrhunderts als Beutestück nach Venedig gebracht hat. Morosini befehligte damals (1687) eine venezianische Armada, die in der Levante recht erfolgreich die Türken bekämpfte und deren erstaunlichste Leistung darin bestand, mit einer einzigen verirrten Kanonenkugel jenes türkische Pulvermagazin zu treffen, das unglücklicherweise im Parthenon auf der Akropolis von Athen untergebracht war. Das Parthenon flog daraufhin in die Luft.

Der Marmorlöwe aber, der einst den antiken Hafen von Piräus bewacht hatte, erregte bald die Aufmerksamkeit der Venezianer, als sie entdeckten, daß sich auf seinem Leib rätselhafte Schriftzeichen befanden, die allerdings niemand zu entziffern vermochte. Erst im 19. Jahrhundert wurde das Geheimnis dieser Schrift durch einen dänischen Gelehrten gelüftet. Es handelt sich um nordische

Runen aus dem 11. Jahrhundert. Ihr Autor war wahrscheinlich ein Mitglied der sogenannten Warägergarde, die vornehmlich aus skandinavischen Söldnern bestand und deren ausschließliche Aufgabe es war, das Leben der byzantinischen Kaiser zu schützen.

Rivo Alto und Canal Grande

In Venedig ist alles anders, treten die Dinge, an denen man sich orientieren könnte, in bizarrer Verkleidung auf und besitzen sie außerdem die Fähigkeit, alles in ein fragwürdiges Licht zu tauchen, was man als Ansatzpunkt für die Wirklichkeit dringend benötigt. Das berühmteste, wahrscheinlich am meisten photographierte und auch am ausführlichsten beschriebene Gewässer dieser wasserreichen Stadt, der Canal Grande, ist schmutziggrau und trübgelb oder auch ockerfarben; und gelegentlich, wenn das Licht der Sonne noch nicht oder nicht mehr auf ihn herabfällt, sogar hellgrün und dann irritierend, herausfordernd und beunruhigend. Manchmal, wenn die Vaporetti, Motorboote und Lastkähne nur in geziemenden Intervallen mit ihren Schrauben das Wasser aufwirbeln, also an einem Sonntagvormittag etwa, ist er sogar aquamarinfarben. Und eigentlich ist er alles andere als ein Kanal, sondern ein schlammiger Fluß, den Ureinwohnern Venedigs als Rivus Altus oder Rivo Alto vertraut, aus dem nach etlichen Jahrhunderten und über viele abenteuerliche Umwege sowohl der Rialto als auch der Canal Grande entstanden sind. Er ist rund dreieinhalb Kilometer lang, an seiner breitesten Stelle achtzig und sonst mindestens an die vierzig Meter breit. Seine durchschnittliche Tiefe beträgt nicht ganz drei Meter. Und Lord Byron, der englische Poet, Exzentriker und Liebhaber mancher Venezianerin, hat ihn einst der Länge nach durchschwommen, nachdem er vorher gleichsam zur Einübung vom Lido aus die Lagune überquert hatte.

Der Canal Grande ist selbstverständlich das Prunkstück der Wasserstraßen Venedigs. Außerdem gibt es noch an die 170 Kanäle, andere Angaben versteigen sich zu einer Zahl von mehr als zweihundert, was keine arglistige Täuschung zu sein braucht, wenn man berücksichtigt, daß manche dieser sogenannten Kanäle nicht viel mehr als ein kurzes Rinnsal sind, von dem man nicht genau weiß, wo es beginnt und an welcher Stelle des venezianischen Labyrinths es wieder versickert — ein solcher Kanal bahnt sich zum Beispiel unter der Kirche von San Stefano seinen eigenwilligen Weg. Im übrigen folgen sie auch heute noch den alten natürlichen Wasserläufen und „schlängeln sich launisch durch die Stadt, einmal breit, schön und strahlend, einmal unbeschreiblich gewunden“ (J. Morris). Es gibt Kanäle, die nicht einmal drei Meter breit sind und „die Tiefe einer durchschnittlichen Badewanne haben“, wie das ein zeitgenössischer venezianischer Autor etwas geringschätzig ausdrückte. Manche stammen sogar noch aus dem 9. Jahrhundert, als der Rivus Altus dem Bezirk von Rialto seinen Namen geschenkt und sich Venedig gerade erst angeschickt hat, im Konzert der lagunaren Inselstädte einen eigenständigen und alsbald unüberhörbaren Ton zu spielen.

Aber alle Kanäle dienen seit vielen Jahrhunderten der Abfuhr von Fäkalien. James Morris beschrieb das Ergebnis dieser natürlichen Abfallbeseitigung: „Tonnenweise fließen täglich Fäkalien in die Kanäle und verleihen den rückwärtigen Vierteln Venedigs ihren besonderen Geruch — halb Abwässer, halb fauliger Stein —, der den empfindlichen Touristen so sehr abstößt, aber andererseits dem Liebhaber Venedigs ein perverses, widerwilliges Vergnügen bereitet. Fügt man dem noch Staub, Gemüseabfälle, tierische Materie und Asche hinzu, Dinge, die allen Gesetzen zum Trotz über Balkonbrüstungen und Hintertreppenstufen hinausbefördert werden, dann kann man sich vorstellen, wie dick die Kanalbetten mit Unrat bedeckt sind. Wenn man bei Ebbe von einer Terrasse hinunterblickt, wird man unter dem Wasser ein vielfältiges Sortiment von Unrat entdecken, das unangebracht mysteriös durch das Grün heraufglänzt. Es ist dann gräßlich zu beobachten, wie breiig der Grund ist, in den die Pfähle eindringen, wenn in irgendeinem Kanal eine Ramme mit ihrem Hämmern beginnt.“

In Venedig scheint man diesem unerfreulichen Zustand freilich nur wenig Bedeutung beizumessen. Früher einmal verbrannte man in den langen, heißen Sommermonaten, wenn die Geruchsbelästigung zu stark wurde, aromatische Räucherstöcke, die man aus der Levante importierte. Im 15. Jahrhundert war es vorübergehend Mode, die Kanäle mit duftenden Gewürzen zu düngen, was das Badevergnügen, dem sich die Venezianer hingaben, noch erhöhte. Vor einigen Jahrzehnten noch konnte man unweit der Rialtobrücke eine offizielle Verlautbarung studieren, die den Passanten bei Strafe untersagte, auf die im Canal Grande Badenden hinabzuspucken. Und was die Säuberung der Kanäle betrifft, so werden sie nach einem geheimnisvollen System, das die heutige venezianische Bürokratie allem Anschein nach vom Großen Rat übernommen haben könnte, ungefähr alle zwanzig Jahre mehr oder minder gründlich gereinigt, wobei der betreffende Kanal einfach trockengelegt wird. Lediglich der Canal Grande bildet auch hier eine Ausnahme. Ihm wurde in seiner langjährigen Geschichte bisher erst ein einziges Mal diese Prozedur angetan, und zwar im 14. Jahrhundert, als ein Erdbeben die Stadt erschütterte und das Wasser des Kanals plötzlich versiegte.

Einmal kam ich spätabends in Venedig an. Das Hotel, in dem ich wohnen sollte, lag am Ponte dei Bareteri, von dem ich damals nur wußte, daß er irgendwo zwischen dem Rialto und San Marco gelegen sein mußte. Es schien mir also zu umständlich für eine Fahrt mit dem Vaporetto und dann noch für jene paar Schritte, zu denen man sich nachts und mit einem verhältnismäßig schweren Koffer beladen eher zögernd entschließt. Also hielt ich draußen vor dem Bahnhof nach einem Taxi Ausschau. Aber die schlanken, gelbbraunen Motorboote, die an der Fondamenta degli Scalzi unmittelbar neben der Station für die Eil-Vaporetti tagsüber im trüben Wasser des Canal Grande schaukeln, waren jetzt verschwunden. Nur ein schwerfälliges, wuchtiges Boot, das die Dimensionen eines alten, längst aus der Mode gekommenen Fischkutters besaß, war noch an der Anlegestelle vertäut. Und zwei verwegen aussehende Burschen drängten mich mit freundlicher Bestimmtheit in dieses Ungetüm von einem Boot, warfen den Motor an und fuhren hinaus auf den nächtlichen Canal Grande.

Ich will es kurz machen. Der Fahrpreis, der dann beim Hotel gefordert wurde, war eine glatte Unverschämtheit und machte mehr als das Doppelte dessen aus, was ich für ein normales Taxi bezahlt haben würde. Dafür begleitete mich der eine der beiden Burschen bis in die Hotelhalle, schleppte sich mit meinem Koffer ab, hielt mir artig alle Türen auf und antwortete, als ich ihn schließlich nach den Ursachen seiner luxuriösen Preisgestaltung fragte, mit ausgesuchter Höflichkeit. „Haben Sie außer unserem noch ein anderes Boot am Bahnhof gesehen?“, fragte er. Und fügte dann hinzu, daß ich für eine Gondel noch weit mehr zu bezahlen gehabt hätte, womit er zweifellos auch wieder recht hatte.

Anderntags, als ich müßig am Rialto saß und mir alle Wohlgerüche des Canal Grande in die Nase stiegen — Dieselschwaden vermischt mit dem leicht fauligen Odeur des Wassers, dazu Fisch- und Obstgeruch von den Märkten am jenseitigen Ufer und natürlich der unvermeidliche Duft schweren Parfüms, darin sich die Venezianerinnen zu baden scheinen —, anderntags erinnerte ich mich noch einmal an mein kleines nächtliches Abenteuer, als ich plötzlich vier riesige Gondeln von San Marco kommend gemächlich den Canal Grande hinaufgleiten sah, dicht besetzt mit Japanern, die sich, da die Gondeln Bord an Bord wie ein riesiges Floß im Wasser lagen, an den Händen hielten und so eine Art Kette bildeten gegen alles, was Venedig noch an Überraschungen für sie bereithielt. Die Gondeln, jeweils von vier Männern vorwärtsbewegt, die am Kiel und am Heck stehend ihre breitschaufligen Ruder ins Wasser eintauchten, sahen wie abgemagerte Lastkähne aus. So ähnlich muß jene Gondel beschaffen gewesen sein, mit der vor Jahrzehnten einmal ein britischer Tourist übers offene Meer bis hinüber nach Triest gelangt war, um die Möglichkeiten dieses charakteristischen venezianischen Fortbewegungsmittels zu beweisen.

Die Gondel gehört zu Venedig wie die Basilika von San Marco oder der Canal Grande. Seit dem 16. Jahrhundert, als der Große Rat Gesetze gegen die Prunksucht und Verschwendungslust der Venezianer erließ, trägt sie gleichsam Trauer, das heißt, sie ist pechschwarz bemalt. Das Wort selbst soll türkischen Ursprungs sein. Manche Autoren beharren freilich darauf, daß es aus dem Lateinischen, wieder andere, daß es aus dem Griechischen käme, was dann soviel wie Schale oder Muschel bedeuten würde. Und einige Gelehrte meinen sogar, daß es von jenem uralten Namen herrühre, den die Griechen einst der Todesfähre Charons gegeben haben.

Unzweifelhaft sind die Holzarten, nämlich Eiche, Kirschbaum, Ulme und Kiefer, aus denen das Material für die Gondeln gewonnen wird, die nach einem seit vielen Generationen bewährten Muster konstruiert werden. Der berühmte Bootsschnabel, „ferro" genannt, symbolisiert mit seinen sechs Zacken die sechs verschiedenen Stadtteile Venedigs, wobei es allerdings auch hier die verwegensten und verwirrendsten Interpretationen gibt; demnach sei dieser Schnabel vom Vordersteven römischer Galeeren übernommen worden, behaupten die einen, während andere sagen, er stamme von altägyptischen Begräbnisbooten ab. Und während es im 16. Jahrhundert noch an die zehntausend Gondeln gab, ging ihre Zahl vor allem im 19. Jahrhundert mit dem Aufkommen der Vaporetti (1881) dramatisch zurück. Heute dürfte es nur noch knapp dreihundert dieser Boote geben, ohne deren kostspielige Benützung sich ein paar Generationen romantischer Hochzeitsreisender nackt und armselig vorgekommen wären.

Was den Gondoliere angeht, so ist er längst zum Bestandteil des venezianischen Mythos geworden. Howells fand, daß „die Gondolieri im allgemeinen weder über ein vielseitiges noch sehr umfangreiches Wissen" verfügen. Mark Twain hat sie erbarmungslos verspottet. Richard Wagner soll vom Ruf, mit dem die Gondolieri ihre Kunden anlocken — „La Gondola" —, bei der Arbeit am zweiten Akt von „Tristan" inspiriert worden sein. Karl Heinz Ritschel wiederum, ein Salzburger Journalist, der ein hübsches Buch über Venedig geschrieben hat, interessierte sich für die Frage, was ein Gondoliere im Winter tut; er erhielt, wie er schreibt, eine recht ernüchternde Antwort — entweder trinken sie oder aber sie üben in jenen wenigen Monaten, da der Touristenstrom nach Venedig abschwillt, einen zweiten Beruf aus.

Und vor mehr als drei Jahrzehnten galt noch eine Anordnung des städtischen Magistrats, die kategorisch feststellte: „Der Gondoliere darf nicht einmal als Trinkgeld einen Fahrpreis verlangen, der den übersteigt, welcher auf einem Tarifzettel an seiner Gondel angegeben sein muß." Damals schon amüsierte sich James Morris über die Kunstfertigkeit der Gondolieri, mit welcher sie diese unangenehme Bestimmung zu umgehen wußten. Was übrigens ihren legendären Gesang betrifft, der seit Jahrhunderten von den meisten Autoren geziemend bewundert und beschrieben wird, so hat der nüchterne Amerikaner Howells wahrscheinlich den Nagel auf den Kopf getroffen, als er einmal notierte, „daß die Gondolieri in Venedig die einzige Bevölkerungsschicht bilden, die keine gute Stimme hat".

Trotzdem ist es immer noch und immer wieder von neuem ein erhebender Anblick, eine Gondel die Fluten des Canal Grande teilen zu sehen oder vielleicht sogar eine kleine Armada dieser Boote zu entdecken, die mit gravitätischen Bewegungen auf die Rialtobrücke zusteuern, während zwanzig oder dreißig Japaner gleichzeitig ihre Kameras in die Höhe reißen und gar nicht bemerken, wie ein Vaporetto, das zuerst direkten Kurs auf sie gehalten hat, im letzten Augenblick in die Mitte des Kanals ausweicht.

46 Seitenkanäle münden angeblich in den Canaluzzo, wie die Venezianer ihren Canal Grande liebevoll nennen, und seit ich diese imponierende Zahl vor vielen Jahren einmal in einem Reisehandbuch über Venedig entdeckte, nehme ich mir vor, sie auf ihre Richtigkeit hin zu überprüfen. Drei Brücken überspannen diese Hauptverkehrsader Venedigs: jene beim Bahnhof, die berühmte Rialtobrücke und die hölzerne Konstruktion bei der Accademia; und unterstützt werden sie von einigen Gondeln, die an bestimmten Stellen einen nicht immer präzise funktionierenden Fährdienst garantieren sollen.

Schon der Doge Marco Foscarini dachte daran, den Canal Grande durch eine Brücke hinüber aufs Festland sozusagen als Verkehrsader bis nach Italien fortzusetzen, aber da er nur ein Jahr regierte (1762/63), geriet dieser Plan wieder in Vergessenheit. In den vierziger Jahren des 19. Jahrhunderts waren es dann italienische Industrielle, die eine Gesellschaft zur Finanzierung einer Eisenbahnlinie gründeten. Aber erst die Österreicher realisierten Foscarinis kühnen Plan im Jahre 1846 und schlossen durch den Bau der drei Kilometer langen und von 222 Bögen gestützten Eisenbahnbrücke den Canal Grande endgültig ans internationale Verkehrsnetz an. Die Venezianer dankten es ihnen bekanntlich mit grober Unfreundlichkeit, indem sie schon zwei Jahre später während der Revolution die Brücke wieder unterbrachen und den Canaluzzo als wichtigen Nachschubweg für ihre Soldaten freihielten, die draußen mitten in der Lagune eher trübsinnig an ihren Kanonen standen und auf den Feind warteten, der sich allerdings damit begnügte, Venedig auszuhungern.

Als im Jahre 1881 die ersten sieben Dampfboote, die eine französische Gesellschaft, welche eine Konzession für den Verkehr dieser Vaporetti auf dem Canal Grande erhalten hatte, zwischen San Marco und Santa Lucia einen geregelten Liniendienst aufnahmen, traten die Gondolieri in den Streik. Bald aber erkannte man, daß beide Gruppen nebeneinander existieren konnten, und die dankbaren Gondolieri — die jedoch allen Grund gehabt hätten, die Vaporetti in Grund und Boden zu verdammen — errichteten unweit des Rio della Croce auf der Insel Giudecca ein kleines Denkmal zu Ehren der Jungfrau Maria, die ihnen geholfen hatte, ihre Existenz zu bewahren.

Davon konnte freilich nur bedingt die Rede sein. Die Dampfboote — die französische Gesellschaft wurde bald von den Venezianern übernommen — begnügten sich nämlich nicht mit dem Befahren des Canal Grande, sondern drangen bald bis in die entlegensten Winkel der Stadt und später auch der Lagune vor. Viele dieser Vaporetti — die spätestens seit 1952, als auch die letzten von ihnen mit Dieselmotoren ausgerüstet wurden, freilich keine Dampfboote mehr sind — können auf ein wechselhaftes Schicksal zurückblicken. So zum Beispiel war eines von ihnen einst ein englisches Ausflugsschiff, das die Londoner die Themse abwärts brachte, während ein anderes, das lange Zeit als Fähre zum Lido seinen Dienst tat, seine Existenz als Landungsboot in Ägypten begonnen hatte. Zwei der ältesten, noch von den Franzosen nach Venedig gebrachten Vaporetti sind bis vor wenigen Jahren eingesetzt worden, was manchen Venezianer heute zu skeptischen Äußerungen über die Qualität der neueren Boote veranlaßt, wenn eines von ihnen, was jedoch nicht oft der Fall ist, plötzlich streikt und hinaus zum Arsenal abgeschleppt werden muß.

Was übrigens die Gondolieri betrifft, die sich heute mehr oder weniger resignierend mit der übermächtigen Konkurrenz der Vaporetti abgefunden haben, so sollte man vielleicht noch erwähnen, daß sie im Gegensatz zu den Fahrern der großen Dieselboote gelegentlich eine Chance gehabt haben, berühmt zu werden. So etwa jener Gondoliere, der einst Lord Byron gefahren hatte, diesen nach Griechenland begleitet und dort den tragischen Tod seines Herrn miterlebt hat und dann auf mancherlei Umwegen nach Malta gekommen ist, wo er dem nachmaligen britischen Premierminister Disraeli auffiel. Dieser nahm Tita Falsieri, so lautete der Name des Gondoliere, mit nach London, wo er nach langem Dienst für seinen neuen Chef und nachdem er eine von dessen Mägden geheiratet hatte, schließlich zum Laufboten des India Office ernannt wurde. Vorher schon hatte die Republik einmal zwei Gondolieri mit einer Prachtgondel als Geschenk zum englischen König Charles II. geschickt, wobei freilich weder über das weitere Schicksal der Gondolieri noch über jenes der Gondel Näheres in Erfahrung zu bringen ist. Auch ein Neger soll sich einst in der schwierigen Kunst der Handhabung dieser schlanken, leichten Boote bewährt und es dabei zu einiger Berühmtheit gebracht haben. Goethe, um auch das noch zu erwähnen, zeigte sich gleichfalls von den Künsten der Gondolieri beeindruckt, als er sich 1786 in Venedig aufhielt. „Bei Mondenschein bestieg ich eine Gondel", schrieb er, „den einen Sänger vorn, den anderen hinten. Sie fingen ihr Lied an und sangen abwechselnd Vers für Vers . . . um dieses mich vernehmen zu lassen, stiegen sie am Ufer der Giudecca aus, sie verteilten sich am Kanal hin, ich ging zwischen ihnen auf und ab, so daß ich immer den verließ, der zu singen anfangen sollte, und mich demjenigen wieder näherte, der aufgehört hatte. Da ward mir der Sinn des Gesanges erst aufgeschlossen . . ."

Man mag derlei als typisches Beispiel deutscher Gründlichkeit akzeptieren und sich dabei einmal vorzustellen versuchen, diese Attraktion heute an den Ufern des Canal Grande genießen zu wollen. Allein schon der stetig an- und abschwellende Lärm der Vaporetti, Lastkähne und Motorboote würde eine solche Vorstellung wohl unmöglich machen.

Etwas weniger gründlich, dafür poetischer hat der Franzose Hippolyte Taine mehr als ein Menschenalter später seine Empfindungen angesichts einer Gondelfahrt über den Canal Grande dargestellt: „Man fühlt sich bereit, glücklich zu sein, und sagt sich, daß

EGON SCHIELE

das Leben schön und gut ist. Man braucht nur die Augen zu öffnen, man hat es nicht nötig, sich zu rühren, die Gondel streicht mit unmerklicher Bewegung dahin, man liegt und gibt sich hin mit Geist und Leib. Eine feuchte, sanfte Luft trifft die Wangen. Man sieht auf der breiten Fläche des Kanals die rosig getönten oder weißen Formen der in der Frische und Stille der Dämmerung schlafenden Paläste schaukeln, man vergißt alles, sein Handwerk, seine Pläne, sich selber. Man schaut, pflückt, genießt, als schwebe man, mit einem Schlage vom Leben befreit, luftig über den Dingen im Licht und Himmelsblau."

Ein Nachtrag ist auch zu Richard Wagners Beeinflussung durch Gondeln und Gondolieri notwendig. Und zwar deshalb, weil fast alle Autoren davon sprechen, daß „der lange Hornton zu Beginn des dritten Aktes von Tristan das Echo eines Rufes sein könnte, den er 1858 auf dem Canal Grande gehört hatte" (H. V. Morton). Das war die Stimme eines Gondoliere, der alsbald eine andere, entferntere antwortete. Dieser musikalische Dialog, schrieb Wagner später, sei mit größeren Pausen weitergegangen und habe ihn so stark berührt, daß er die ganz simplen musikalischen Komponenten im Gedächtnis behalten habe. Wagner hat auch einmal erwähnt, daß die musikalischen Künste der Gondolieri ihn vor allem bis zur Vollendung des zweiten Aktes tief beeindruckt hätten.

Was immer es auch mit solchen Überlegungen auf sich hat, so möchte man dem zustimmen, was der Engländer Morton notiert hat: „Wenn man eine Gondelfahrt wirklich genießen will, muß man wohl zwanzig Jahre jung und verliebt sein. Ist man allein und schon im fortgeschrittenen Alter, wirkt sie vielleicht erholsam, aber alles andere als romantisch."

Das gilt auch mehr noch für eine Fahrt im Vaporetto über den Canal Grande, wenn man, zumal in den sogenannten Stoßzeiten, hilflos eingekeilt in der Menge mehr oder minder sanft hin und her schwankt und sich womöglich mit leichtem Schaudern an die Biographie dieser Schiffe erinnert, von denen etliche eher in ein Museum als ins schaukelnde Wasser des Canaluzzo gehören. Dafür sind die Fahrpreise erschwinglich, was das Defizit der

Gesellschaft alljährlich erhöht. Und selbst für den Fall eines Streiks — wie ich das schon erlebt habe — kann man davon ausgehen, daß die Vaporetti pünktlich verkehren. Denn in Venedig wird nichts wirklich ernst genommen. Oder, um es anders zu sagen, man dekoriert die rauhe Wirklichkeit gelegentlich mit jener Unvollkommenheit, die man sich früher, als man um jeden Preis erfolgreich sein mußte, nicht leisten konnte.

Im Eckhaus gegenüber dem ehemaligen Fondaco dei Tedeschi, also der Handelsniederlassung deutscher Kaufleute in Venedig und unter allen diesen Gildenhäusern in der Lagunenstadt sowohl die älteste als auch die bedeutendste, in diesem Eckhaus befindet sich zu ebener Erde eine kleine Kneipe, deren Wirt ein prachtvolles Original ist und dessen Bier gelegentlich aus Deutschland kommt. Wenn man Glück hat und einen der beiden Tische für sich beanspruchen darf, die vorne am breiten Fenster stehen, kann man stundenlang das Treiben auf dem Canal Grande beobachten oder aber mit Interesse die anmutigen Bewegungen der Venezianerinnen studieren, wenn sie den Treppenaufgang zur Rialtobrücke benützen. Etwas schwieriger wird die Situation spätestens im Frühling, wenn die Touristen wieder nach Venedig kommen und dann nicht nur die beiden besten Tische in dieser Kneipe besetzt halten, sondern mit ihren strammen Waden auch die graziöse Beinarbeit der Venezianerinnen gleichsam zudecken. Dafür beschreiten sie mit einem gewissen Interesse diese Brücke, die neben dem Ponte Vecchio von Florenz wahrscheinlich die berühmteste ganz Italiens ist, während den Venezianern die Rialtobrücke seit Jahrhunderten zu einer selbstverständlichen Gewohnheit geworden ist.

Man sollte sich in diesem Zusammenhang vielleicht daran erinnern, daß das, was heute der Ponte di Rialto, diese zweireihige überbaute Bogenbrücke aus istrischem Stein, mit einer Geste hochmütigen Selbstbewußtseins überquert, im Grunde nichts anderes ist als ein Nebenarm der Brenta, der mit seinem Wasser den Canal Grande speist. Denn schon im frühesten Augenblick ihrer Geschichte hatten die Venezianer erkannt, daß die Gefahr der Verlandung und Versumpfung gegeben war, wenn sie nicht die Flüsse abdrängten, welche in die Lagune einmündeten. So geschah es dann auch, daß man mit dem Regulieren der Gewässer begann, und „eine konsequente Wasserpolitik, das ständige Überwachen der Strömungen und Inselbildungen, das immer neue Korrigieren natürlicher Entwicklungen“ (R. Lebe) wurden zur Voraussetzung der Entstehung Venedigs rund um den Rialto. Denn auch das muß man bedenken, daß in der Frühzeit Venedigs der Begriff Rialto — der von Rivus Altus herrührt, vom tiefen Fluß, also dem Canal Grande — die gesamte Inselgruppe zu beiden Seiten des Kanals meinte, und zwar sowohl mit Dorsoduro am rechten Ufer als auch mit San Marco am linken. Die Darstellung mancher Historiker, daß Venedig mindestens bis zum 10. Jahrhundert, als sich sein heutiger Name allmählich durchzusetzen begann, eigentlich Rialto geheißen habe oder unter diesem Begriff verstanden werden müßte, diese Darstellung ist also berechtigt.

Aber solche Überlegungen stellt kaum jemand an, der in einer Kneipe vor der Rialtobrücke sitzt, die Füße behaglich von sich gestreckt, im Ohr das dröhnende Lachen des Wirtes, der mit seiner mächtigen Gestalt den eher kleinen Raum beherrscht und nicht müde wird, auskunftsheischenden Touristen den Weg hinüber zum Fisch- und Obstmarkt oder zur Anlegestelle für die Vaporetti zu zeigen, die ohnedies nur ein paar Schritte unterhalb der Kneipe liegt. Immer hat man diese Brücke im Aug’, von der ein Bewunderer einmal gesagt hat, sie gehöre zu den wenigen venezianischen Denkmälern, die die Eigenschaft wahrer Genialität besäßen, was gar nicht so übertrieben ist, wenn man überlegt, daß die meisten der berühmten Denkmäler Venedigs aus dem ganzen Bereich des Mittelmeeres zusammengekauft oder, was wesentlich häufiger der Fall war, auch gestohlen wurden.

Die erste Brücke, welche den Canal Grande an dieser Stelle überquerte — und damit die erste Brücke überhaupt, die es den Bewohnern Rialtos erlaubte, trockenen Fußes von einer Insel zur anderen zu gelangen —, diese erste Brücke soll eine Schiffsbrücke gewesen sein. Und Niccolò Barattieri — ein Ingenieur, wie man das heute nennen würde, dem angeblich die Aufrichtung der beiden Säulen auf der Piazzetta gelungen sein soll — wird dabei als ihr Konstrukteur genannt. Das sei im Jahre 1181 geschehen. Mit Sicherheit kann man das freilich nicht feststellen, weil darüber jedes historische Dokument fehlt. Später dann, um die Mitte des 13. Jahrhunderts, entstand eine hölzerne Brücke, für deren Benützung eine Maut bezahlt werden mußte. Diese Brücke, wahrscheinlich mehr eine Art Steg, der von Pfählen gestützt wurde, sollte in der verhältnismäßig kurzen Zeit ihrer Existenz zweimal eine wichtige und freilich auch tragische Rolle spielen. Das erste Mal war das im Jahre 1310, und zwar im Verlauf der sogenannten Tiepolo-Verschwörung, als am 15. Juni eine Gruppe von Rebellen den amtierenden Dogen drüben in San Marco angriff, von diesem, der vorzeitig gewarnt worden war, jedoch zurückgeschlagen wurde. Zu einer Hauptfigur dieses Putsches, der nach dem Namen einer der führenden Familien Venedigs „Tiepolo-Verschwörung" genannt wurde, avancierte dabei eine gewisse Giustina Rosso.

Diese Frau nämlich, die in der Merceria wohnte, in diesem unübersichtlichen Gassengewirr zwischen dem Markusplatz und der Rialtobrücke, das seiner zahlreichen Geschäfte und Läden wegen auch heute noch ein wenig an einen orientalischen Basar erinnert, Giustina Rosso also öffnete, aufgeschreckt vom Kampflärm der beiden Parteien, ihr Fenster, beugte sich neugierig hinaus und streifte dabei einen schweren Mörser, den sie wahrscheinlich zum Mahlen von Körnern verwendet hat, von der Brüstung ihres Fensters hinab in die Tiefe. Der Mörser landete auf dem Kopf des Bannerträgers der Rebellen. Dieser sank zu Boden. Und die Fahne der Tiepolo mit ihm. Die Verschwörer, unsicher geworden, wähnten sich in einem Hinterhalt und wichen zurück, was bald zu einer kopflosen Flucht ausartete. Einige Besonnene brachten noch soviel Mut auf, die Rialtobrücke zu zerstören, was freilich die völlige Niederschlagung dieser Verschwörung nur hinauszögern, jedoch nicht verhindern konnte.

Giustina Rosso aber erhielt von der Republik eine nützliche Belohnung: Ihr Mietzins durfte künftighin nicht mehr erhöht werden; außerdem erhielt sie die offizielle Erlaubnis, an jedem 15. Juni die Markusfahne aus ihrem Fenster zu hängen.

Über die Hintergründe der Tiepolo-Verschwörung sollte man zumindest eine kurze Anmerkung machen. Fast alle Autoren, die sich dieses Themas angenommen haben, bezeichnen als Ursache dafür die Eifersucht eines älteren Ehemannes, nämlich eines Tiepolo, und den lockeren Lebenswandel seiner Ehefrau. Diese Autoren verschweigen allerdings, daß sich neben den Tiepolo auch die Querini, Barozzi, Baseggio, Badoer, Doro und Orio, „allesamt unzufriedene Nobili, die sich vom Sturz der Regierung gesteigerten politischen Einfluß und persönliche Pfründen versprachen" (R. Lebe), an dieser Verschwörung beteiligten. Man erreichte bekanntlich das Gegenteil. Denn „in Venedig schlug nicht die Stunde einer autokratischen Signorie, sondern die Stunde des Zehn-Männer-Tribunals, des Rats der Zehn", wie Reinhard Lebe schreibt. Tatsächlich war die Tiepolo-Verschwörung die Geburtsstunde dieses berüchtigten und auch wirksamen Instruments der Regierung, das es sich bald zur Gewohnheit machte, potentielle Staatsfeinde, denen man eine Wiederholung der Ereignisse vom Juni 1310 zutrauen mußte, diskret zu beseitigen. Einer der bevorzugten Schauplätze dafür war die Calle della Morte unweit des Campo San Giovanni in Bragora.

Die Rialtobrücke scheint dann rasch wieder renoviert worden zu sein. Aber als sie das zweite Mal in ein außerordentliches Ereignis miteinbezogen wurde, schlug ihr endgültig die Stunde; sie stürzte einfach in sich zusammen, versank sozusagen resignierend im Canal Grande. Das war im Jahre 1444, und der Anlaß dafür waren die Hochzeitsfeierlichkeiten zu Ehren der Markgräfin von Ferrara, zu denen auch eine große Schiffsparade gehörte, die wiederum eine solche Zahl von Schaulustigen auf die Brücke gelockt hatte, daß diese schließlich unter deren Gewicht zusammenbrach.

Die nächste Konstruktion, die man jetzt aber schon als Provisorium begriff, war eine Zugbrücke. Das war unter anderem deshalb eine günstige Lösung, weil damals im 15. Jahrhundert immer wieder blutige Auseinandersetzungen zwischen den Bewohnern der beiden vom Kanal getrennten Quartiere von San Marco und San Polo drohten. Im Augenblick der Gefahr brauchte man nämlich nur die Zugbrücke hochzuziehen. Und die Streithähne konnten dann einander zwar immer noch mit den saftigsten Ausdrücken bedenken, sich aber nicht mehr gegenseitig die Köpfe einschlagen.

Einmal, 1452, als hoher Besuch angesagt war und die Zugbrücke sich als Hindernis für die kunstvoll dekorierten Barken erwies, wurde sie vorübergehend sogar demontiert. Später dann scheint sie so baufällig geworden zu sein, daß ein Zeitgenosse sie als „ganz angenagt und nur wie durch ein Wunder in der Luft hängend" beschrieb.

Die Geburtsstunde der Rialtobrücke in ihrer heutigen Form schlug im Jahre 1501, wobei man jedoch sogleich hinzufügen muß, daß sie erst in den Jahren 1588 bis 1591 tatsächlich gebaut wurde. Aber 1501 wurde jener Wettbewerb ausgeschrieben, an dem sich die berühmtesten Baumeister des Zeitalters beteiligten, darunter Sansovino, Palladio und Michelangelo, auf die sich alle später nachfolgenden Architekten und zuletzt auch Antonio da Ponte, der eigentliche Schöpfer der Rialtobrücke, mehr oder weniger berufen konnten.

Ponte konstruierte einen einzigen Bogen, der eine Spannweite von 28 Metern hatte und dessen Höhe neuneinhalb Meter betrug, über den Canal Grande, wobei man mehr als 12.000 Pfähle in den schlammigen Grund rammen mußte, welche diese reichlich kühne und von den Venezianern zuerst recht mißtrauisch beobachtete Konstruktion zu tragen hatten.

Die Gegend rund um die Rialtobrücke ist für manche Liebhaber Venedigs das eigentliche Herzstück der Stadt. Und in mancher Hinsicht trifft das auch zu. Die Franzosen konnten 1797 von den Stufen, die zur Brücke hinaufführen, mit einigen kleinen Feldgeschützen eine wütende Menge, die mit dem armseligen Untergang der Serenissima nicht einverstanden war, auf drastische Weise beeindrucken. Und im 17. Jahrhundert war das sogenannte Castelletto am anderen Ende der Rialtobrücke eines der berühmtesten Bordelle der Stadt, was schon einiges bedeutet haben mag an einem Ort, der für seine Kurtisanen und deren Liebeskünste in ganz Europa berüchtigt war. Im schönen oder auch edlen Gegensatz dazu stehen die beiden Figuren des Evangelisten Markus und des heiligen Theodor, also der zwei Schutzheiligen Venedigs, die an der Westseite der Brücke angebracht sind, Symbole eines anderen, vielleicht besseren Venedig als jenes, an das man hier gelegentlich erinnert wird. Denn der Palazzo dei Dieci Savi, also der Palast der Zehn Weisen, der mit seiner Schmalseite auf den Canal Grande stößt und dessen Kolonnadengang, darin heute zahlreiche Geschäfte und Kaffeebars untergebracht sind, war einst der Sitz der venezianischen Steuerbehörde, was uns daran erinnert, daß die Venezianer es waren, die die Einkommensteuer erfunden haben.

Diesem einstigen Instrument einer ebenso präzise wie unbarmherzig funktionierenden Bürokratie direkt gegenüber liegt die Kirche von San Giacomo di Rialto mit der daran anschließenden Naranceria, dem seit dem Jahre 1097 nachweisbaren zentralen Marktplatz der Venezianer. Darauf befindet sich der sogenannte Gobbo di Rialto, der Bucklige, wie die Venezianer diese Bannsäule nennen, und zwar einer Zwergenfigur wegen, die im späten 16. Jahrhundert entstanden ist. Der Gobbo di Rialto ist ähnlich dem römischen Pasquino zuerst für offizielle Verlautbarungen gedacht gewesen. Aber bald benützten ihn die Venezianer für ihre eigenen Kommentare. Immer wieder wurden an der Säule Spottverse, Satiren, Angriffe gegen die Regierung veröffentlicht, was, wenn diese Attacken nicht zu schmerzhaft waren, von den Behörden toleriert wurde. Sie begriffen den Gobbo di Rialto wohl als Ventil für den Unmut des Volkes, das sich hier abreagieren durfte und dadurch erst gar nicht auf den Geschmack kam, sich einer bedrohlichen staatsgefährdenden Intrige hinzugeben.

Allerdings werden Besucher, die diese Bannsäule zu sehen oder vielleicht sogar zu photographieren wünschen, in der nächsten Zeit gewisse Schwierigkeiten haben, sie auch tatsächlich zu finden. Ich selbst habe einige Anläufe und Umwege gebraucht, um diesen Umstand festzustellen. Dabei erinnere ich mich, daß es fast ständig geregnet und ein unangenehmer kalter Wind mir ins Gesicht geblasen hat. Eines Abends hatte ich in einer harmlos aussehenden Trattoria eine dieser Niederlagen einstecken müssen, die man in Venedig nur mit heroischem Gleichmut ertragen kann. Für einen Fisch, den mir der Kellner mit Verschwörermiene als einzigartig unter dem Namen „Ombrina“ offerierte und der in der Tat recht gut, jedoch keinesfalls sensationell schmeckte, bezahlte ich ein kleines Vermögen, was mich in einem Anflug von Galgenhumor auf die

Idee brachte, mich anderntags beim Gobbo di Rialto über diese unverschämte Beutelschneiderei zu beschweren.

Aber anderntags, immer noch vom Regen begleitet und durch Wasserpfützen stolpernd, war mir der Bucklige irgendwie abhanden gekommen. Zuerst beobachtete ich ein Rudel fetter Katzen, die vor San Giacomo Fischköpfe aus Staniolpapier fraßen. Dann bewunderte ich die mit rotem Samt umwickelten Säulen in der kleinen Kirche, was aussah, als hätte man dem altersgrauen Stein fürsorglich Pulswärmer übergezogen. Die Kirche selbst stammt aus dem 7. oder 8. Jahrhundert, als sich Venedig gerade erst zögernd anschickte, hier am Rivus Altus ein erstes kommunales Zentrum zu bilden, was bekanntlich auch erst nach einigen Generationen möglich wurde, nachdem andere Inseln draußen in den Lagunen ihre ursprüngliche Bedeutung eingebüßt hatten. San Giacomo, das den Grundgedanken der vorgotischen Kuppelkirchen Venedigs darstellt, war immerhin schon frühzeitig bedeutend genug, daß ihr Papst Alexander III. besondere Ablaßrechte (1177) verliehen hat, was dem Vermögen der Kirchenherren vom Rialto zugute gekommen ist, und daß früher einmal der Doge an jedem Gründonnerstag die Kirche mit einem großartig inszenierten Festzug beehrte. Heute hat die Kirche freilich so gut wie alles von ihrer einstigen Bedeutung eingebüßt. Ich bin mir nicht einmal sicher, daß die Obst- und Fischhändler der nahen Märkte sie regelmäßig benützen.

Aber zurück zum verschwundenen oder auch nur mühsam auffindbaren Gobbo di Rialto! Ich konnte ihn jedenfalls nirgends entdecken. Am Fischmarkt, bei den Fabbriche Nuove, die um die Mitte des 16. Jahrhunderts nach Entwürfen Sansovinos erbaut wurden, hier also und auf dem etwas stadteinwärts gelegenen Campo delle Beccarie — wo einst die öffentlichen Fleischbänke standen — sah ich den Fischhändlern zu, wie sie fast bis zum Ellbogen im Inneren einiger großer Fische wühlten, die sie mit raschen, geschickten Bewegungen ausweideten, um dann einige Stücke Fischleber, die eher gelblich und wie von einem matten Schimmer überzogen waren, auf vorbereitete Eisblöcke zu legen. Nur dem Buckligen begegnete ich nicht, bis sich schließlich ein Marktaufseher meiner Ratlosigkeit erbarmte und mich zu einem Baugerüst auf dem Campo di San Giacomo führte, dahinter die legendäre Bannsäule verborgen ist. Ich fürchte, daß es noch einige Zeit dauern dürfte, bis man den Gobbo di Rialto wieder zu sehen bekommt, was eigentlich schade ist, weil dieses Monument wie kaum ein anderes Erinnerungen wachruft an die derbe Spottlust und an den ausgeprägten Sinn der Venezianer für Unabhängigkeit und Gerechtigkeit.

Später, nachdem ich, was den Buckligen vom Rialto betrifft, meine Niederlage endgültig eingesehen hatte, wanderte ich über die Brücke und am Fondaco dei Tedeschi — im Jahre 1228 wird erstmals ein „fonticum Comunis Venetiarium, ubi Teutonici hospitantur" urkundlich erwähnt, was die von den meisten Historikern geäußerte Meinung verstärkt, daß diese klösterlich organisierte Bruderschaft deutscher Kaufleute in Verbindung mit den Ereignissen des Vierten Kreuzzuges gegründet wurde —, wanderte ich also vorbei am Fondaco dei Tedeschi, darin heute ein Postamt untergebracht ist, hinüber zum Campo San Bartolomeo. Das wuchtige Viereck des ehemaligen deutschen Kaufhofes ist in seiner heutigen Form in den Jahren zwischen 1505 und 1508 entstanden. Tizian und Giorgione schufen damals die Außenfresken, die inzwischen längst verschwunden sind. Und es war dann Napoleon, der 1806 auch diese altehrwürdige Institution wie so manches andere in Venedig liquidierte.

Der Fondaco ragt übrigens mit einer Gebäudekante machtvoll in den ehemaligen Kirchplatz von San Bartolomeo hinein, der um die Mitte des vorigen Jahrhunderts beträchtlich erweitert wurde, einer der intimsten und zugleich schönsten Plätze am linksseitigen Ufer des Canal Grande ist und im Jahre 1883, als ein heute längst wieder vergessener Bildhauer namens Dal Zotto hier sein Denkmal des venezianischen Komödienschreibers Carlo Goldoni aufstellen ließ, auf den Namen Goldonis umgetauft wurde, was sich inzwischen allerdings schon wieder geändert hat. Heute heißt der Platz wie vorher schon einmal Campo San Bartolomeo. Ich erinnere mich in diesem Zusammenhang vergnügt an eine Szene, die ich hier einmal erlebte. Arglos hatte ich einen Passanten gefragt, ob es sich bei dem Denkmal in der Mitte des Platzes, das einen rüstig einherschreitenden, heiteren Mann mit strammen Waden und in Rokokotracht zeigt, wirklich um jenes von Goldoni handle. Innerhalb weniger Augenblicke war ich von Flaneuren umgeben, von Losverkäufern, Gondolieri, jungen Burschen und einem baumlangen, sichtlich angetrunkenen Kerl, der Mühe hatte, sich auf den Beinen zu halten, und alle beteuerten übereinstimmend, daß es sich bei der Figur auf dem Sockel ganz gewiß um San Bartolomeo handle, um einen ehrenwerten und heiligmäßigen Mann, dem man Respekt bezeugen müßte.

Einige Tage später, als ich wieder einmal an Goldoni vorbeikam, der das Pech hat, auf dem Campo San Bartolomeo stehen zu müssen, blinzelte mir einer der Losverkäufer von damals zu. Es hätte aber auch ebenso gut San Bartolomeo sein können, der über den Platz schreite, meinte er mit schiefem Grinsen, um sich dann wieder seiner hauptsächlichen Beschäftigung zu widmen, nämlich dem Ausrufen der Lotterielose.

Wer erstmals den Canal Grande erblickt und noch nichts ahnt von der üppig wuchernden, fast dschungelartigen Welt an seinen Ufern, wird vor allem einmal beeindruckt sein von der Erhabenheit der Umrahmung oder Dekoration, die diesem alten Fluß zugewachsen ist. „Der Canal Grande entwickelt seine Krümmung zwischen zwei Reihen von Palästen, welche, jeder allein und für sich gebaut, ihre Verschiedenheiten vereinigt haben, um ihn zu verschönern“, schreibt Hippolyte Taine in seinen Reiseerinnerungen aus den sechziger Jahren des vorigen Jahrhunderts. Und seit jener Zeit hat sich im Grunde gar nichts verändert, wenn man vielleicht davon absieht, daß viele der Paläste noch um eine Spur verwahrloster aussehen und um einige Zentimeter tiefer in den schlammigen Boden gesunken sind. Taine hat den Kanal eine prachtvolle Seepflanze genannt, ihn mit einer herrlichen Koralle verglichen und dann festgestellt, daß es kein ähnliches Kleinod auf der Welt gäbe. Wahrscheinlich hatte er recht. Der Canal Grande ist tatsächlich so etwas wie ein Wunder, an dessen Zustandekommen die Natur und die Menschen gleichermaßen mitgewirkt haben. „Die Zeit hat ihre graue eintönige Tracht über alle diese alten Formen gehängt, und das Licht des Morgens lacht sinnberauschend auf dem großen und sich weit breitenden Wasser" — so hat man noch im 19. Jahrhundert dieses Wunder beschrieben. Die Geschichten und Anekdoten aber, die es immer wieder von neuem zum Leben erweckt haben, sind manchmal recht mühsam zu rekonstruieren und geraten mitunter überhaupt in Vergessenheit.

Auf dem und rund um den Canal Grande ist alles möglich, denn Venedig ist tatsächlich „eine Art Metropole, wenn man davon ausgeht, daß alle Welt herbeiströmt, es zu besuchen" (J. Morris). Und der Canal Grande ist die Hauptschlagader dieser Metropole, seine wichtigste Arterie, durch die seit vielen Jahrhunderten mit der Geschichte auch die unzähligen Geschichten gepumpt werden, welche dieses kosmopolitische Universum immer noch am Leben erhalten.

Am Rialto wurde im 12. Jahrhundert die erste aller offiziellen Staatsbanken eröffnet, welche es in Europa gegeben hat, die sogenannte Banca Giro. Und vom Rialto aus zogen schon im 13. Jahrhundert venezianische Börsenmakler die Fäden ihrer geschäftlichen Spekulationen, wobei nüchternes Kalkulieren und Abenteuerlust sehr oft einander die Waage hielten. Ein längst verschwundenes Fresko unter den Kolonnaden jenseits der Rialtobrücke demonstrierte einst die Lebensadern des venezianischen Seehandels. Sie reichten nach Syrien genauso wie nach dem Asowschen Meer, verknüpften Spanien, England, Flandern und die ganze östliche Levante in ein engmaschiges Netz einander ergänzender, fast niemals überschneidender Interessen und waren der geheimnisvolle Raster, von dem sich der wachsende Reichtum der Serenissima ablesen ließ. Der Bezirk um die Rialtobrücke war die ökonomische Herzkammer Venedigs. Seine politische Entsprechung fand sich im Dogenpalast, seine religiöse in der Basilika. Die während mindestens drei Jahrhunderten — vom 14. bis zum 16. Jahrhundert — von ganz Europa gestellte Frage, was es wohl Neues am Rialto geben könne, besaß Signalwirkung weit über den geschäftlichen Anlaß hinaus. Und es war dann eine fast zwangsläufige Reaktion, daß 1499 die ersten Nachrichten von Vasco da Gamas erfolgreicher Umrundung des Kaps der Guten Hoffnung und der Entdeckung des Seeweges nach Indien am Rialto als Katastrophe empfunden wurden und die meisten der dort ansässigen Bankhäuser unverzüglich ihre Schalter schlossen.

Dafür begann dann das große Zeitalter der Kurtisanen, wurde der Rialtobezirk zum meistbesuchten Freudenviertel des Kontinentes, und nicht wenige Zyniker haben das später als Ursache dafür angesehen, daß zum Beispiel die riesige Sonnenuhr von San Giacomo, die schon im 14. Jahrhundert mehrmals falsch gegangen war, im 18. Jahrhundert endgültig stehenblieb. Das schamlose Treiben rund um San Giacomo, rund um die Rialtobrücke, habe ihr sozusagen den Atem verschlagen, spotteten die mehr oder minder tugendhaften Venezianer, die jetzt vollauf damit beschäftigt waren, aus dem Import der schönsten Frauen und reichsten Lebemänner ihre nach wie vor sagenhaften Gewinne zu ziehen.

Aber auf dem Canal Grande war neben der Frivolität, dem Laster, dem unverschämten Gieren nach Reichtum und Macht auch anderes, Frommes, Überirdisches möglich, wie das die Geschichte jener Contessa Tagliapetra beweist, die, geboren gegen Ende des 13. Jahrhunderts, nur ein frommes, der Kirche und den Heiligen gewidmetes Leben zu führen wünschte. Täglich, so wird berichtet, ließ sie sich, die am rechtsseitigen Ufer des Canal Grande lebte, in einer Gondel zum anderen Ufer übersetzen, wo sie ihren Beichtvater aufsuchte. Das irritierte schließlich ihre Eltern, die naturgemäß ganz andere Pläne mit ihr hatten, und sie untersagten den Gondolieri, der Contessa weiterhin behilflich zu sein. Aber das Mädchen breitete ihr Kopftuch auf dem Wasser aus, bestieg es und glitt, als wäre das Tuch eine Fähre, frohgemut übers plätschernde Wasser hinüber zum anderen Ufer. Das alles soll sich auf dem Campo San Vio abgespielt haben, einem kleinen, stillen, verlassenen Platz unweit der Accademia-Brücke, die den Kanal an genau jener Stelle überquert, die Jahrhunderte zuvor schon die Contessa Tagliapetra benützt hat. Die Geschichte dieses eigensinnigen und später heiliggesprochenen Mädchens ist jedenfalls ein hübscher Kontrapunkt zu den teils schrillen und teils düsteren Legenden rund um den Rialto.

Was die Accademia-Brücke betrifft, so waren es die Österreicher, die im Jahre 1854 hier eine eher häßliche Eisenkonstruktion errichteten, und zwar analog zur Brücke beim Bahnhof von Santa Lucia. Bis dahin war die Rialtobrücke der einzige Übergang gewesen, der die beiden Ufer des Canal Grande und damit die verschiedenen Stadtviertel Venedigs miteinander verbunden hatte. Noch 1848, als auch am Canal Grande die Revolution ausgebrochen war, hatten die Österreicher die Stadt dadurch fast lahmgelegt, daß sie einfach die Rialtobrücke sperrten.

Die beiden neuen Brücken, an die sich die Venezianer nie wirklich gewöhnen konnten, wurden dann in den dreißiger Jahren unseres Jahrhunderts abgerissen, weil die Vaporetti immer größer geworden waren und Schwierigkeiten beim Passieren dieser Brücken hatten. Aber während man sich bei der Bahnhofsbrücke eine schöne Steinkonstruktion leistete — sie ist höher als die Rialtobrücke —, begnügte man sich bei der Accademia mit einer nicht einmal sonderlich schönen Holzbrücke, die allerdings nur ein Provisorium darstellt, wie nunmehr schon seit Jahrzehnten versichert wird.

Im Jahre 1494 langte der französische Diplomat Philippe de Commynes in Venedig ein und berichtete alsbald ebenso erstaunt wie beeindruckt von den Wundern dieser Stadt: „Ich war sehr erstaunt, als ich diese Stadt vor mir liegen sah und so viele Glockentürme, Klöster und so große Gebäude erblickte, die alle im Wasser aufragten. Und das Volk hatte keine andere Möglichkeit des Vorwärtskommens als diese Gondeln, von denen es, wie ich glaube, an die 30.000 gibt. Sie sind aber sehr klein. Man führte mich auch durch die große Straße, die sie hier Canal Grande nennen, weil sie sehr breit ist. Die Galeeren durchqueren sie, und ich habe hier Schiffe von vierhundert Tonnen und mehr unmittelbar an den Häusern liegen sehen. Ich glaube, sie ist die schönste Straße der ganzen Welt, sie läuft durch die ganze Stadt hin und ist am besten angelegt. Die Häuser sind sehr groß und hoch und aus bestem Stein. Die älteren unter ihnen sind bemalt. Die anderen, die in den letzten hundert Jahren erbaut worden sind, haben Fassaden aus weißem Marmor, der hundert Meilen weit aus Istrien herangeschafft wird. Auch finden sich in den Vorderfronten große Blöcke aus Serpentin und Porphyr eingelassen. Im Inneren verfügen sie über mindestens zwei Zimmer mit vergoldeten Decken, haben reiche, aus Marmor gehauene Kamine, vergoldete Betten und vergoldete Wandschirme, dazu sehr schönen Hausrat." Und nach einer weiteren Aufzählung der erlesensten Superlative setzte der französische Diplomat schließlich den lakonischen Schlußpunkt: „Venedig ist die eindrucksvollste Stadt, die ich jemals gesehen habe."

Ein anderer Franzose, der Literat Taine, welcher einige Jahrhunderte später nach Venedig kam, hat dieses Lob mit den Worten „Wahrscheinlich gibt es kein gleiches Kleinod auf der Welt" bestätigt. Das ist weiter nicht ungewöhnlich, denn bisher hat noch fast jeder Reisende, der erstmals den Canal Grande erblickte, einer tiefen inneren Bewegung nachgegeben und sich zu Huldigungen hinreißen lassen, die erst später und bei genauerer, intimer Bekanntschaft mit der Stadt einem etwas differenzierteren Urteil weichen mußten. Generationen von Venedigbesuchern sind beispielsweise in Entzücken ausgebrochen, wenn sie dort, wo der Canal Grande sich endgültig verbreitert und das Wasser des Canale della Giudecca aufnimmt und das Gebäude der Dogana da Mar, welche 1682 als Zollstation in Dienst genommen worden ist, sich als eine Art Landzunge vor dem anrollenden Wasser bewähren muß, wenn sie also dort, wo der Canal Grande sozusagen zu existieren aufhört, die charakteristische Silhouette von Santa Maria della Salute erblicken.

Länger als ein halbes Jahrhundert hat man an dieser imposanten Kirche gebaut, die ihre Entstehung einem Gelöbnis des Senats verdankt, nachdem 1630 fast 50.000 Menschen in Venedig an der Pest gestorben waren. Elf Projekte wurden damals eingereicht, jenes des jungen, gerade erst sechsundzwanzigjährigen Architekten Baldassare Longhena angenommen. Er baute dann bis zu seinem Tod im Jahre 1683 an dieser Kirche, die vier Jahre später feierlich eingeweiht wurde. Im Zuge der Bauarbeiten wurde auch die Dogana umgestaltet und erhielt unter anderem jenen abscheulich kitschigen und dennoch imponierenden vergoldeten Erdball, der von einer Bronzefigur der Fortuna gekrönt wird, die als Symbol des immerwährenden Glückes der Kaufleute von Venedig gilt.

Die Salutekirche selbst wurde dann noch in ein schönes Zeremoniell eingebunden, das sich bis auf den heutigen Tag erhalten hat. Denn an jedem 21. November besuchte früher die Signoria in Erinnerung an ihre eigene fromme Stiftung die Kirche in einem festlichen Aufzug, zu welchem Zweck man eine Schiffsbrücke von Santa Maria del Giglio am linksseitigen Ufer des Canal Grande errichtete. Jetzt wird dieses Zeremoniell, das längst zu einem Volksfest und natürlich auch zu einer Attraktion für die Fremden geworden ist, von den lokalen Behörden inszeniert.

Man nennt die Salute das bekannteste Bauwerk des venezianischen Barock und zudem ein Meisterwerk urbanistischer Inszenierung. Säulen aus dem ehemaligen römischen Amphitheater von Pola, Bilder von Tizian und Tintoretto und eine gewaltige Kette, die aus der Kuppelmitte herabhängt und eine riesige Lampe trägt, schmücken sie. Und doch wirkt sie im Inneren zu groß, zu kalt, gleichsam zu aufgedonnert. Die kühle Pracht, die sie verströmt, ist schlichtweg bedrückend. Und zumindest mir ist es so ergangen, daß mir der Kopf schwindelte, nachdem ich gehorsam meine Runden um die bedrohlich herabhängende Lampe gedreht hatte. Da ist es dann vielleicht ganz tröstlich zu wissen, daß weit mehr als eine Million Pfähle — die genaue Zahl lautet: 1,156.627 — in den schwankenden Boden gerammt werden mußten, um das Gewicht der Kirche zu tragen.

An vielen Palästen und Kirchen, die entlang des Canal Grande stehen, ist eine Kultur- und Sittengeschichte nachvollziehbar, wie sie wohl nur in Venedig möglich gewesen ist. Der wuchtige Bau des Fondaco dei Tedeschi bei der Rialtobrücke, darin heute das Hauptpostamt untergebracht ist, sah einst einen gewissen Vecellio und einen jungen Mann namens Zorzo gemeinsam auf einem Gerüst arbeiten, das errichtet worden war, um die Fassaden des Palastes mit Fresken zu schmücken. Zorzo, der sich später Giorgione nennen würde, stammte aus Castelfranco unweit von Treviso, während Vecellio, den die Welt als Tizian kennenlernen sollte, aus dem nördlichen Pieve di Cadore kam. Beide waren fast gleichaltrig — Giorgione wurde 1478, Tiziano Vecellio ein Jahr früher geboren —, und beide waren am Beginn ihrer Karriere noch auf Gönner angewiesen, die ihnen den ehrenvollen Auftrag vermittelt hatten, beim Neubau des durch einen Brand zerstörten Fondaco mitzuwirken (1508). Giorgione konnte sich auf einen besonders einflußreichen Gönner berufen, nämlich auf den Condottiere Tuzio Constanzi, der wiederum ein Vertrauter der venezianischen Patriziertochter Caterina Cornaro war. Diese wurde im Alter von vierzehn Jahren mit König Jakob von Zypern vermählt, aber erst vier Jahre später, nämlich 1472, tatsächlich seine Frau. Acht Monate später bereits starb König Jakob, damals gerade 32 Jahre alt, unvermutet, offenbar an Gift, wie sogleich gemutmaßt wurde. Auch die Mörder wußte man zu benennen, nämlich venezianische Geheimagenten, die möglicherweise im Auftrag der Signoria gehandelt hatten, denn die Republik Venedig war der Nutznießer dieses überraschenden und überraschend frühen Todes König Jakobs. Sie übernahm nämlich die Schutzherrschaft über die Insel Zypern und begrüßte die Königinwitwe, als diese schließlich an den Canal Grande zurückkehrte, um dann gleich weiter in ihre Baronie Asolo im Norden der Terra ferma zu reisen, mit ausgesuchter Hochachtung und gebührendem Aufwand. Und die Regatta, die heute alljährlich als vielbesuchte und vielbestaunte Regata Storica neben dem venezianischen Karneval und der feierlichen Prozession zur Salutekirche oder den liturgischen Feierlichkeiten während der Osterzeit in der Basilika zu den berühmten Attraktionen der Lagunenstadt zählt, ist eine — inzwischen allerdings schon verblaßte — Erinnerung an jene Ankunft der Caterina Cornaro im Jahre 1479 in Venedig, als der Große Rat ihr, die sich gegen die Übernahme ihres zypriotischen Erbes durch die Republik nicht im mindesten gewehrt hatte, einen prunkvollen Empfang bewilligte.

Was übrigens den Günstling des Vertrauten der Königinwitwe von Zypern, also Giorgione, angeht, so brachte ihm die gemeinsame Arbeit mit Tizian an den Fresken des Fondaco dei Tedeschi zwar einigen Ruhm, jedoch kaum Geld ein. Peinliche Auseinandersetzungen um die Anzahlung des Honorars verdüsterten die Freude des jungen Künstlers an seinem Erfolg. Es war dann Giovanni Bellini, ein anderer Großer dieses glorreichen Kunstzeital-

ters Venedigs, der den unangenehmen Streit schlichtete. Im Jahre 1510 starb Giorgione, erst 32jährig, an der Pest. Und Tizian vollendete dessen berühmtes Gemälde „Ruhende Venus", bevor er selbst vor der Seuche nach Padua floh. Er wurde dann viele Jahrzehnte später im Jahre 1576 von der Pest doch noch eingeholt. Als er schon dem Tod entgegenfieberte, „betraten Einbrecher sein Haus und plünderten es, während er noch lebte, angeblich vor seinen Augen", wie das James Morris in seinem Buch über Venedig berichtet.

Aber noch einmal zurück zum Fondaco dei Tedeschi am Canal Grande, wo unter anderem auch Albrecht Dürer während seines Venedig-Aufenthaltes gewohnt hat, denn man sollte, während man daran vorbeigeht oder im Vaporetto (vielleicht sogar in einer Gondel) langsam daran vorbeifährt, sich einer kurzen Anmerkung entsinnen, die Hermann Schreiber einmal gemacht hat: „Bedenkt man, daß Giorgione neben den Lehren seines Meisters Bellini auch Einflüsse des Gentile-Schülers Carpaccio aufnahm, daß kurz zuvor Leonardo in Venedig weilte und nun zwei kongeniale junge Männer, Giorgione und Tizian, auf einem Gerüst (am Fondaco dei Tedeschi) arbeiten und ihre Kartons miteinander abstimmen, dann erkennt man, wie sich hier der Knoten der Einflüsse, Anregungen und Befruchtungen schürzt dank der einzigartigen Rolle einer Stadt wie Venedig als Schmelztiegel der Begabungen." Und nicht nur als Schmelztiegel der künstlerischen Begabungen, wie man hinzufügen muß, wenn man sich die Querverbindungen in Erinnerung ruft, die zwischen der Kunst, der Politik und dem Geschäft hier am Canal Grande über die Jahrhunderte hinweg funktioniert haben.

Dabei haben es die Künstler im sittenstrengen Venedig, wo man immer wieder mit drakonischen Maßnahmen und strengen Gesetzen gegen die Prunksucht, den Übermut und die Neigung zur Ausschweifung der Venezianer einzuschreiten versuchte, auch in anderer als materieller Hinsicht nicht sonderlich leicht gehabt. In der Accademia zum Beispiel hängt ein Bild Veroneses, das heute „Gastmahl bei Levi" heißt. Ursprünglich war es freilich als Abendmahlsbild gedacht gewesen. Aber da darauf auch alle möglichen absurden Figuren und Situationen zu erkennen waren, wurde Veronese vor die Inquisition des Heiligen Offiziums geladen. Diese entließ den Maler mit einem strengen Verweis und forderte ihn auf, den Titel dieses Gemäldes noch einmal zu überdenken, welcher unmißverständlichen Ermahnung Veronese dann auch gehorsam nachkam. Warum er allerdings das Bild „Gastmahl bei Levi" nannte und wer dieser rätselhafte Levi ist, läßt sich heute nicht mehr eruieren.

Beinahe jeder Palast am Canal Grande hat seine eigene und eigentümliche Biographie, kann entweder auf mehr oder weniger berühmte bis berüchtigte Persönlichkeiten verweisen, die ihn einst benützt haben, oder erinnert an Anekdoten, Histörchen, Geschichten, die einen wesentlichen Beitrag zum Ambiente Venedigs ausmachen. Der Palazzo Barbarigo della Terrazza, enstanden um die Mitte des 16. Jahrhunderts und nie wirklich fertiggestellt, am rechtsseitigen Ufer des Canal Grande einige Meter vor der großen Schleife des Kanals nach Südosten, der „Volta del Canal", gelegen, dieser Palazzo also beherbergte bis um die Mitte des vorigen Jahrhunderts eine der größten und wertvollsten Sammlungen von Gemälden Tizians. Sie wurde im Jahre 1850 dem russischen Zaren verkauft, aus dessen Eigentum sie schließlich in die weltberühmte Eremitage von Leningrad überwechselte. Kaum jemand von den zahllosen Besuchern, die sich heute in Leningrad vor diesen Kostbarkeiten drängen, ahnt etwas davon, daß sie sich einst im Privatbesitz einer venezianischen Patrizierfamilie befunden haben.

Eine andere ehemals berühmte Bildersammlung sowie eine der großartigsten Bibliotheken Venedigs befand sich im Palazzo Contarini delle Figure gegenüber des Pontile di San Tomá, wobei man noch hinzufügen sollte, daß dies einst der Wohnsitz jenes Jacopo Contarini gewesen ist, der sich als unermüdlicher Förderer Palladios ausgezeichnet hatte. Im legendären Casino delle Rose wiederum, das an die Ca'Corner anschließt, lebte und arbeitete zu Beginn des 19. Jahrhunderts Antonio Canova, der unter anderem für die Entwürfe zum pompösen Grabmal Tizians in der Frarikirche verantwortlich war. Tizian soll nämlich einer alten, freilich unbestätigten Überlieferung zufolge in dieser Kirche 1576 begraben worden sein. Sein Denkmal hat der österreichische Kaiser

Ferdinand, der dann zugunsten Kaiser Franz Josephs I. abdanken mußte, gestiftet.

Was das Casino delle Rose angeht, so befand es sich einige Zeit im Eigentum eines Prinzen von Hohenlohe und wurde während des Ersten Weltkrieges von Gabriele d'Annunzio bewohnt, der hier zumindest eines seiner pathetischen Bücher, nämlich „Notturno", schrieb und sich in ebenso wüsten wie leidenschaftlichen Szenen mit der Duse, seiner langjährigen Geliebten, erschöpfte. Man darf allerdings nicht verschweigen, daß d'Annunzio auch zu großen patriotischen Leistungen fähig gewesen ist. Im Jahre 1918 überflog er Wien, wo er Flugblätter abwarf, und später unternahm er vom friaulischen Ronchi aus, das unweit von Monfalcone gelegen ist, seinen dramatischen Marsch nach Fiume, das er im Handstreich eroberte. Und es ist eigentlich in einem gewissen Sinne charakteristisch für Venedig, daß dieses Casino delle Rose, wo so viel Ungestüm, Pathos, sentimentale Leidenschaft und patriotischer Überschwang ihren Ausgang genommen haben, ziemlich genau gegenüber dem Campo von San Vio liegt, von dem aus einst die kleine Contessa Tagliapetra ihre wundersamen Ausflüge über den Canal Grande gemacht hatte.

In der entgegengesetzten Richtung, also in Richtung Bahnhof, und zwar gegenüber der alten Pescheria, befindet sich die Ca'da Mosto, deren untere Geschosse noch aus dem 12. Jahrhundert stammen, während das dritte Geschoß erst im 17. Jahrhundert angebaut wurde. Hier wurde Alvise da Mosto geboren (1432), der einer der großen Weltreisenden gewesen ist, die Venedig hervorgebracht hat. So entdeckte er die Kanarischen Inseln und umrundete auch das Kap der Guten Hoffnung. Vom 16. bis zum 18. Jahrhundert war die Ca'da Mosto einer der berühmtesten Gasthöfe der Stadt, dessen Klientel freilich mitunter recht gemischt war. Neben dem österreichischen Kaiser Joseph II. stiegen hier nämlich auch Abenteurer und Hochstapler ab, was aber in einer so polyglotten Stadt wie Venedig nicht weiter aufgefallen sein dürfte.

Eines Tages stand ich oben im zweiten Stockwerk des Museo del Settecento Veneziano, das im Palazzo Rezzonico untergebracht ist, an einer großen Flügeltür, die auf einen winzigen Balkon hinausführt, und blickte auf den Canal Grande hinunter. Die Sonne schien, warf ihr gleißendes Licht ins fast ultramarinfarbene Wasser, durch das Vaporetti, Lastkähne, Motorboote und einige Gondeln zogen, und hüllte die Häuser und Paläste am gegenüberliegenden linksseitigen Kanalufer in ein leuchtendes Gespinst aus Feuer und Farben ein. Eine gute Stunde zuvor noch — also einige Minuten vor zehn Uhr am Vormittag —, war ich eher verdrießlich im schmalen, beengten Hof des Palastes gestanden und hatte mich mit einem Aufseher um den Eintritt ins Museum gezankt. Er wollte ihn nicht freigeben, obgleich schon einige Dutzend Besucher warteten und abwechselnd den dicken Goldfischen in einem kreisrunden Bassin und zwei heroischen Statuen, die als eine Art halbentkleideter Sittenwächter den Palast zu bewachen schienen, ihre Aufmerksamkeit schenkten. Jetzt, nachdem ich die ersten Säle und Salons dieses in seiner Art einzigartigen Museums durchwandert hatte und wie erblindet oder betäubt den großen, blauen Wasserweg tief unter mir spürte und plötzlich die Macht ahnte, die er auf die Menschen ausübt, die an seinen Ufern leben, jetzt war der Ärger mit dem überpünktlichen Aufseher, der keine Sekunde vor zehn Uhr sein Museum öffnen wollte, längst wieder vergessen.

Die Ca'Rezzonico, Stammsitz der gleichnamigen Familie, die unter anderem auch einen Papst, nämlich Clemens XIII., gestellt und einem anderen, Pius IV., einmal Obdach in Venedig geboten hatte, ist seit 1936 als Museum des Settecento — also des 18. Jahrhunderts — den Besuchern allgemein zugänglich. Nirgends auf der Welt könne man die Kunst des venezianischen 18. Jahrhunderts in solcher Qualität, Fülle und Geschlossenheit bewundern wie hier am rechtsseitigen Ufer des Canal Grande bei der Mündung des Rio San Barnaba, heißt es in den zuständigen Kunsthandbüchern. Manche Autoren machen diese Meinung zum Superlativ und bezeichnen die Ca'Rezzonico nicht bloß als einzigartig, sondern auch als überwältigend. Verschwiegen werden in allen diesen hymnischen Darstellungen die unübersehbaren Zeichen des Verfalls. Abblätternder Verputz, handbreite Risse in den kostbaren Tapeten, zerschlissene Bezüge und mancher merkwürdige Widerspruch — so etwa Buchausgaben des 20. Jahrhunderts in der sogenannten

Bibliothek aus dem Settecento — lassen deutlich erkennen, daß es vor allem am Geld mangelt, um dieses an sich doch sehr bemerkenswerte Museum seinen hohen Ansprüchen wirklich gerecht werden zu lassen. So ist zum Beispiel das dritte Stockwerk wegen Renovierungsarbeiten überhaupt geschlossen, wobei sich diese Renovierungsarbeiten jetzt schon über Jahre hinziehen und schmerzhaft daran erinnern, daß ein anderes wichtiges Museum in Venedig, nämlich jenes in der berühmten Ca'd'Oro, wo die sogenannte Galleria Franchetti untergebracht ist, gleichfalls die Hälfte seiner Schauräume geschlossen hält. In der Ca'd'Oro gesteht man den wahren Grund dafür jedoch offenherzig ein. Es fehle ganz einfach an Personal, heißt es dort, was in den Ohren österreichischer Museumsdirektoren ziemlich vertraut klingen dürfte.

Dennoch ist die Ca'Rezzonico so etwas wie ein Schlüssel zum Verständnis venezianischen Lebens und venezianischer Art vor allem in den letzten Jahrzehnten der Existenz dieser Republik. In diesem Zusammenhang sind es hauptsächlich 34 Kabinettbilder Pietro Longhis, eines einst vielbeschäftigten Gesellschaftsmalers des 18. Jahrhunderts, die einen vortrefflichen Einblick in die Verhältnisse jenes von Auflösung und Untergang bedrohten glanzvollen Zeitalters erlauben. Longhi zeigt in seinen Veduten die Patrizier und das Volk, schildert Elegantes wie Derbes, Alltägliches wie Ungewöhnliches mit gleicher Akribie und beschreibt immer wieder die burleske, jedoch nicht unbedrohliche Heiterkeit eines anscheinend unaufhörlich währenden venezianischen Karnevals.

Schärfer, gröber, gefährlicher und auch zynischer sind die Fresken von Giandomenico Tiepolo zu diesem nämlichen Thema. Sie waren ursprünglich dekorativer Bestandteil jener kleinen Villa auf dem Festland bei Mira, welche Giandomenicos Vater, der große Giovanni Battista Tiepolo, im Jahre 1758 erworben und dann von seinem Sohn mit eben diesen Fresken hatte ausstatten lassen. Diese Fresken wurden im Landhaus Tiepolos vorsichtig abgelöst und in die Ca'Rezzonico gebracht, wo sie als realistisches Dokument einer Epoche fungieren, in welcher der Untergang Venedigs, vorerst noch vom Glanz seiner lasziven Selbstinszenierung verdeckt, längst unabänderlich war.

Giandomenico, der ungemein begabte Sohn eines genialen Vaters, hat die Fresken um das Jahr 1791 gemalt, also nur wenige Jahre vor dem ruhmlosen Ende der Serenissima. Die beiden dargestellten Themenkreise behandeln den Jahrmarkt und den Karneval, handeln also, wie man sich in Venedig ausdrücken würde, von „Scherzi e Fantasie", wobei ich persönlich die Meinung mancher Kunthistoriker nicht teilen mag, daß das Ganze mit einem „Schuß bitterer Infamie eines Epigonen" versehen sei, „der die virtuose Kunst seines Vaters in bürgerlichem Geist glossiert". Giandomenico Tiepolo hat hier vielmehr den karnevalesken Jahrmarkt venezianischen Lebens in seiner ganzen heillosen Lüsternheit und egoistischen Brutalität porträtiert, ohne sich der diskreten Höflichkeit eines Longhi zu bedienen, der auf seinen Kabinettbildern eine ähnliche Wirklichkeit gezeigt, sie allerdings stets ein wenig verniedlicht und dadurch auch verfremdet hat.

Danach, und nachdem ich in einem anschließenden Saal zwei Bilder von Canaletto bewunderte, dessen malerische Gestaltung des Lichts mich immer wieder von neuem verzaubert, danach blickte ich lange auf den Canal Grande hinab. Das alte Wasser, aufs prachtvollste durch das pralle Sonnenlicht dekoriert, war wie eine kolorierte Haut, in die alle möglichen halbvergessenen Geschichten eingraviert sind. Und plötzlich schien mir, als ob dieses Museum — in welchem ich mich wie ein ungebetener Gast aufhielt, der ohnedies nichts von der Kunstwirklichkeit dieser Stadt begreift — nur eine Art Vorhalle oder so etwas wie ein Einstieg war in das größere, reichhaltigere und freilich auch herabgekommenere, zerschlissenere Museum, das aus der ganzen Stadt bestand. Das, was hier in der Ca'Rezzonico an Exponaten aufschien, war schließlich überall diesseits und jenseits des Canal Grande vorhanden. Die Menschen in ihren Maskierungen — es war gerade wieder einmal die Zeit des venezianischen Karnevals, und spätestens am Nachmittag bewegte man sich in San Marco inmitten einer Gesellschaft, die jener auf den Bildern eines Longhi oder Giandomenico Tiepolo buchstäblich aufs Haar glich —, dazu das irritierende Licht, wie es einst Canaletto gemalt hatte, und dazu selbstverständlich auch die unerläßliche Kulisse der Paläste,

Kirchen, Türme, die auf schwankendem Boden stehen und zu tanzen scheinen.

Wenigstens an zwei Namen sollte man sich, abgesehen von den schönen Deckenfresken des Giovanni Battista Tiepolo, im Palazzo Rezzonico noch erinnern: an jenen des empfindsamen und hochgebildeten Dichters Robert Browning, der hier wohnte und 1889 starb, von wo sein Leichnam dann nach Asolo gebracht wurde in die ehemalige Musenresidenz der Caterina Cornaro; und an jenen der Spitzenklöpplerin und Malerin Rosalba Carriera, von der hier einige Pastell- und Miniaturporträts zu sehen sind. Sie lebte zwischen 1675 und 1757 und stammte aus jener Calle di Ca' Cent'anni am rechten Kanalufer — nur einige Gehminuten von der Ca'Rezzonico entfernt —, in welcher wahrscheinlich auch Carlo Goldoni zur Welt gekommen ist, sofern er nicht tatsächlich, wie man in Chioggia hartnäckig behauptet, ein Sohn dieser Fischerstadt am südlichen Rand der Lagune ist. Die Carriera war eine der bemerkenswertesten Erscheinungen des venezianischen Settecento. Sie verdiente sich ihr Geld ursprünglich als Spitzenklöpplerin, entdeckte aber bald ihre eigentliche Begabung und wurde zur gesuchten Porträtmalerin jenes Zeitalters. Sie wurde mit Aufträgen überhäuft, was später zwangsläufig zu einer Massenproduktion führte, die der Qualität der Bilder nicht immer nützlich sein konnte. „Die Schwestern helfen auch", schreibt Hermann Schreiber, „als Rosalba soviel zu tun bekommt, daß es schnell gehen muß, daß sie flinke Hände beim Grundieren braucht, denn die Auftraggeber haben oft nicht viel Zeit. Es sind die Fremden, die in Rosalbas Atelier kommen und sich die begehrten Miniaturen zeigen lassen, und die dann ganz schlicht die Namen jener Damen nennen, die sie porträtiert zu besitzen wünschen, nachdem sie sie in Natura besessen haben: die Zentildonne."

Auch das gehört zu den Erinnerungen, die man aus der Ca'Rezzonico mitnimmt. Daß es einer einfachen Spitzenklöpplerin und recht begabten Porträtmalerin durchaus möglich gewesen ist, bei bloßer Nennung des Namens einer Kurtisane deren Porträt zur Zufriedenheit des in beiden Fällen gut zahlenden Kunden zu malen. Man kannte einander schließlich, man war in der Intimität dieser an ihren ausschweifenden Vergnügungen kreischend zugrundegehenden Inselstadt aufeinander angewiesen, wobei es gleichgültig war, ob der Bankier Rezzonico einem seiner Söhne um teures Geld die Kardinalswürde kaufte, was diesem den Weg zum Papstthron erheblich erleichterte, oder ob sich Rosalba Carriera ihren kunstvollen Umgang mit den Gesichtern der großen venezianischen Kurtisanen — eines dieser Porträts hängt im Pariser Louvre — zwar nicht vergolden, aber doch ordentlich honorieren ließ.

Das Settecento war in und für Venedig ein verrücktes und in seiner letzten, bittersten Konsequenz auch lebensbedrohendes Zeitalter. Etwas davon ahnt man in der Ca'Rezzonico, wenn man durch die verschiedenen Säle, Salons und Gemächer geht und sich vorzustellen versucht, wie das Leben hier in jenen letzten Jahrzehnten der Republik, welche die politisch belanglosesten und dabei doch luxuriösesten waren, sich abgespielt haben mag. In der sogenannten Sala del Ridotto hängen zwei große Gemälde von Francesco Guardi, einem der führenden Maler Venedigs des 18. Jahrhunderts, von denen das eine „Il Ridotto" und das andere „Il Parlatorio" genannt wird; beide Bilder gewähren einen vortrefflichen Einblick in das venezianische Gesellschaftsleben jener Zeit, wobei das „Parlatorio" — „Sprechzimmer der Nonnen von San Zaccaria" ist der entsprechende deutsche Titel — an jene zahlreichen Nonnenklöster erinnert, die nicht nur durch die galanten Erinnerungen eines Casanova und anderer Lebemänner im Settecento einen ziemlich strapazierten Ruf erlangt haben. Ein junger Mann aus Frankreich namens Charles de Brosses, Sohn aus vermögendem Haus und Erbe einer Baronie, schrieb 1739 zu diesem Thema an seine Freunde in der französischen Provinz: „Tatsächlich würde ich mich an die Nonnen halten, wenn ich hier zu bleiben hätte. Alle, die ich während der Messe durch das Gitter gesehen habe, schwatzend und lachend, so lange der Gottesdienst dauerte, schienen mir außergewöhnlich hübsch und sehr vorteilhaft angezogen. Sie tragen ein charmantes Häubchen, ein schlichtes, stets weißes Gewand, das Hals und Schultern gerade so weit zeigt wie das Bühnenkostüm unserer Römerinnen . . ."

In einem anderen Brief berichtet Charles de Brosses über die verschiedenen Vergnügungen, denen man sich in Venedig hingeben konnte, und auch über die Schattenseiten einer Gesellschaft, die ihre Tugenden längst gegen einen recht lockeren Umgang mit allen möglichen Lastern eingetauscht hatte: „Nirgends in der Welt herrschen Freiheit und Läßlichkeit unbeschränkter als hier in Venedig. Laßt nur die Regierung in Frieden, im übrigen tut, wessen ihr lustig seid. Ich meine nicht die Betätigung, aus der wir selbst neben unserem Vergnügen auch unseren Ursprung ableiten, das Ding der Dinge also: es erregt hierzulande nicht mehr Anstoß als irgendeine natürliche Verrichtung, und das ist ein guter Brauch, der überall gelten sollte. Aber auch in dem, was für gesunde Begriffe Frevel heißt, herrscht hier völlige Straflosigkeit. Dabei ist der Volkscharakter so wenig bösartig, daß trotz der leichten Gelegenheit, die das Maskentragen, das Nachtleben, die engen Straßen und vor allem die Brücken ohne Geländer dem Verbrechen geben, noch keine vier Morde während eines Jahres geschehen." Eine letzte Bemerkung schließlich beschäftigte sich mit den Damen der guten Gesellschaft, von denen Charles de Brosses anzunehmen bereit war, daß einige Dutzend zwar mit ihren Verehrern der körperlichen Liebe huldigten, daß aber „die übrigen die Frömmigkeit zurückhält. Die Beichtväter haben mit ihnen abgemacht, daß sie sich der Hauptbetätigung enthalten, und daß sie ihnen dafür den ganzen Rest, so weit er auch gehen mag, zu billigem Preise lassen."

An solche Details wird man denken, wenn man dieses sonderbare, reichlich ausgestattete und allerdings auch vom Zahn der Zeit und der menschlichen Unvollkommenheit in manchen Abteilungen schon sehr beschädigte Museum am Canal Grande wieder verläßt. Man mag sich dabei, wie das manche Autoren gern tun, an den vergangenen Prunk erinnern, wenn in einem solchen Palast ein großer Empfang gegeben wurde, wenn „Lakaien mit Kandelabern beiderseits der Treppen standen, um den Ankommenden ein Willkomm zu leuchten, und der Hausherr im prunkvollen Vorraum seine Gäste begrüßte, im Ballsaal ein Orchester musizierte und die Kavaliere mit ihren Damen durch die Flucht der Räume wandelten, vom Zuckerwerk naschten, das ihnen befrackte Diener reichten, sich auf einer der kostbar geschnitzten Sitzgarnituren zu einem Plausch oder Umtrunk niederließen, um dann in den nächsten Saal zu spazieren, wo ein hoher Würdenträger gleichsam hofhielt", wie das Karl Heinz Ritschel einmal anschaulich geschildert hat. „Dazu die Farbenfreudigkeit der Kleidung, und zwar nicht nur Spitzen und Schmuck der Damen, sondern auch die bestickten Festanzüge der Kavaliere, die an der Seite ihre verzierten Degen trugen". Und draußen glitt das Wasser des Canal Grande, auf das zitternder Fackelschein fiel, lautlos dahin, nur durchfurcht von den Gondeln, die immer noch neue Gäste brachten, während die samtfarbene Nacht die Stadt einhüllte und ein großer, dicker, gelber Mond am Himmel hing.

Das ist die eine Möglichkeit, aus einem Besuch der Ca'Rezzonico eine Erfahrung zu ziehen. Aber es gibt auch noch eine andere, handfestere Möglichkeit. Sie hat ebenso viel mit der Vergangenheit wie mit der Gegenwart zu tun; und ist vielleicht etwas wirklichkeitsbezogener als das, was man in einem Museum am Canal Grande als die Wahrheit über Venedig kennenlernen kann.

Der Schauplatz für diese andere, volkstümlichere Art des Begreifens von Wahrheit liegt nur ein paar Schritte hinter dem Palazzo Rezzonico und damit fast noch am Ufer des Canal Grande. Es ist der Campo von San Barnaba. Der gleichnamige Kanal mündet hier in den Canaluzzo. Eine hübsche Bogenbrücke führt vom Campo hinüber zum Gelände, auf welchem der Palast steht und einige Meter davor eine verwitterte Inschrift an einem halbverfallenen Haus daran erinnert, daß hier einst der heute längst vergessene deutsch-italienische Maler Wolf-Ferrari gelebt hat. Im Hintergrund ein verwilderter Garten, darin es saftig grünt. Noch ein paar Häuser weiter befindet sich die Studienbibliothek der Universität von Venedig. Vorne am Ufer des Kanals von San Barnaba türmen sich Müllhaufen. Vielleicht streiken die Müllmänner Venedigs wieder einmal. Niemand kümmert sich darum. Ein paar Hunde und Katzen stöbern in friedlicher Eintracht zwischen den blauen, weißen und schwarzen Plastiksäcken herum. In der Mitte des Platzes ein alter venezianischer Brunnen. Gegenüber die Kirche des heiligen Barnabas, der man unschwer ansieht, daß sie in einer eher ärmlichen Gemeinde die religiöse Heimstätte für viele Arbeitslose, einige Fischer, Gondolieri, Arbeiter und etliche kleine Handwerker und Gewerbetreibende ist, die sich hier im Bezirk von Dorsoduro kaum mehr als einige Brosamen vom florierenden Fremdenverkehr erhoffen dürfen. Gegenüber der Kirche, in deren Schatten eine dickbäuchige Bettlerin mit gutmütigem Gesicht auf die Passanten wartet, die zur Vaporettostation am Canal Grande eilen, gegenüber der Kirche also die winzige Kneipe der Signora Anna. Eine Theke, an der zwei Leute Platz haben, ein Stehpult, an dem noch einmal ein Pärchen sein Unterkommen findet, und ein Sessel mit strohgeflochtener Lehne machen das Mobiliar aus. Dazu die Wirtin, resolut, stramm, nicht unfreundlich, früher einmal, als sie noch wirklich jung gewesen ist, wahrscheinlich eine recht handfeste Schönheit. Die Venezianer seien zugleich distanziert, mißtrauisch und liebenswürdig, sagte einmal James Morris. Und genau das trifft auf die Signora zu, wird noch vervollständigt und unterstrichen durch eine fleischige Nase, einen breiten Mund und ein längst zur Selbstverständlichkeit gewordenes Doppelkinn.

An diesem Vormittag ist die Kneipe gesteckt voll. Das bedeutet, daß sich mindestens ein rundes Dutzend Menschen in diesem Kabinett aufhalten, das eigentlich nur vier oder fünf Gästen Platz bietet. Gerade wurde ein kleines Ölbild an einer der holzgetäfelten Wände befestigt. Eine Kopie der „Nackten Maya", voll rührender Unbeholfenheit nachgeahmt, aber trotzdem eine kleine Sensation, weil das Modell dieser nackten Maya von Dorsoduro oder vom Campo San Barnaba gleichfalls anwesend ist und jetzt nicht müde wird, auf gewisse intime Einzelheiten hinzuweisen, die der Maler, wie das Modell eifrig erklärt, vorzüglich getroffen habe. Man blickt das Mädchen an, das eine jüngere Ausgabe der Signora Anna ist, und wundert sich ein wenig. Zwei vierschrötige Fischer oder Gondolieri oder Gelegenheitsarbeiter machen ein paar verwegene Komplimente über die Anatomie der Nackten auf dem Bild. Aber die Art, wie sie es sagen und ausdrücken, ist nicht unhöflich. Und vor allem nicht ordinär. Die Wirtin nickt zufrieden und spendet eine weitere Runde vom scharfen, prickelnden Weißwein aus der Gegend von Conegliano.

Später drängen sich noch drei Touristen in die Kneipe. Es sind Franzosen. Sie wünschen zum Milchkaffee Salamibrote, aber es gibt einige Schwierigkeiten, weil zwar die Salami, nicht aber das Brot vorhanden ist. Die Fischer oder Gondolieri oder Gelegenheitsarbeiter schwärmen aus, um irgendwo in der Nachbarschaft das fehlende Brot aufzutreiben. Auch das Modell macht sich auf die Suche. In den nächsten zwanzig oder dreißig Minuten langen Nachrichten ein, daß es nur noch ein winziges Viertelstündchen dauern könne, bis man das Brot herbeigeschafft haben werde. Inzwischen verzehren die Franzosen ihre Salami einfach so, spülen sie zuerst mit Milchkaffee und dann mit Weißwein hinunter, den die Wirtin spendiert. Die Franzosen revanchieren sich und bringen einen leidenschaftlichen Toast auf die nackte Maya aus. In diesem Augenblick kommt das Modell, im Arm duftendes Weißbrot, zur Tür herein und strahlt übers ganze Gesicht. Und draußen auf dem Platz im Schatten der Kirche, dort, wohin die Sonne gerade noch nicht kommt, steht die dicke Bettlerin und applaudiert mit fröhlichem Gesicht herüber zur Kneipe.

Es ist eine Idylle, wie man ihr manchmal auch heute noch im aussterbenden und langsam im Morast der Lagune versinkenden Venedig begegnen kann. Sie verschweigt allerdings, daß das Leben an den Ufern des Canal Grande immer schwieriger wird. Die Lebenshaltungskosten sind wesentlich höher als in anderen italienischen Städten, die Mieten vielfach unerschwinglich und die Startbedingungen etwa für junge Ehepaare schlichtweg miserabel. Es fehlt an Handwerkern, an Installateuren, Elektrikern, in manchen Vierteln auch schon an Bäckern und den kleinen Gemischtwarenläden, in denen man sich mit dem Notwendigsten versorgen kann. Die Infrastruktur der Stadt ist auf den Tourismus, weniger schon auf die Venezianer selbst ausgerichtet. Immer mehr junge Menschen wandern ab, weil sie nicht länger in einem Museum leben wollen. Die Bevölkerungszahl Venedigs ist allein in den letzten fünfzig Jahren um mehr als ein Viertel zurückgegangen. Und sie wird weiter absinken, weil in dieser Stadt unter anderem die Vergangenheit jede Gegenwart erdrückt, weil Venedig wie eine Bühne ist, auf der man fast nur noch Erinnerungen nachspielt.

Eine Piazza, eine Basilika, ein Palast oder Besichtigung eines Weltreiches

Es war Ende des 11. Jahrhunderts, im Jahr 1094 während der Regierungszeit des Dogen Vitale Falier, daß sich in der damals seit etwas mehr als zwei Jahrzehnten neuerlich geweihten, gerade erst wieder fertiggestellten Markuskirche, welche die dritte Kirche dieses Namens war — und jetzt auch weitgehend identisch mit dem Kern des heutigen Kirchenbaues —, daß sich hier also Unerhörtes ereignete. Ein leichtes Zittern oder sogar Beben bewegte den Raum. Mauerwerk knirschte und bröckelte. Ein Pfeiler barst oder öffnete sich wie von Zauberhand berührt, ein Arm erschien, schwebte in der staubigen Luft. Himmlisches Licht ergoß sich über die ergreifende Szene, die bald in ganz Venedig in aller Munde war und später dann als Inventio oder Apparatio zum wesentlichen Bestandteil der offiziellen Biographie der Seerepublik werden sollte.

Der Leichnam des heiligen Markus war wieder zum Vorschein gekommen. Und um eine Vorstellung von dem zu haben, was dieses Wiedererscheinen der Reliquie den Venezianern tatsächlich bedeutete, muß man noch einmal die wesentlichen Stationen der sogenannten Markuslegende in Erinnerung rufen. Demnach haben, wahrscheinlich um die Jahreswende 827/28, zwei Kaufleute aus Torcello und Malamocco ein Skelett aus dem ägyptischen Alexandria entführt, das dann als Leichnam des mehr als siebenhundert Jahre zuvor verstorbenen Evangelisten Markus deklariert worden ist. Diese Reliquie löste den zuvor als Stadt- oder Schutzpatron fungierenden heiligen Theodor ab und war auch der Anlaß dafür, daß während der Regierungszeit des Dogen Giovanni Partecipazio I. mit den Bauarbeiten einer ersten Markuskirche auf dem Areal der heutigen Basilika begonnen wurde. Diese erste Grab- und Staatskirche, die allerdings keine Bischofskirche war, dürfte um das Jahr 836 weitgehend vollendet gewesen sein. Das wiederum deckt sich mit den Anfängen des heutigen Venedig, das in jenem 9. Jahrhundert zum Zentrum der lagunaren Siedlungen wurde und nun die meisten politischen und ideologischen Funktionen übernahm, die bis dahin auf Inselstädte wie Torcello oder Malamocco konzentriert gewesen waren.

Die erste Markuskirche brannte dann im Jahre 976 im Verlauf schwerer Auseinandersetzungen zwischen dem amtierenden Dogen und seinen Rivalen völlig ab. Mit einer an Sicherheit grenzenden Wahrscheinlichkeit dürfte das auch die Zerstörung der kostbaren Markusreliquie verursacht haben. Was die Kirche betraf, so wurde sie nun von griechischen Baumeistern innerhalb des nächsten Jahrzehnts wieder erneuert. Lediglich die Krypta, die heute vermauert ist, hatte sich erhalten sowie einiges Mauerwerk, das dann, als der Doge Domenico Contarini eine weitere Erneuerung, weitere Um- und Zubauten veranlaßte, für die sogenannte dritte Markuskirche übernommen wurde. Mit dem Bau an dieser dritten (und letzten) Markuskirche wurde der Überlieferung nach 1063 begonnen. Die feierliche Einweihung erfolgte acht Jahre später. Aber erst 1094, und zwar verursacht durch die wunderbare Erscheinung des seit dem Jahre 976 verschwundenen oder eigentlich verbrannten Leichnams des heiligen Markus, erst 1094 gewann die Markuskirche ihre alte und nunmehr endlich wieder intakte Bedeutung zurück.

Allerdings hatte man in jenem auslaufenden 11. Jahrhundert in Venedig schon längst nichts mehr dem Zufall oder einer wunderbaren Fügung des Himmels überlassen. Man hatte vielmehr mit einigem Nachdruck dafür gesorgt, daß die Wiederentdeckung der kostbaren Reliquie nahezu erwartet werden mußte, wobei intensive Gebets- und Bußübungen der venezianischen Geistlichkeit nur ein Teil der plötzlich einsetzenden staatlichen Propaganda gewesen sein mögen. Man könnte auch sagen, daß die Venezianer lange vor neuzeitlichen Diktatoren das Bündnis mit der Vorsehung als politisches Stilmittel erfunden haben und dabei durchaus imstande waren, selbst die abenteuerlichsten Wunder mit großem Selbstverständnis zu akzeptieren.

Man sollte auch hier vorsichtig sein, denn das sogenannte Pfeilerwunder, das sich am 25. Juni 1094 zugetragen haben soll, ist erst nachträglich, und zwar im frühen 13. Jahrhundert, gleichsam erfunden oder als spektakuläre Nuance der Biographie Venedigs legitimiert worden. Man bediente sich also sozusagen der Lüge, um eine fundamentale Wahrheit als Erklärung für die Bedeutung Venedigs zu erhalten, wobei diese zur Wahrheit gewordene Lüge in jenem Augenblick wirksam zu werden begann, als man am Rialto irgendein siebenhundertjähriges Gebein als jenes des Evangelisten und Schutzpatrons Markus identifizierte. Diese erste Unwahrheit erzeugte alle nachfolgenden Fälschungen und Täuschungen, ohne daß man deshalb in Venedig irgendwelche Skrupel empfunden hätte. In diesem Zusammenhang darf man auch darauf verweisen, daß bei archäologischen Untersuchungen im Jahre 1811 in einer Marmorwand der alten Krypta Gebeine und eine Bleitafel aus dem Jahre 1094 gefunden wurden. Damit könnte allerdings nichts anderes bewiesen sein, als daß zumindest „ein Skelett der Doge Vitale Falier und seine San-Marco-Kleriker bei der Hebung der Reliquie in diesem Jahr tatsächlich beigebracht haben“, wie das Reinhard Lebe eher nüchtern festgestellt hat.

Was diese Reliquie angeht, die in Venedig hartnäckig als jene des heiligen Markus begriffen wird, so fand sie erst 1835 einen vorläufig letzten Ruheplatz, und zwar unter dem Hauptaltar der Basilika. Insgesamt aber gilt wohl auch heute noch, was der um die Mitte des 14. Jahrhunderts amtierende Doge Andrea Dandolo — welcher der letzte Doge gewesen ist, der in der Markuskirche begraben wurde und der zugleich auch ein Chronist Venedigs war — einst mit beschwörendem Tonfall festgehalten hat. „Und so ist es geblieben bis zum heutigen Tag“, schrieb Dandolo nieder, „denn nur wenige wissen, wo sie (die Reliquie) liegt. Damit aber der Glaube der Unwissenden bestehen bleibe und nicht beirrt werde, spreche ich, Andrea Dandolo, mit den Worten des Evangelisten Johannes: Und der das gesehen hat, hat es bezeugt, und sein Zeugnis ist wahr, und er weiß, daß er die Wahrheit sagt, damit auch ihr glaubet.“

Merkwürdig bleibt angesichts der Bedeutung dieser Reliquie für das Wachsen und Werden Venedigs der Tatbestand der fortwährenden Vergeßlichkeit, was den Aufenthaltsort dieser nationalen Kostbarkeit betrifft. Denn immer wieder von neuem verlor man das

Grab des Evangelisten Markus zuerst aus den Augen und dann aus dem Gedächtnis; auch nach jener spektakulären Wiedererscheinung im Jahre 1094. Denn es dauerte neuerlich etliche Jahrhunderte, bis man schließlich in der napoleonischen Zeit noch einmal ein Gebein entdeckte, das man kurz entschlossen als jenes des Schutzpatrons Venedigs deklarierte, und damit die Lüge weiter fortsetzte, mit der man einst die wachsende Bedeutung Venedigs untermauert hatte.

„Wenn eine Gesellschaft sich auf diese Weise durch sich selber entwickelt, so hat sie ihren eigenen Geschmack und ihre eigene Kunst", schrieb einst Hippolyte Taine in Anspielung auf die Markuskirche und die Umstände ihrer Entstehung, die ihn nicht daran hindern konnten, Begeisterung für die Basilika zu empfinden. „Die Venezianer sind nach Konstantinopel gegangen und haben von dort für ihre Kirche die gerundeten Formen, die gewölbten Bogen und die kugelförmigen Kuppeln mitgebracht, in denen sich die byzantinische Baukunst gefiel. Aber als sie sie auf ihrem Boden wiederholten, verwandelten sie sie: Die Markuskirche unterscheidet sich ebensosehr von der Hagia Sofia wie ein junges unbewußtes erfindungsreiches und eroberndes Volk von einem alten, grandiosen, durch und durch geordneten Kaiserreich."

Nicht vergessen sollte man auch, daß in den ersten Jahrhunderten der langen und abwechslungsreichen Baugeschichte der Markuskirche „die venezianischen Kapitäne den Auftrag erhielten, zur Ausschmückung der Kirche kostbare Steine oder andere Preziosen mitheimzubringen". (H. V. Morton) Die Pala d'Oro, der berühmte goldene Altaraufsatz, der hinter dem Hochaltar auf einem Marmorsockel ruht, ist ebenso ein Beweis für die Tüchtigkeit dieser Kapitäne und auch für die Unverfrorenheit, mit der sich Venedig im ganzen östlichen Mittelmeer fremder Schatztruhen bemächtigte, wie das die wenigen Schaustücke sind, die im sogenannten Anti-Tesoro — einer Art Prolog auf die eigentliche Schatzkammer — zur Besichtigung freigegeben sind. Die berühmten byzantinischen Goldemails der Pala d'Oro — zum Teil bei der Plünderung von Konstantinopel durch die Venezianer und ihre westeuropäischen Verbündeten im Jahre 1204 gewonnen — vervollständigten allerdings die Arbeiten von byzantinischen Goldschmieden, die bereits unter dem Dogen Orseolo I. im Jahre 976 angefertigt worden waren. Die letzten dieser eindrucksvollen Kunstwerke entstanden dann um das Jahr 1345, diesmal ausgeführt vom venezianischen Goldschmied Gian Paolo Boninsegna, der im Auftrag Andrea Dandolos die Pala auch neu ordnete und montierte und die Rahmung der einzelnen Platten besorgte. Wie weit das, was man heute besichtigen kann, dem mittelalterlichen Original entspricht, ist jedoch nach einer radikalen Restaurierung in den dreißiger Jahren des vorigen Jahrhunderts mehr als fraglich.

Diese Kirche, sichtbarster Ausdruck venezianischer Anpassungsfähigkeit, hat viele uneingeschränkte Bewunderer und ebensoviele Kritiker gefunden. Es sei die Basilika ein Museum aus Mosaik und Marmor, schrieb einmal Henry Vollam Morton, der San Marco als alten, entfernten und geheimnisvollen Tempel begriff, ernst, feierlich und ungeheuerlich beeindruckend. Der Kunsthistoriker Lucas hingegen zeigte sich zu Beginn dieses Jahrhunderts eher befremdet und konnte nicht begreifen, „wie solch ein fremdartiges großes Bauwerk einen willkommen heißen könne“, wie er sich skeptisch ausdrückte. Und auch Taine, durchaus im Lager der Bewunderer, konnte nicht verschweigen, daß „die Baumeister murren, wenn sie die Kirche sehen. Denn bei jedem Schritt sind die Gesetze darin vergewaltigt und die Stile vermengt, man hat es nicht verstanden oder vielleicht nicht gewagt, auf diesem unsicheren Boden die ungeheure Kuppel der Hagia Sofia nachzumachen, aber ihre Rundungen gefielen, und anstatt einer großen hat man fünf kleine gemacht . . .“

Was den unsicheren Boden betrifft, von dem Taine sprach, so fällt mir in diesem Zusammenhang ein österreichischer Fremdenführer ein, der eines Tages seinen aufmerksamen Zuhörern allen Ernstes erklärte, daß die Wellenbewegungen des Fußbodens in der Kirche jene des Meeres versinnbildlichen, also absichtlich angelegt worden wären. Bei der österreichischen Reisegruppe rief das zwar ehrfürchtiges Erstaunen hervor, ist aber selbstverständlich ein Unsinn. Die Verwerfungen im Fußboden der Basilika rühren ganz einfach vom reichlich unsicheren Boden her, auf dem die Kirche steht.

Ich selbst habe immer Schwierigkeiten gehabt, mich in der Kirche von San Marco heimisch zu fühlen. Sie ist dunkel, streng, traurig und wirkt in vielen Abschnitten verwahrlost. Und sie erinnert mich an eine bizarre Hügellandschaft; oder an etwas unendlich Filigranes, bedeckt von zahlreichen Zeichen und Narben: eine etwas zu theatralische Dekoration, die eigentlich nur dazu dient, die Tiefe des Platzes abzuschließen. Sie ist weniger ein Kunstwerk als eine bewundernswerte Monstrosität, vor allem dann, wenn man bedenkt, daß vieles von dem, was unser Entzücken oder unsere Ehrfurcht hervorruft, von den Venezianern gestohlen und geraubt wurde. Und doch gibt es dann wieder diese Augenblicke einer intensiv erlebten Gläubigkeit, einer Hingabe an einen Mythos, die man sich für gewöhnlich kaum vorstellen kann in dieser dunklen und staubig anmutenden Weitläufigkeit und inmitten dieser erschreckenden Unordnung aus lärmenden Touristen, angeblichen oder tatsächlichen Sehenswürdigkeiten und halsbrecherischen Lügengeschichten.

Das Trügerische, Ungewisse, Doppeldeutige, das den Charakter Venedigs ausmacht und das sich heute noch in fast jedem Lebensbereich der Stadt und ihrer Menschen feststellen läßt, prägt auch die Markuskirche. Der fromme Pilger, der Venedig mit den Augen des gläubigen Katholiken sehen und auf den imaginären Spuren des Evangelisten Markus pilgern will, wird möglicherweise gerade in der Basilica di San Marco, wo der Kunstfreund oder der Genießer von abstrusen Sehenswürdigkeiten schwärmerisch zu schwelgen beginnt, Schwierigkeiten haben, jene kontemplative Haltung einzunehmen, die seinen religiösen Neigungen und Vorstellungen entspricht. Das hängt nicht nur mit dem lärmenden Treiben in dieser Kirche zusammen, die nicht zufällig eine der berühmtesten Sehenswürdigkeiten Italiens ist, sondern ein wenig wohl auch damit, daß dieses Gotteshaus gleichsam in vielfacher Verkleidung auftreten muß. „Die Kirche in Venedig ist etwas mehr als nur Glanz und Schönheit“, schreibt James Morris. „Sie stammt von Byzanz ab, ist aber zugleich hervorgebracht vom Nationalismus. Manchmal haftet ihrem hohen Ritual in der Basilica di San Marco auch stark der Charakter einer östlichen Vergangenheit an, marmorn, verschleiert und seiden. San Marco selbst ist ein barbarisches Bauwerk, gleich einem großen mongolischen Vergnügungspavillon oder einer Festung in Turkestan. Bisweilen schleicht sich auch in seine Gottesdienste die Andeutung eines üppigen Barbarismus ein, so fromm, ehrerbietig und schön sie sind.“

Niemals wird das deutlicher als zur Osterzeit, wenn aus den Gewölben und Tresoren der Basilika die Reliquien, die auch einen immensen materiellen Wert darstellen, hervorgeholt und den Venezianern auf eine fast magische Weise in Erinnerung gebracht werden. Das dabei inszenierte Zeremoniell ist eher mittelalterlich und orientalisch als italienisch. Manches davon mutet fast heidnisch an. Und möglicherweise wird mancher aufgeklärte Skeptiker, der dieser Art von mediterranem Katholizismus ohnedies eher hilflos gegenübersteht, darin tatsächlich etwas Barbarisches entdecken können. Dem Zauber, der davon ausgeht, kann man sich trotzdem nur sehr schwer entziehen. „Ein Blinken von Gold und Silber von einem Gang herüber, ein Rauschen steifer Gewänder, das Klirren eines Räucherkessels . . . und da schreitet durch die Menge, in Weihrauch gehüllt, die patriarchalische Prozession voran. Angekündigt durch geschäftige Kirchendiener, die einen Weg durch die Gemeinde bahnen, raschelt sie langsam und rheumatisch den Gang herauf. Ein leuchtender Baldachin von alten Behängen schwankt und schwingt über dem mit der Mitra bedeckten Patriarchen hin und her, und darum herum schreiten die Priester, feierlich und schlurfend, mit den Händen ehrfurchtsvoll die berühmten Reliquien von San Marco umklammernd.“ (J. Morris)

Ein weltberühmtes Denkmal sind übrigens die vier Bronzepferde, welche die Außengalerie der Basilika über die Jahrhunderte hinweg geschmückt haben. Schon Goethe faszinierten sie so sehr, daß er ernsthaft überlegte, die „Meinung eines guten Kenners von Pferdefleisch“ einholen zu lassen, um sich zu vergewissern, daß ihre Anatomie den natürlichen Idealmaßen entsprach. Und ein englischer Schriftsteller unseres Jahrhunderts schwärmte: „Nur selten findet man sonst auf der Erde solch stolze Rösser wie diese vier. Mit geschwungenen Hälsen scheinen sie in einen heiteren griechischen Morgen hineinzuschreiten. Wahrscheinlich kennen nur wenige der Touristen, die sich unter ihre goldenen Bäuche knien, um den Uhrturm zu photographieren, ihr immenses Alter. Dreihundert Jahre vor Christi Geburt wurde sie geschaffen, und zwar, wie manche behaupten, von dem griechischen Bildhauer Lyssippus." (H. V. Morton)

Antike Autoren berichteten, daß diese Pferde aus einer kostbaren Legierung von Kupfer, Silber und Gold bestünden. Angeblich stammen sie von der Insel Chíos, schmückten als Kriegsbeute der Römer den Trajansbogen in Rom, wurden eines Tages nach Konstantinopel gebracht, wo man sie im legendären Hippodrom aufstellte, bis sie im Schicksalsjahr 1204 von Enrico Dandolo als Teil der Kriegsbeute Venedigs ausgewählt und sogleich nach Norden abtransportiert wurden. Dabei geriet das Schiff, das die kostbaren Stücke an Bord hatte, unterwegs in einen schweren Sturm, so daß ein Pferdehuf abbrach, den der Kapitän des Schiffes — nach einigen Quellen soll es sich dabei um Francesco Morosini gehandelt haben — später an sich nahm, um ihn als Souvenir über der Tür seines Hauses anzubringen. Die Pferde selbst wurden in Venedig zunächst sorgfältig restauriert und vor dem Arsenal aufgestellt, bis sie schließlich ihren Ehrenplatz oben auf der Außengalerie der Basilika erhielten. Napoleon ließ sie, nachdem er Venedig eingenommen und die Republik aufgelöst hatte, nach Paris bringen, von wo sie durch die Österreicher nach dem Ende der napoleonischen Ära den Venezianern wieder zurückgegeben wurden, was aber von diesen — wie so manches andere — den ungeliebten Österreichern herzlich wenig gedankt wurde.

Heute stehen die Pferde in einer Art Museum oben neben der Außengalerie, während ihr Ersatz etwas trübsinnig von der Fassade auf den Markusplatz hinabblickt. Die zerstörerischen Umwelteinflüsse haben es notwendig gemacht, die Bronzepferde, an denen auch nach der letzten Restaurierung noch deutliche Spuren des Zerfalls und der Zerstörung erkennbar sind, in Sicherheit zu bringen, ein Schicksal, das sie mit manchem anderen berühmten Denkmal aus der Antike in Italien teilen müssen. An ihrer anmutigen und zugleich stolzen Schönheit ändern freilich weder der ziemlich trostlose Raum etwas, darin sie wie Schlachtopfer ausgestellt werden, noch die Löcher in ihren schimmernden Bronzeleibern. Sie sind immer noch Zeugen jener größeren Vergangenheit, als Venedig zu Recht die Serenissima genannt wurde und die Markuskirche das religiöse Symbol der fast imperialen Bedeutung dieser merkwürdigen Stadt war.

Im Jahre 1797 war die Bevölkerungszahl von 170.000 in seiner glanzvollsten Zeit auf eher bescheidene 96.000 gesunken. Und Napoleon, der mit dem legendär gewordenen Satz aufgetreten war, er werde für den venezianischen Staat ein Attila sein, hatte leichtes Spiel mit dem Dogen und vor allem mit dem Großen Rat, der sich mit überwältigender Mehrheit für das Ende der Unabhängigkeit aussprach. Dafür plünderten Napoleons Beauftragte den Kirchenschatz von San Marco, raubten sie aus der Pala d'Oro die kostbarsten Smaragde und Diamanten, hievten sie die goldenen Pferde von der Fassade der Markuskirche herab, entfernten sie den antiken Löwen von seinem Sockel auf der Piazzetta und bemächtigten sie sich zahlloser Gemälde, Bücher und Handschriften. Selbst die letzten noch seetüchtigen Schiffe der venezianischen Marine, die zu jenem Zeitpunkt freilich nur ein glanzloser Schatten der ehemaligen Armada war, wurden von den Franzosen beschlagnahmt und sollten für eine geplante Invasion Irlands eingesetzt werden. Aber nachdem dieses Abenteuer wieder abgesagt werden mußte, entsandte man die venezianischen Schoner und Fregatten in die ägyptischen Gewässer, wo sie bei Abukir schließlich durch Nelsons Flotte versenkt wurden. Dafür schmückten Diamanten aus dem Schatz von San Marco die Finger der Gemahlin des französischen Kaisers, und ganz Europa lächelte über die Anekdote, daß den gefürchteten Verliesen von San Marco, nachdem diese von französischen Soldaten geöffnet worden waren, nur ein einziger und noch dazu stummer Gefangener entstieg.

Und doch schien es, als ob rund siebzig Jahre später das alles nur ein böser Traum gewesen sei, als ob es nie räuberische Franzosen und besitzergreifende Österreicher gegeben hätte und als ob die Basilika — die ihren Glanz und Reichtum doch selbst fremdem Unglück verdankte und deren erlesenste Kostbarkeiten das Ergebnis zahlreicher venezianischer Raubzüge gewesen waren — auch durch das Unglück, welches Venedig zwischen 1797 und 1849 getroffen hatte, keinen Schaden genommen hätte. Längst zeigten sich Besucher aus aller Herren Länder wieder von den Grundfarben der großen Kirche entzückt, schwärmten sie vom kraftvollen Rot und der Farbe des Goldes, welche diese Kirche vom Fußboden bis zur Kuppel gleichsam einhüllte. „Rot auf Gold und beides im Dunkel; man kann sich einen derartigen Farbton nicht vorstellen", notierte Taine 1864.

Ein besonderer Anziehungspunkt waren und sind stets auch die Mosaiken von San Marco, die, wie man sich in Venedig erzählt, Napoleon übrigens nur deshalb unangetastet gelassen habe, weil ihm das notwendige Fachpersonal für deren sachgerechte Entfernung gefehlt habe. Die ersten Mosaiken sollen von den Dogen Domenico Selva und Vitale Falier gestiftet worden sein, was bedeuten würde, daß es bereits in der zweiten Hälfte des 11. Jahrhunderts in der damals noch gar nicht endgültig fertiggestellten Markuskirche Mosaiken gegeben hat, wofür jedoch kein realistisches Zeugnis existiert. Dokumentierbar ist lediglich die Tätigkeit byzantinischer Meister in der zweiten Hälfte des 12. Jahrhunderts, die später durch Mosaizisten aus der Toskana unterstützt wurden. Und als gewiß darf gelten, daß um das Jahr 1300 die Ausstattung des Kirchenraumes durch Mosaiken so gut wie abgeschlossen gewesen ist. In der nachfolgenden Zeit kam es dann immer wieder zu unerläßlichen Restaurierungsarbeiten, wobei unter anderem im Jahre 1425 der bedeutende florentinische Maler Paolo Uccello als genialer Restaurator älterer San-Marco-Mosaiken tätig war. Und auch die Maler des venezianischen Cinquecento wirkten als Mosaizisten, so etwa Tizian, Tintoretto oder Pordenone, wobei man sich jetzt nicht mehr mit einer bloßen Restaurierung begnügte, sondern neue ästhetische Überlegungen verwirklichte. Das führte zur Zerstörung ganzer Abschnitte älterer byzantinischer Mosaiken, bis schließlich der Große Rat 1566 durch ein Dekret bestimmte, daß vor der Zerstörung älterer Mosaiken deren „Figuren, Buchstaben und Worte festgehalten werden müßten, damit die Ausführung dieser Werke und deren Prophezeiungen ermöglicht würden", was immerhin den religiösen oder sogar mythischen Grundgehalt der ältesten Mosaiken beweist.

Aber immer noch trifft zu, was Taine vor mehr als einem Jahrhundert beeindruckt empfunden hat, daß nämlich „Hunderte von Mosaiken, ein asiatisches Gepränge von verschlungenen Zieraten und barbarischen Gestalten in der Luft“ funkelt. Man kann tatsächlich die Kraft des in der Dunkelheit dieser letztlich ungemein düsteren Kirche gefangenen Lichts kaum ausdrücken. Es ist eine Wirkung, die mit Verzögerung einsetzt. Und die ein Gefühl verursacht, das zwischen Beklemmung und schrankenlosem Staunen schwankt.

Übrigens wäre es reichlich vermessen, wollte man die Entstehung der Basilika von San Marco neben dem Umstand, daß hier die kostbarste Reliquie Venedigs aufbewahrt wurde, auch der tiefempfundenen Religiosität der Venezianer zuschreiben. Sie sind nämlich keinesfalls so religiös, wie man anzunehmen geneigt ist, wenn man an die große Zahl ihrer Kirchen und an deren häufig recht mystische Ursprünge denkt. Es scheint sich vielmehr so zu verhalten, daß man in Venedig stets einen mehr oder minder spektakulären Anlaß benötigte, um sich auf jene theatralische Weise in Szene setzen zu können, die eine Mischung aus unverschämter Lüge, koketter Frömmigkeit und einem ausgeprägten Sinn für die Realitäten des Lebens ausmacht. Jenem Schurken, der einst die Schatzkammer von San Marco plünderte und dann später selbstverständlich gefaßt wurde, gewährte man ohne weiteres die letzte Bitte, an einem vergoldeten Strick aufgehängt zu werden. Ehre, wem Ehre gebührt, mögen sich die vernunftbegabten Venezianer gedacht haben, die sich keinesfalls unbeeindruckt davon zeigten, daß einem gewöhnlichen Dieb das scheinbar Ungewöhnliche gelungen war, nämlich der Einbruch in die fast hermetisch abgeschlossene und dreifach bewachte Schatzkammer. Und auch jene ersten Anführer der Flüchtlinge, die einst vor Attilas Hunnen und später vor den räuberischen Langobarden in die Lagune geflüchtet waren, konnten durchaus mit dem Verständnis der Venezianer rechnen, als sie ernsthaft behaupteten, die Insel Torcello vom Apostel Petrus persönlich als Geschenk erhalten zu haben. In Venedig nickte man beeindruckt mit den Köpfen, denn wer auf eine so überzeugende Weise eine Lüge als Wahrheit anzubieten imstande war, konnte jederzeit mit dem Verständnis der Venezianer rechnen.

Das vielleicht beste Beispiel für den tieferen Sinn dieser riskanten Behauptung ist die Geschichte des Vierten Kreuzzuges, der den Venezianern die endgültige Unabhängigkeit von Byzanz und zudem die fast ungeschmälerte Vorherrschaft über die Adria und den einträglichen Levantehandel einbrachte, und die überdies ein Lehrbeispiel für die materiell einträgliche Verquickung von Politik und Geschäft ist. Denn nachdem in Venedig schon frühzeitig — lange vor den gefährlichsten Konkurrenten Pisa, Genua, Ragusa und Konstantinopel — die ökonomische Bedeutung der Pilgerbewegung erkannt und außerdem das Geschäft mit dem Reliquienhandel zur florierenden Industrie gemacht hatte, ging man zu Beginn des 13. Jahrhunderts dazu über, dem neugeschaffenen Kapitalismus am Canal Grande auch eine solide machtpolitische Basis zu erobern. Der letzte ernsthafte Gegner, der solchen Ambitionen hinderlich sein konnte, war Konstantinopel, war das Byzantinische Kaiserreich, von dessen politischer Vorherrschaft man sich in der Vergangenheit dadurch zumindest teilweise befreit hatte, daß man die venezianische Flotte in den Dienst der byzantinischen Armee stellte, die mit unterschiedlichem Erfolg gegen die Normannen Süditaliens kämpfte. Ausschlaggebend für den Sieg der Byzantiner war dann letztlich auch tatsächlich der erfolgreiche Einsatz der venezianischen Kriegsgaleeren. Und es ist müßig zu betonen, daß Venedig sich diese Hilfestellung außerordentlich gut honorieren ließ, und zwar nicht nur mit Geld, sondern auch mit weitreichenden Privilegien.

Aber der letzte und entscheidende Schlag gegen das immer noch mächtige Vorbild, gegen die nach wie vor wirksame ökonomische und politische Konkurrenz am Goldenen Horn wurde erst in dem Augenblick möglich, als ein europäisches Kreuzfahrerheer zu Beginn des 13. Jahrhunderts in Venedig einlangte, um von hier aus — wie das zuvor vertraglich vereinbart worden war — auf venezianischen Schiffen nach Palästina zu segeln.

Die frommen Ritter waren allerdings außerstande, die vereinbarte Summe für die Passage zu bezahlen — angeblich handelte

es sich dabei um 85.000 Mark kölnischen Geldes —, so daß neuerliche Verhandlungen notwendig wurden. Enrico Dandolo, amtierender Doge, fast erblindet, ein Greis von annähernd neunzig Jahren und zweifellos ein ebenso skrupelloser wie bedeutender Charakter, er machte den Kreuzfahrern einen durchaus vernünftig klingenden Vorschlag: Sie sollten sich die Überfahrt nach Palästina dadurch verdienen, daß sie für einige Zeit gleichsam als Söldner in den Dienst Venedigs traten und unter anderem die beiden wichtigen Adriahäfen Zara und Ragusa für die Serenissima eroberten sowie durch die zu erwartende Beute am Bosporus sich selbst in die Lage versetzten, die leidige materielle Angelegenheit zur allseitigen Zufriedenheit zu lösen.

Es war zweifellos ein Schurkenstreich auf höchster politischer Ebene, der hier von den Venezianern unter Enrico Dandolo inszeniert wurde, zumal den erstaunlich naiven und gutgläubigen, freilich auch ungemein habgierigen europäischen Rittern stets nur Bruchstücke dieser wohl einmaligen Strategie mitgeteilt wurden und sie wie Fische, die nach einem sich fortbewegenden Köder schnappen, durch die Adria südwärts trieben. In Zara, das von den Venezianern so oft erobert worden war und sich dann immer wieder erfolgreich gegen Venedig erhoben hatte, machte man große Beute, was die Kreuzfahrer nicht ohne Begeisterung dazu animierte, das reiche Ragusa einem ähnlichen Schicksal zuzuführen, nämlich ausgeplündert und zum Vasall Venedigs gemacht zu werden. Vor Konstantinopel wiederholte sich diese schauerliche Komödie, die für jeden unvoreingenommenen Interessenten lagunarer Lebensart ein wesentlicher Beitrag zum Studium des venezianischen Nationalcharakters sein sollte, ähnlich jenen anderen und weit harmloseren Komödien eines Goldoni und Gozzi . . . es wiederholte sich also die Komödie ein weiteres Mal. Immer wieder wurden mit den Rittern neue Abmachungen getroffen, die dann von den Venezianern doch nicht oder nur auf ungenügende Weise eingehalten wurden. Immer wieder spekulierte Dandolo mit der Habgier dieser merkwürdigen Soldaten Christi, die, was eigentlich von allem Anfang an vorhersehbar gewesen war, niemals auch nur einen Fuß auf palästinensischen Boden setzen sollten. Und immer wieder gehorchte Europas aristokratische Elite den Wünschen dieses Dogen, von dem Hermann Schreiber einmal gesagt hat: „Enrico Dandolo war bei allem, was er tat, so vorsichtig, geschickt und seinen Zeitgenossen überlegen, daß nach seinem Tod eine eigene Institution — nämlich die Corretori — ins Leben gerufen wurde, um seine Handlungen nachträglich noch zu durchleuchten und womöglich zu entschleiern."

Auch das ist charakteristisch für Venedig, daß man einem Mann, dem man einen berauschenden Höhenflug verdankte, grundsätzlich mißtraute. Enrico Dandolo, der übrigens am 1. Juni 1205 starb, sollte nicht der letzte Doge gewesen sein, dessen Erfolge zugunsten der Serenissima man mit großer Skepsis verfolgte, weil man am Canal Grande stets bereit war, bei besonders erfolgreichen Staatsmännern gefährliche diktatorische Neigungen zu vermuten. Aber als der große blinde Doge tot war, hatte man bereits rund zehn Tonnen Gold erbeutet, die Kirchen und Paläste Konstantinopels erbarmungslos geplündert, das Byzantinische Kaiserreich zerschlagen und den Osmanen, die 250 Jahre später über das christliche Konstantinopel herfallen würden, einen unschätzbaren Dienst geleistet.

Die Markuskirche aber konnte jetzt endlich jene prunkvolle Fassung erhalten, die man sich von einer imperialen Staatskirche erwarten durfte, auch wenn sie auf uraltem republikanischem Boden stand. „Geheimnisvolle Bande", schrieb Jacob Burckhardt, „walteten zwischen dem ganzen venezianischen Dasein und diesem Bau." Die kuriose Pfeilerlegende aus dem Jahr 1094, welche das Wiedererscheinen des verschwundenen Leichnams des Evangelisten Markus auf wahrhaft unverwechselbare Weise zum Inhalt hatte, wurde nunmehr durch die sogenannte Praedestinatio Sancti Marci ergänzt, also durch eine weitere Legende unglaublichen Inhalts gleichsam abgesichert. Diesmal ging es um die Verkündigung, die Markus von einem Engel erfahren hatte, und zwar auf einer einsamen Insel in der Lagune, wohin ihn einst von Aquileia aus ein Sturm verschlagen hatte und wo er im Traum seine zukünftige Bestimmung erfuhr; nämlich als machtvoller Schutzpatron Venedigs zu fungieren und mit seinem Leichnam dafür zu sorgen, daß diese seine Funktion tatsächlich auch eine staatspolitische Bedeutung erhalte. „Die Legende, kaum daß sie entstanden war", schreibt der Historiker Diego Valeri, „fand sofort Verbreitung und Glauben, erwies sich stärker als alle anderen Begebenheiten (der Markuslegende), die bis dahin dargestellt worden waren, und wurde bald auf Mosaiken und in Marmor verherrlicht."

Und so kann man heute noch in der Basilica di San Marco in den ältesten Mosaiken wie in einem aufgeschlagenen Buch die verschiedenen Abschnitte der Markuslegende nachlesen, also etwa den Empfang der Markusreliquie durch Klerus, Doge und Volk oder die wundersame Geschichte von der Wiederfindung des Leichnams im Jahre 1094, wobei die Darstellung auf diesem im 13. Jahrhundert entstandenen Mosaik besonders detailfreudig ist und unter anderem auch den sich öffnenden Pfeiler zeigt, darin sich der vermißte Leichnam verborgen gehalten hatte.

Niemals aber sollte man, während man alle diese erstaunlichen Bildinhalte im Blick hat, den realpolitischen Hintergrund vergessen, der es allen diesen Lügengeschichten und Legenden erlaubte, zur offiziellen Biographie Venedigs zu werden. Dieser Hintergrund setzt sich aus Rücksichtslosigkeit und der hohen Kunst der Intrige zusammen, hat mit der Plünderung und Zerstörung Konstantinopels zu tun und auch mit jener Unnachsichtigkeit, die Venedig gegen sich selbst empfand, um seinen eigenen Aufstieg nicht zu gefährden.

Welcher nützlichen Philosophie die Venezianer zumindest in jenen Zeiträumen gehorcht haben, als sie sich noch zu Recht einbilden durften, eine Weltmacht zu sein, wird durch eine Inschrift an der Südfassade der Markuskirche deutlich. Sie erzählt in Verbindung mit den berühmten Tetrarchi, welche hier gleichfalls in die Fassade der Schatzkammer eingemauert sind, eine kleine, für Venedig ungemein charakteristische Anekdote. „L'om po far e dir in pensar — E vega quelo che li po incontrar", lautet diese Inschrift unter einigen kleineren Reliefs typisch mittelalterlicher Prägung, während die darunter befindlichen Tetrarchen einander wie schutzsuchend umklammern. Die Inschrift ist im venezianischen Dialekt gehalten und besagt, ungefähr übersetzt, daß der

Mensch denke und Gott lenke. Und weil es in diesem Zusammenhang die Legende gibt, welche den vier als Tetrarchen bezeichneten Männern eine mahnende Erinnerung an jene vier Diebe unterstellt, welche hier einst versucht hatten, den Schatz von San Marco zu rauben, was ihnen angeblich zwar gelungen sein soll, dann jedoch bei der Aufteilung der angeblich unermeßlichen Beute zu blutigen Auseinandersetzungen geführt habe, deshalb also beziehen viele Venezianer diese Inschrift und die Vier-Männer-Gruppe auf diesen spektakulären Einbruch und sein ruhmloses Ende. Tatsächlich aber handelt es sich bei den sogenannten Tetrarchi um eine syrische oder ägyptische Arbeit aus rötlichem Porphyr, die etwa im 4. Jahrhundert entstanden sein dürfte und nach Meinung einiger Experten vier römische Kaiser darstelle, nämlich Diokletian, Maximinian, Constantius und Valerian. Das hat die respektlosen Venezianer nicht daran gehindert, die vier einander umarmenden Männer als Mohren zu bezeichnen. Nach Venedig gelangte die Skulptur übrigens im Jahre 1291, und zwar aus der von Sarazenen zerstörten mittelalterlichen Stadt Acri, wobei jede genauere Kenntnis über das vorhergegangene Schicksal dieses Werkes fehlt.

Einige andere mehr oder minder bedeutende Sehenswürdigkeiten und Erinnerungsstücke befinden sich in der Kirche selbst, so etwa am linken Seitenaltar die sogenannte Madonna Nicopeia, die vom Evangelisten Lukas selbst gemalt worden sein soll und der dementsprechend über die Jahrhunderte hinweg magische Kräfte nachgesagt wurden. Seit 1234 befindet sich diese byzantinische Ikone in San Marco, wo sie an den großen Marienfesttagen auf dem Hochaltar feierlich zur Schau gestellt wurde. Eine ähnliche Anziehungskraft besitzt auch die Madonna del Bacio im rechten Seitenschiff, wobei dieses Muttergottes-Relief aus dem 12. Jahrhundert durch die zahllosen Küsse, mit denen es über die Jahrhunderte hinweg von den Gläubigen bedacht wurde, heute merkwürdig abgeschliffen anmutet. Als eine Art Erinnerungshilfe ans Zeitalter der Dogen ist die Cappella di San Clemente rechts vom Chor bemerkenswert. Diese Kapelle war seinerzeit ausschließlich den Dogen vorbehalten, die von hier aus den großen

Feierlichkeiten in der Markuskirche beiwohnten, Gefangene ihres strapaziösen Amtes selbst in den Augenblicken religiöser Hingabe. Einem heute längst wieder in Vergessenheit geratenen Heiligen namens Isidor ist die gleichnamige Kapelle gewidmet, die während der Regierungszeit des Dogen Andrea Dandolo entstand, also um die Mitte des 14. Jahrhunderts, und wo außer einem Reliquienschrein des Titelheiligen — dessen Gebein bereits 1125 von der ägäischen Insel Chíos nach Venedig gebracht worden war — auch eine Reihe von ungemein bildhaften Mosaiken aus dem 14. Jahrhundert sehenswert ist.

Eher den Kuriositäten zuzählbar sind der rotbefleckte Stein, auf welchem einst Johannes der Täufer enthauptet worden sein soll, und ein Relief in der Zeno-Kapelle, das nach Meinung frommer oder auch bloß geschäftstüchtiger Venezianer aus jenem Stein gehauen wurde, den Moses zum Zwecke der Wassergewinnung mit seinem Zauberstab berührt hatte. Und eine recht eigenwillige Deutung des Umstandes, daß der Mosaikboden der Markuskirche deutliche Verwerfungen aufweist, sollte man auch nicht unterschlagen. Demnach habe sich der Fußboden in jenem Augenblick, als Napoleons Soldaten die bis dahin unbesiegbare und von keinem Feind betretene Stadt erreichten, aus Zorn und Scham über diese heillose Schmach gekrümmt. Diese Interpretation ist zumindest etwas origineller als jene Erklärung eines österreichischen Reiseleiters, demnach die Verwerfungen absichtlich angebracht worden sein sollen . . .

Insgesamt gilt für diese Kirche zweifellos das, was ein englischer Autor einmal auf die lapidare Formel gebracht hat, daß sie ganz einfach ein riesiges Museum aus Mosaik und Marmor sei. Und daß das Geheimnis Venedigs seine stärkste Verdichtung hier finde. Also im Staub der Jahrhunderte. Und im kostbaren Ergebnis zahlloser Plünderungen. Und wohl auch in dieser raffinierten Mischung aus Täuschung und Wirklichkeit, die das Wesen der Markuskirche in Wahrheit ausmacht.

Manchmal heizt die Sonne sogar an einem spätwinterlichen Vormittag schon kräftig die Steinplatten oben auf der Balustrade auf, die den Dogenpalast in halber Höhe oberhalb der Piazzetta und des Molo umgibt. Unten schmatzt das hellblaue Wasser der Lagune. Einige Gondeln hüpfen auf den Wellen hin und her, was ihnen, von der Höhe dieser Balustrade herab betrachtet, etwas ungemein Akrobatisches verleiht. Die Piazzetta selbst mit ihrem unvermeidlichen Menschengewimmel wirkt anmutig und vermittelt jene fröhliche, unbeschwerte Feiertagsstimmung, die diesem vielleicht intimsten und zugleich auch dekorativsten italienischen Platz spätestens seit jenem Tag zur Selbstverständlichkeit geworden ist, als hier der letzte sogenannte Staatsfeind zwischen den beiden berühmten Säulen — unter denen versehentlich hindurchzuschreiten angeblich jedem Dogen kommendes Unheil signalisierte — hingerichtet wurde. Gelegentlich freilich war der Delinquent bloß ein sinnenfroher Mönch wie jener Franziskaner, der hier im Jahre 1609 hingerichtet wurde, weil er innerhalb eines einzigen Jahres fünfzehn junge adelige Nonnen geschwängert hatte, wobei noch als besonders erschwerend hinzukam, daß er deren Beichtvater gewesen war.

Aber an einem warmen, lichtdurchfluteten, von einer leichten Brise gleichsam gut durchgelüfteten Vormittag ist man ohne weiteres imstande, sogar über solche unangenehme Erinnerungen hinwegzusehen, zumal dieser unglückliche Mönch, bevor er zwischen den beiden Säulen verbrannt wurde, ohnedies in aller Heimlichkeit schon stranguliert worden war. Die Venezianer wollten sich schließlich nicht nachsagen lassen, weniger human als die Florentiner zu sein, die bekanntlich den Mönch Savonarola gleichfalls zuerst gehängt und dann erst öffentlich verbrannt hatten.

Beklagenswerter waren da beinahe schon die Dogen, denen es kaum einmal erlaubt gewesen war, sich wie jeder beliebige Tourist heutzutage auf der Balustrade zu ergehen und den milden, wärmenden Schein der Sonne zu genießen, während unten in der Tiefe das Wasser zutraulich gegen die Steine des Molo klatscht. Diese Unglücklichen bekleideten das höchste Amt im Staate, ohne tatsächlich Macht ausüben oder sich selbst in Szene setzen zu dürfen. Und wenn man die altersgrauen Büsten einiger Dogen betrachtet, die oben an der Innenwand der Balustrade angebracht sind, dann wird der Gegensatz zwischen diesen blicklosen, in ihrer eitlen, jedoch völlig sinnentleerten Pose wie erstarrt wirkenden Geschöpfen und der fröhlichen Lebendigkeit rundum besonders augenfällig.

Allerdings läßt man sich in Venedig heute die Erinnerung an diese Dogen und überhaupt an die turbulente Vergangenheit der Republik fürstlich honorieren. Das beginnt entweder schon auf dem Piazzale Roma, wo man für die Garagierung seines Wagens Unsummen bezahlt, oder aber wird spätestens in dem Augenblick zur kostspieligen Gewißheit, wenn man sich im Zentrum von San Marco — also etwa auf der Piazza — behaglich niederlassen und die kostbaren architektonischen und historischen Versatzstücke dieser Stadt noch einmal gleichsam nachgenießen will. Manchmal erhält man dabei den unangenehmen Eindruck, daß sich Venedig jeden einzelnen Raubzug seiner Geschichte, jede köstliche Intrige und jede exquisite öffentliche Hinrichtung, die man mitunter auch als Volksbelustigung inszenierte, jetzt noch einmal von den arglosen Besuchern bezahlen läßt. Als kleine Entschädigung dafür könnte man den Dogenbüsten oben auf der Balustrade des Dogenpalastes wenigstens die abgeschlagenen Nasen ersetzen und ihre Wangen vom Taubenkot säubern. Aber wahrscheinlich ist man am Canal Grande fest davon überzeugt, daß eine gewisse Patina den Reiz dieser alten Dinge nur noch erhöht. Und damit auch den Preis, den man für ihre Besichtigung fordern darf.

Was den Markusplatz angeht, „seit jeher Zentrum der Stadt, Ort der Feiern und Feste Venedigs, Treffpunkt von jung und alt, Kernstück der Fassade Venedigs nach Süden zu“, wie man das in jedem anspruchsvolleren kulturhistorischen Handbuch nachlesen kann, so war er ursprünglich einmal ein baumbewachsener Garten, wahrscheinlich etwas verwildert, teilweise auch morastig, eine Insel im Bereich des Rivus Altus, wo die Nonnen von San Zaccaria ihren harmlosen Vergnügungen nachgingen. Dann, im 9. Jahrhundert, als die Verwaltung See-Venetiens von Malamocco nach Rialto verlegt wurde, errichteten die Dogen auf dem Gelände des Klosters ihren Regierungssitz, wobei San Zaccaria das schöne Vorrecht erhielt, den Dogenhut zu besticken. Außerdem durfte die Äbtissin bei den alljährlich stattfindenden Höflichkeitsbesuchen des Dogen diesem jeweils einen neuen Hut überreichen. Diese anmutigen Gesten konnten freilich nicht verhindern, daß der ehemalige Nonnengarten stückweise den Interessen der Republik geopfert wurde. Im 12. Jahrhundert schließlich wurde unter dem Dogen Sebastiano Ziani, der sich vor allem dadurch auszeichnete, ein ebenso geschäftstüchtiger wie steinreicher Patrizier zu sein, auch der letzte bis dahin noch durch den Nonnengarten fließende Kanal zugeschüttet und der so gewonnene Platz zur architektonischen Komplettierung des Dogenpalastes verwendet. Insgesamt läßt sich sagen, daß die Baugeschichte des Markusplatzes rund vier Jahrhunderte lang andauerte, und zwar vom 12. bis zum 16. Jahrhundert. Er ist trapezförmig angelegt, wirkt, umklammert von den sogenannten Prokuratorien, also den ehemaligen Verwaltungsgebäuden der Republik, durch seine erstaunliche Tiefe und wird auch durch die verschiedenen Baustile, die ihn umgeben, kaum in seiner schönen, glatten, fast eleganten Form beeinträchtigt.

Dekoriert wird der Markusplatz durch einige Erinnerungsstücke, die entweder Siegeszeichen oder Herrschaftszeichen waren wie etwa die drei riesigen Flaggenmasten aus Zedernholz. Sie wurden bereits vor dem Jahre 1500 — damals allerdings noch ohne die heutigen Bronzebasen — vor dem Haupteingang zur Basilika errichtet und trugen die Banner der Königreiche Zypern, Kandia und Morea, also der von Venedig erworbenen oder eroberten Nachfolgestaaten des ehemaligen Byzantinischen Kaiserreiches. Heute zieren vergoldete Markuslöwen die drei Masten. Gelegentlich, wenn die Sonne in einem bestimmten Winkel auf diese Miniaturausgaben des venezianischen Wappentieres fällt, leuchten sie auf eine so prachtvolle und zugleich unverschämte Weise über den Platz hinweg, als wollten sie dadurch ihre Zufriedenheit darüber ausdrücken, daß auch nach dem Verlust der levantinischen Besitzungen Venedigs die Geschäfte großartig gehen, solange bloß unten auf dem Markusplatz die verschiedenen Orchester ihre sentimentalen Weisen aufspielen und die Tische der Kaffeehäuser vollbesetzt sind.

NEC VT RINQ
SCS
FIGVRAS
MARC

Ein etwas anderer Eindruck vermittelt sich hingegen dem Betrachter, der oben auf der Balustrade des Dogenpalastes steht und auf die Piazzetta hinabblickt, auf die beiden hochragenden Säulen, die vom kriegerisch wirkenden Markuslöwen — der derzeit ausgiebig restauriert wird — und vom heiligen Theodor geschmückt werden. Dieser erste Schutzpatron Venedigs soll früher einmal in der byzantinischen Armee besondere Verehrung genossen haben, während der Markuslöwe von der Piazzetta ursprünglich gar nichts mit Venedig zu tun gehabt hatte, sondern eine sogenannte orientalische Chimäre, ein Fabeltier, darstellte. Jüngste Forschungen schließen sogar die Möglichkeit eines chinesischen Ursprungs dieses Wahrzeichens Venedigs nicht aus. Jedenfalls sind das Flügelpaar und das geschlossene Buch erst später, nachdem das Untier nach Venedig gebracht worden war, hinzugefügt worden.

An der Wirkung, die alle diese Wahrzeichen und Kostbarkeiten auf den Besucher ausüben, ändert deren mitunter mysteriöse Biographie gar nichts. „Obwohl die Piazzetta mit pompösen Vorstellungen angelegt ist, wirkt sie dennoch gleichzeitig locker und fröhlich. Wenn man von Bauwerken sagen kann, daß sie lachen und funkeln, so trifft es auf diese vollendete Verbindung zwischen Stein und Wasser zu“, befand dementsprechend der englische Autor Morton. Und Hippolyte Taine geriet, als er erstmals auf den Markusplatz kam, überhaupt vollends ins Schwärmen: „Man gelangt auf den Markusplatz, die Sonne ist verschwunden, aber San Giorgio, die Türme, die Ziegelbauten sind ebenso rosig wie Pfirsichblüten, und auf der Seite des Sonnenuntergangs brennt am Himmelsrand ein purpurner Rauch, eine Art leuchtender Staub wie der Hauch eines Schmelzofens. Im Osten steigen alle Rundungen und alle Spitzen aus dem strahlenden Meer wie Schalen und Kandelaber aus Achat oder Porphyr empor. Diese Vorsprünge und Ränder heben sich mit unglaublicher Deutlichkeit von der großen himmlischen Muschel ab, und tief am unteren Himmel sieht man einen Ton von fernen Smaragden sich niederlassen.“

Wer wollte angesichts solcher Schönheit noch davor zurückschrecken, für ein Schälchen Kaffee einen halben Tageslohn aus-

Fassadendetail von Markuskirche und Dogenpalast

zugeben? Oder sich, während er wäßriges Eis zwischen den Lippen spürt, darüber alterieren, daß ihn jede Minute, die er auf dem ehemaligen Nonnengärtlein zubringt, ein kleines Vermögen kostet?

Ich habe freilich auch noch andere Erinnerungen an den Markusplatz. Und sehe die ebenso luxuriös wie phantasievoll dekorierten Figuren vor mir, die wie farbige Schatten über den weiten Platz gleiten, während aus ringsum angebrachten Lautsprechern der sentimentale und doch so hinreißende Schmelz italienischer Opernmusik strömt, die dieser spontanen Inszenierung des venezianischen Karnevals einen Hauch von theatralischer Legitimität schenkt. Man kann dieses Schauspiel, das in seiner Art unnachahmlich ist und mir persönlich stets den Eindruck eines hinreißend dargestellten Epitaphs auf den Untergang Venedigs vermittelt, zumindest eine Woche lang genießen, und das Abend für Abend, wenn die Verkäuferinnen und Angestellten Feierabend machen und in ihre bizarren Kostüme schlüpfen und auf den halbdunklen, nur vom Schein einiger weniger Lampen schwach erleuchteten Markusplatz eilen, um sich hier dem leidenschaftlichen oder auch melancholischen Rhythmus der Musik hinzugeben und sich von den wenigen Fremden, die um diese Jahreszeit nach Venedig kommen, bewundern zu lassen. Es ist das, was an diesen karnevalistischen Abenden stattfindet, die noch nichts mit dem erschreckenden und abstoßenden Jahrmarktsrummel der letzten drei Tage des Karnevals gemeinsam haben, so etwas wie ein somnambuler Schau- und Erinnerungstanz. Jede Wirklichkeit ist aufgehoben. Das Leben wird zum Traum. Und eine Vergangenheit, die man nur aus Bildern, Büchern, legendären Erzählungen zu kennen glaubte, tritt für einige Stunden an die Stelle der desillusionierenden Gegenwart. Seltsame Figuren gleiten über den Platz. Ihre Bewegungen sind von graziöser Sinnlichkeit, die es freilich schwer hat, sich gegen den zutiefst melancholischen Gesamteindruck durchzusetzen, den dieses Schauspiel vermittelt.

Dazu kommen die Kulissen, die vom gelben Licht der Scheinwerfer angestrahlt werden. Die byzantinische Markuskirche. Der spätgotische Dogenpalast. Und die von Schatten überwucherten

Renaissance-Prokuratorien, zwischen deren Säulen immer neue Kostüme erscheinen, immer neue Erinnerungen an ein größeres, blutvolleres Zeitalter, als Venedig das halbe Jahr über vom Fieber des Karnevals erfaßt und jede Irritation, jede Gaukelei, jedes atemberaubende Abenteuer erlaubt war, wenn es bloß farbenprächtig kostümiert und mit laszivem Charme inszeniert werden konnte.

Solche Augenblicke, in denen der nächtliche Platz von Musik ganz und gar umhüllt und dabei von einem nahezu lautlosen Schleifen und Gleiten und Wehen und Winken erfüllt ist, sind etwas ungemein Kostbares. Sie zeigen ein Venedig — oder zumindest eine Ahnung davon —, wie es einmal gewesen ist. Ein morbides, unendlich lasterhaftes, unglaublich dekadentes Venedig, das dennoch von berührender Keuschheit ist. Ein Venedig, das in aller Unschuld auf verhängnisvolle Weise schuldbeladen ist. Und das sich, während es auf jede nur erdenkliche Art in Masken schlüpft, vollkommen entblößt und schutzlos zeigt.

Der ganze Platz ist Bühne für dieses unwiederholbare Schauspiel, das ohnedies nur einige Abende lang — und das lediglich an den Wochentagen — stattfindet. Wenn erst einmal die Sonderzüge aus ganz Italien und halb Europa in Santa Lucia eintreffen und der organisierte Maskenrummel aus dieser ergreifenden Selbstdarstellung venezianischer Lebensart eine viel zu laute und viel zu grelle Orgie des touristischen Amüsierbetriebs macht, geht aller Zauber verloren, wird der Glanz der Kostüme spröde und ersticken die anmutigen Bewegungen der verschiedenen Figuren in der kompakten Masse, die dann den Markusplatz füllt.

Vieles von dem, was einst Venedigs Großartigkeit ausgemacht hat, ist heute kaum noch nachvollziehbar. Die Scala dei Giganti etwa, eine Prachttreppe, die von Antonio Rizzo seit den achtziger Jahren des 15. Jahrhunderts vermutlich nach dem Vorbild einer älteren Freitreppe als Hauptaufgang zum Dogenpalast ausgeführt wurde, diese Treppe diente einst als monumentale Bühne beim feierlichen Akt der sogenannten Dogenkrönung. Angeblich war Marco Barbarigo der erste Doge, der hier im November des Jahres 1485 seine Investitur erhielt, wobei man annehmen darf, daß damals die Scala dei Giganti noch nicht fertiggestellt war und Barbarigo mit einer Behelfstreppe vorliebnehmen mußte. Dennoch ist heute die unglaubliche Attraktion dieses großartigen Zeremoniells einer Dogenkrönung nur mehr sehr schwer vorstellbar, obgleich die Scala dei Giganti, die täglich von zahllosen Besuchern besichtigt und bestaunt wird, noch existiert, die äußeren Bedingungen dieses historischen Schauspiels also nach wie vor noch vorhanden sind.

Aber es fehlt das dazugehörende Personal; also die erwartungsfrohe Menge, die feierlich gekleideten Mitglieder des Großen Rates, die spannungsgeladene Atmosphäre, die dieser seltsamen und in ihrer Art auch einzigartigen Inszenierung einer Dogenwahl einen unerläßlichen stimmungsvollen Hintergrund schenkt. Der Wahlvorgang selbst war außerordentlich kompliziert. „Das jüngste Ratsmitglied mußte auf den Markusplatz hinausgehen", berichtet Morton, „den erstbesten Jungen ergreifen und ihn in den Ratssaal bringen, wo Venedigs angesehenste Patrizier Reihe über Reihe in ihren roten Roben saßen. Der Junge brauchte nur gefaltete Papierfetzen aus einem Hut zu ziehen. Nach uneinsichtigen Komplikationen und Rückfragen kristallisierte sich schließlich ein einundvierzigköpfiges Wahlkollegium heraus, und alle anderen mußten sich entfernen. Die einundvierzig warfen dann Zettel mit den Namen ihrer Kandidaten in die Urne, und einer wurde herausgezogen. Vereinigte dieser Mann nicht fünfundzwanzig oder mehr Stimmen auf sich, wurde der nächste Zettel entnommen. Das wiederholte sich so oft, bis einer der Kandidaten die erforderliche Stimmenzahl erreichte. Sofort brachte dann eine Abordnung den erwählten Dogen in die Markuskirche, wo er auf der Marmorkanzel dem Volk vorgestellt wurde. Nach der Messe legte er den Gehorsamseid ab, ließ sich in das Dogengewand kleiden und nahm die Fahne der Republik entgegen."

Jetzt erst erfolgte der volkstümlichere, gleichsam ausgelassenere oder auch weltlichere Teil dieser Prozedur, die sich in der Regel über viele Stunden erstreckte. Der neugewählte Doge wurde rund um den Markusplatz getragen, wobei man sich erwartete, daß er bei dieser Gelegenheit seine Großzügigkeit beweise, das heißt, er mußte Geldstücke in die jubelnde Menge werfen, und die ebenso abergläubischen wie materiell interessierten Venezianer mochten sich jetzt schon eine Meinung davon bilden, über welche charakterlichen Qualitäten der neue Doge verfügte. Fiel seine Spende zufriedenstellend aus, rühmte man seine Vorzüge. Also konnte es sich kaum ein Erwählter leisten, als geizig verschrien zu werden. Und zuletzt, begleitet vom Jubel der Menge, erstieg er die Scala dei Giganti, wo ihm das letzte und vielleicht bedeutungsvollste äußere Zeichen seiner neuen Würde übergeben wurde. Das älteste Ratsmitglied überreichte ihm nämlich den Dogenhut, den „corno", welcher die Form eines leicht gebogenen Hornes hatte und das eigentliche Symbol der Macht darstellte. Alle Glocken Venedigs läuteten. Drüben im Arsenal wurden unaufhörlich Salutschüsse abgefeuert. Die ganz Stadt geriet in einen Festtaumel. Und nur der Doge würde sich, wenn er ein kluger Mann war, einige irritierte Gedanken machen. Denn von diesem Augenblick an war er tatsächlich zum Sklaven Venedigs geworden. Sein Leben würde das eines ungemein kostbaren, jedoch auch sorgfältig bis unbarmherzig bewachten Faustpfandes sein. Und seine bisherige Existenz würde ausgelöscht, sein weiteres Schicksal ein höchst fragwürdiges sein.

Ich habe mich oft gefragt, welche Faszination von diesem Amt, das in Wahrheit ohne jede realistische Bedeutung war, eigentlich ausgegangen sein muß, daß sich keiner der erwählten Dogen in diesem letzten Augenblick — da er oben auf der Scala dei Giganti stand und auf eine wenig erfreuliche Zukunft blickte — dieser ganzen Angelegenheit nicht doch noch entzogen hat; und mit einer einzigen entscheidenden Geste, mit einem einzigen Schritt der bitteren Farce ein Ende machte. Denn schließlich wußte jeder Venezianer, daß der Doge nichts weiter als eine kostbare Marionette in den Händen der Ratsmitglieder war, ein Symbol für die Macht Venedigs, ohne selbst Macht ausüben zu dürfen, ein armseliger Komödiant, der den Anweisungen seiner Regisseure blindlings zu gehorchen hatte.

Vielleicht war das Pflichtgefühl, das alle diese Männer beseelte, stärker als ihre Furcht vor einem Leben im goldenen Käfig? Und vielleicht bedeuteten diese Minuten, die sie oben auf der höchsten Erhebung der Scala dei Giganti stehen durften, jetzt endgültig durch den Dogenhut unsterblich geworden, die tatsächliche Erfüllung eines Traumes, den jeder Venezianer insgeheim träumte? Man darf in Venedig nichts mit den üblichen Maßstäben messen. Diese Stadt entzieht sich hartnäckig jeder vernunftbetonten Beurteilung. Und ihre Menschen, ihre Künstler, Kaufleute, Politiker und Dogen sind zwar Wesen aus Fleisch und Blut gewesen, waren aber stets von einer Irrationalität umgeben, die sie außerhalb jeder Norm rückte. Das Individuum galt nichts, sein Schicksal war völlig unbedeutend. Was einzig und allein zählte, war Venedig. Und diesem unausgesprochenen Wahlspruch unterordnete man sich über die Jahrhunderte hinweg.

Das war alles. So einfach war das. Wenn es funktionierte. Und merkwürdigerweise funktionierte es fast immer.

Einige Jahrhunderte lang repräsentierte Venedig das, was man heute vielleicht als konzentrierte europäische Politik bezeichnen könnte. Jede bedeutsamere Sitzung des Großen Rats in der gewaltigen Sala del Maggior Consiglio im Dogenpalast, die als architektonische Leistung großartig, als historischer Schauplatz denkwürdig und ihrer Ausstattung wegen zu Recht weltberühmt ist, jede Sitzung also verursachte in der Regel ein leichtes Beben an allen europäischen Höfen und zumindest erhöhte Aufmerksamkeit in den Emiraten und Sultanaten der östlichen Levante. Aber wenn man heute durch den Dogenpalast wandert, der einst Zentrum und Symbol politischer Macht gewesen ist, gewinnen die eher geringschätzigen Feststellungen der meisten zeitgenössischen Autoren unzweifelhaft an Bedeutung: daß diese großartige Palastanlage nämlich nichts weiter als ein Museum sei, dessen ursprüngliche Ausstrahlung kaum noch nachvollziehbar und dessen beispielhafte Wirkung auf den Rest der Welt nicht mehr vorstellbar sei.

James Morris, der vielleicht intimste ausländische Kenner des venezianischen Wesens, hat diesen Umstand einmal auf einen sehr einfachen Nenner gebracht. „In Venedig“, schrieb er, „sind Vergangenheit und Gegenwart auf seltsame Weise miteinander verwoben. Die Venezianer haben sich nie ganz vom Verlust ihrer Herrlichkeit erholt und ihn vielleicht nie ganz akzeptiert, so daß irgendwo in ihrem Unterbewußtsein die Stadt immer noch die Serenissima ist, die Braut der Adria, das Auge Italiens, Herr über ein Viertel und ein halbes Viertel des Römischen Imperiums, Würden, die sich dem Geschlecht, aber niemals der Pracht nach gewandelt zu haben scheinen. Diese Mischung von Resignation und Beharren verleiht dem Volk seine eigene Melancholie, eine lagunenähnliche Traurigkeit, ungekräuselt und trocken. Die Melancholie trägt stark zur venezianischen Atmosphäre bei, ob sie sich nun in allzu üppigen Gärten oder in sehnsüchtigen Versen ausdrückt." Oder in der dekorativen Pracht der Sala del Maggior Consiglio, deren pompöser Luxus längst sinnentleert und eigentlich nur noch eine nutzlose Gebärde des stolzen Hochmutes ist, mit dem man früher einmal in Venedig seine Interessen wahrnahm. Heute fordert man Eintritt dafür, daß sich die Touristen von den Fremdenführern die kunsthistorische Bedeutung der einzelnen Gemälde und Fresken erklären lassen, ohne daß die eigentliche Bedeutung dieses Riesensaals, seine bestimmende Funktion jetzt noch verständlich gemacht werden könnte.

Der sogenannte Große Rat, der in dieser weitläufigen Halle jeweils an den Sonntagen seine turnusmäßigen Sitzungen abhielt, ist aus einer offenen Bürgerversammlung, dem „Arrengo", hervorgegangen (1172) und erhielt im Jahre 1297 seine endgültige Verfassung als wahlberechtigte Körperschaft der Republik. Dem Großen Rat gehörten alle Männer an, die im Goldenen Buch Venedigs aufschienen und das 25. Lebensjahr vollendet hatten. Zusätzlich durften zu den Sitzungen, an denen in der Regel mehr als 1.500 Mitglieder teilnahmen, auch dreißig junge Patrizier eingeladen werden, die noch nicht das 25. Lebensjahr vollendet hatten. Vornehmste Aufgabe des Großen Rates war die Dogenwahl, die tatsächlichen Staatsgeschäfte aber wurden vom Rat der Zehn wahrgenommen. Henry Vollam Morton hat sich einmal der Mühe unterzogen, das Schauspiel einer Versammlung in der Sala del Maggior Consiglio gleichsam literarisch nachzuvollziehen: „Erst in diesem großen Saal kann man ermessen, welch glanzvolles Schauspiel der Doge und der Große Rat geboten haben. Es war für die Zuschauer die eindrucksvollste Manifestation zivilisierten Lebens in der ganzen Welt. Man muß sich die Szene vorstellen: die hohen Sitze, von denen der Kanzler und seine Beamten die Versammlung leiteten, die Rednerpulte, die marmornen Doppelbänke, auf denen die 1.500 Mitglieder saßen. Der Doge trug sein goldenes Staatsgewand, die Ratsherren scharlachrote Roben, der Große Weise erschien in Violett, die fünf Weisen des Rechts und des Krieges in Blau, dazwischen die roten Umhänge der Prokuratoren und die goldenen der Kavaliere. Venedigs Adel füllte in roten Gewändern den weiten Raum. Selbst für Freunde des Staates muß es nicht einfach gewesen sein, vor dieser illustren Versammlung aufzutreten. Jeder Gesandte hatte sein Beglaubigungsschreiben vorzuweisen und dreimal zu grüßen."

Aber nach jeder Versammlung, deren sozusagen rhetorischer Prunk, deren unerhörte Farbenpracht und deren Zeremoniell tatsächlich atemberaubend gewesen sein müssen, trafen sich die Mitglieder des Rats der Zehn in einem holzgetäfelten Nebenraum und analysierten das, was zuvor als opernhafte Deklamation stattgefunden hatte. Und trafen jetzt erst jene Entscheidungen, die das Schicksal der Republik und ihrer Menschen bestimmten.

„Wie Rechtsanwälte, die einen Vertrag aufsetzen, erarbeiteten sie bedächtig die offizielle Antwort, jedes Wort, jedes Komma nach den Regeln jahrhundertealter staatsmännischer Kunst abwägend", schreibt Morton über diese eher intimen Zusammenkünfte jener Männer, die tatsächlich die politische Macht repräsentierten und an deren furchteinflößendes Wirken neben zahlreichen verbürgten Geschichten und doppelsinnigen Anekdoten auch jene Löwenmäuler erinnern, jene steinernen Briefkästen, von denen sich einige im Dogenpalast — im Bereich der sogenannten Hofloggia — noch erhalten haben. In ihnen wurden alle Denunziationen hinterlegt, die dem Rat der Zehn die Handhabe für sein wirkungsvolles Vorgehen gegen tatsächliche oder auch bloß mögliche Staatsfeinde lieferten, was dann sehr oft gleichbedeutend war mit dem Verlust des Lebens oder zumindest des Vermögens der jeweils Betroffenen. Man mag sich heute, während man beispielsweise mit andachtsvollem Staunen in der Sala del Maggior Consiglio das größte Gemälde der Welt bewundert, das „Paradies“ Tintorettos, kaum noch die Furcht und den Schrecken vorstellen, welche dieses perfekteste Instrumentarium der venezianischen Politik über die Jahrhunderte hinweg verbreitet hat. Immerhin verglich der Engländer Philip Longworth diesen Rat der Zehn einmal mit dem sowjetischen Geheimdienst. Auch die meisten Fremdenführer, die sich spätestens bei der Vorführung der „bocche dei leoni“, der steinernen Briefkästen, ausführlich mit dieser im Jahre 1335 zur ständigen Einrichtung gewordenen Institution befassen, auch sie sorgen für ein so schauriges, schreckenerregendes Porträt dieser Gruppe von machtbewußten Politikern, daß Vergleiche mit allen möglichen Geheimdiensten und Geheimorganisationen der Neuzeit durchaus zutreffend erscheinen.

Aber schon der Historiker Kretschmayr hat vor mehr als einem Menschenalter ein etwas freundlicheres Bild gezeichnet, als er schrieb: „Die Zehn wollten ein Hort des Rechtes sein, unbotmäßigen Adligen ein schlimmerer Richter als den verschüchterten kleinen Leuten.“

Und Reinhard Lebe meinte sogar: „Die undurchsichtige Tätigkeit des Rats der Zehn, die nächtlichen Verhöre und mitunter auch Folterungen, die er im Dogenpalast durchführen ließ, das von ihm entwickelte Informations- und Erkundungssystem sowie die von ihm verwendeten — nur zum Teil finsteren — Kerker im Dogenpalast haben dieses Verfassungstribunal natürlich bald zum Gegenstand phantasievoller und abenteuerlicher Spekulationen im Volk, im Ausland und später besonders in der Literatur gemacht. Um so mehr, als im 16. Jahrhundert dann aus den Dieci die venezianische Staatsinquisition hervorging, der man besonders schreckliche Dinge nachsagte. Indessen ist völlig einwandfrei erwiesen, daß der Rat der Zehn trotz aller hinterhältigen Maßnahmen aus den Grauzonen besonders die Sicherheits- und Außenpolitik, wie sie allgemein zum zeitgenössischen Repertoire gehörten, seine Prozesse und Verfolgungen vergleichsweise korrekt und ohne auffallende Willkür betrieben hat.“

Solche um Objektivität bemühte Meinungen, wie sie seit längerem schon von Historikern und auch von einigen Publizisten vertreten werden, können allerdings nur geringfügig die tatsächliche Wirkung abschwächen, die dieser Rat der Zehn auf die Phantasie der Menschen hat. Im übrigen ließen sich genügend Beispiele anführen, welche die fast uneingeschränkte Machtvollkommenheit dieser Institution beweisen. Und was die „nur zum Teil finsteren Kerker" (R. Lebe) im Dogenpalast angeht, die den Dieci für ihre Untersuchungen zur Verfügung standen, so sind sie zwar in der Tat kaum mit irgendwelchen gräßlichen mittelalterlichen Verliesen vergleichbar, waren aber dennoch bis ins 18. Jahrhundert hinein der am meisten gefürchtete und am heftigsten verabscheute Ort in Venedig. Außerdem sollte man sich in diesem Zusammenhang jener zahlreichen nie wirklich geklärten Hinrichtungen entsinnen, die im Interesse der Republik stattgefunden haben und die in Wahrheit doch sehr oft nichts weiter als willkürlich inszenierte Morde gewesen sind, deren erbarmungswürdige Opfer dann bei Nacht und Nebel draußen vor dem Lido in der Lagune versenkt wurden. Und auch hier hatte der Rat der Zehn stets seine Hände mit im blutigen Schauspiel, bestimmten seine Mitglieder, wer ein Hochverräter und damit ein Todeskandidat zu sein hatte, was vor allem dann zu schaurigen Exzessen führte, als der Rat der Zehn auch zum Instrument der gefürchteten Inquisition wurde.

Aber das alles ist Vergangenheit, ist verweht und vielfach auch schon fast vergessen. Im Jahre 1597 wurde die Sala del Maggior Consiglio zum letztenmal als Schauplatz eines festlichen und prunkvollen Zeremoniells benützt, und zwar bei der Krönung der Dogaressa Morosini-Grimani. Zweihundert Jahre später, nach dem Erlöschen der Republik, wurde hier vorübergehend die Markusbibliothek untergebracht. Und 1848 rief der unglückliche, wenig erfolgreiche und an seinem eigenen Ehrgeiz scheiternde Daniele Manin unter dem „Paradies" Tintorettos die kurzlebige Zweite Republik aus. Aber da war das alte, kostbare Mobiliar schon längst in alle Winde zerstreut, hatte der randalierende und plündernde Pöbel, der 1797 die sogenannte Revolution als willkommenen Anlaß für seine zweifelhaften Abenteuer betrachtet hatte, bereits alles zerstört oder davongeschleppt. Was sich heute den Besuchern anbietet, sind, bis auf die Fresken und Wandgemälde, moderne Rekonstruktionen oder, wie das in einem angesehenen Kunsthandbuch tadelnd vermerkt wird, „einfacher Ersatz“.

Das „Paradies“, das größte Leinwandbild der Welt, das diesen Riesensaal beherrscht und alle Blicke magnetisch auf sich zieht, was vielleicht weniger mit seiner ästhetischen Qualität als eigentlich mit der verwirrenden Vielfalt der dargestellten Figuren und seinen tatsächlichen riesenhaften Dimensionen zu tun hat, dieses Bild hätte ursprünglich von Veronese ausgeführt werden sollen. Nach seinem Tod (1588) erhielt dann Tintoretto den Auftrag und schuf damit in der Tat wohl einen Grenzfall nachmittelalterlicher Figurenmalerei. Eine radikale Restaurierung, die im 18. Jahrhundert von einem gewissen Francesco Fontebasso durchgeführt wurde, hat dem Gemälde und dessen künstlerischem Wert eher geschadet als genützt, was übrigens auch Goethe anläßlich seiner Besichtigung der Sala del Maggior Consiglio feststellte. Dagegen sind die Wandgemälde (von Tintoretto, Veronese, Palma und anderen) so etwas wie eine Bilderbuchserie venezianischer Geschichte, wobei es nicht an legendären Ausschmückungen und schamlosen propagandistischen Darstellungen fehlt, wie zum Beispiel bei der malerischen Schilderung der Ereignisse des Vierten Kreuzzuges.

Was ist es eigentlich, das jeden Rundgang durch den Dogenpalast — darin stets einige Abteilungen wegen Restaurierungsarbeiten geschlossen sind — zu einem geistigen Abenteuer besonderer Art macht? Sind es die Kunstwerke, die allerdings nur einen spröden Glanz jenes glorreichen Zeitalters vermitteln, als Venedig noch zu den führenden Mächten Europas zählte? Sind es die riesigen Ausmaße der Sitzungssäle — wobei vor allem noch die Sala dello Scrutinio zu nennen wäre, die funktionell zur Sala del Maggior Consiglio gehörte, weil hier die Ausschüsse des Großen Rates tagten — oder ist es dieses fast kaum spürbare Nachbeben einer Geschichte, die hier erwogen, beschlossen, inszeniert worden ist? Und von der doch nichts anderes übrigblieb als einige allerdings großartige Kunstwerke und eine ganze Bibliothek analysierender, lobender, kritischer und insgesamt den Nachruhm dieser Geschichte beschreibender Bücher. „In seinen großen Jahrhunderten war

Venedig mehr als ein bloßes Spektakel", schreibt James Morris, „und die Welt strömte nicht nur herbei, um sich die goldenen Pferde anzusehen oder Tizian persönlich die Ehre zu erweisen, sondern um Währungen umzutauschen, Geld zu investieren, Schiffe zu mieten, über Diplomatie und Krieg zu sprechen, sich einzuschiffen, Neuigkeiten aus dem Osten in Erfahrung zu bringen, zu kaufen und zu verkaufen. Die Himmelfahrtsmesse zog Händler, Fabrikanten, Finanzleute und sogar Modezeichner aus ganz Europa an (eine große, nach der letzten Mode gekleidete Puppe wurde auf der Piazza aufgestellt, um als Mannequin für die Moden des kommenden Jahres zu dienen). Und die berühmteste aller venezianischen Institutionen war der große kommerzielle Börsenbetrieb an der Rialtobrücke, eines der ersten Fakten europäischer Geschichte. Für die Europäer des Mittelalters war der Rialto eine ebenso bedeutende Gegebenheit wie die Weltbank oder die Wall Street heute. Es war der Hauptfinanzkanal zwischen Ost und West und das eigentliche Kraftwerk des venezianischen Imperiums."

Und in den Riesensälen, in den dunkel getäfelten Nebenzimmern, in der Sala della Quarantia Civil Nuova und Civil Vecchia, im sogenannten Liagò, in der Sala del Consiglio dei Dieci (um die Mitte des 16. Jahrhunderts entstanden), in der Sala del Senato und in der Sala del Collegio und wie diese Räume alle heißen, die heute nur noch musealen Zwecken dienen, in diesen Sälen und Zimmern sind die politischen und bürokratischen Voraussetzungen geschaffen worden für das Überleben des venezianischen Imperiums auch in Krisenzeiten. Denn der Niedergang Venedigs als politische Großmacht war qualvoll und dauerte ungebührlich lange. Er war von Ereignissen geprägt, die heute in den Geschichtsbüchern manchmal nicht viel mehr als eine Fußnote ausmachen, auf die Venedigs Politiker aber doch immer wieder reagieren mußten, bis schließlich zu Beginn des 18. Jahrhunderts die Serenissima so schwach und kraftlos wurde, daß ihr in ihrer „allmählichen Entkräftung von Macht zu Prunk, von Prunk zu Frivolität, von Frivolität zu Ohnmacht" (J. Morris) nur noch die Selbstaufgabe von 1797 blieb. Nicht zufällig gab es in jenen Jahrzehnten des unaufhaltsamen Niederganges ein böses Bonmot über Venedig, das besagte, daß hier das Pulver, das Engländer und Franzosen für ihre Kanonen verwendeten, für gewöhnlich feucht sei; und wenn es doch gegen alle Erwartung einmal trocken sei, dann gebrauche man es lediglich für eines der kostspieligen und völlig nutzlosen venezianischen Feuerwerke.

Labyrinth aus Gassen, Plätzen und Brücken

Venedig ist immer für eine Überraschung gut. Dem ahnungslosen Besucher kommt das spätestens dann zu Bewußtsein, wenn er durch die Ramo Salizada Zusto wandert, was nicht ohne Schwierigkeiten vor sich gehen dürfte, weil dieses Gäßchen nur knappe siebzig Zentimeter breit ist. Dafür kann man sich an ungemein phantasievollen Namen delektieren und dabei zu ergründen versuchen, warum eine der angeblich rund dreitausend Gassen Venedigs ausgerechnet „Gasse der lockenköpfigen Frau“ heißt, was zweifellos auf eine der interessanten Lokalgeschichten verweist, die sehr oft nicht mehr zu rekonstruieren sind. Und es gibt einen „Aufgefüllten Kanal der Gedanken“, der daran erinnern soll, daß dieser schmale Fußweg zwischen herabgewohnten, zum Teil auch schon verfallenden und leerstehenden Häusern einst ein Kanal gewesen ist. Man kann auch eine „Breite Gasse der Sprichwörter“ kennenlernen oder eine „Erste“ und „Zweite verbrannte Gasse“, die an die vielen Brandkatastrophen erinnern, von denen Venedig immer wieder heimgesucht worden ist. Romantische Empfindungen könnte die „Gasse der Liebe“ wecken, wobei man allerdings auf der Hut sein sollte, weil eine solche Namensgebung auch damit etwas zu tun haben könnte, daß es hier früher einmal ein verrufenes Haus gegeben hat. Eindeutiger zu definieren war da schon die Calle Sporca, also die „Schmutzige Gasse“, der man nach dem letzten Weltkrieg freilich einen anderen, harmloseren Namen geschenkt hat. Und auch für skurrile Intermezzi wird es stets einen Anlaß geben. Der englische Dichter Browning entdeckte eines Tages eine Gasse, die so schmal war, daß er seinen Regenschirm nicht mehr zu öffnen vermochte, eine Erfahrung, die man auch heute noch durchaus bestätigen kann, sofern man sich in manchen dieser Durchschlüpfe nicht eines winzigen Damenschirms bedient, um einigermaßen unbehindert voranzukommen.

Venedig besitzt etwas Labyrinthisches und damit heillos Verwirrendes, und nie werde ich die ratlose Verzweiflung jener Italienerin vom Festland vergessen, die es sich eines Tages in den Kopf gesetzt hatte, ohne jede Zuhilfenahme eines Vaporetto von der Frarikirche zum Piazzale Roma zu gelangen. Die Frau verirrte sich schon auf dem ersten Drittel ihrer Wegstrecke so gründlich und auch so ausdauernd, daß ich ihr immer wieder auf dem — im übrigen gleichfalls nicht ganz einfach zu findenden — Weg zur Vaporettostation begegnete, von wo ich sie mit Hilfe einiger hinzugekommener Venezianer stets von neuem in Richtung Piazzale schickte. Aber nach einigen Minuten tauchte sie unweigerlich in einer jener schmalen, gewundenen Gassen wieder auf, die in die entgegengesetzte Richtung führten. Die Frau war von sanfter und mir unerklärlicher Geduld. Und in ihren Augen schimmerte abgrundtiefes Mißtrauen, als ein älterer Herr, sichtlich ein Venezianer, sie endlich am Arm faßte und dann lange auf sie einredete, dabei mit beiden Händen eine Reihe von Zeichnungen in die feuchte Luft malend, die zwar jedem detailfreudigen Straßenplan alle Ehre eingelegt hätten, die aber doch den einen Fehler besaßen, fast unsichtbar oder zumindest reichlich verwischt zu sein.

Ich habe übrigens keine Ahnung, ob und wie diese Frau zum Piazzale Roma gefunden hat, weil ich selbst ausdauernd damit beschäftigt war, endlich die Vaporettostation zu finden. Das ist tatsächlich nicht ganz einfach, wenn man noch tief in Gedanken über die kunsthistorischen Schätze der Frarikirche eine der zahlreichen Abzweigungen, unerwarteten Kreuzungen, Biegungen, Windungen fehlerhaft bewältigt hat, weil man nicht unentwegt auf die Hauswände geblickt hat, wo in mehr oder minder verblaßter Schrift die richtigen Hinweise angebracht sind. Zu einem nicht ungefährlichen Unterfangen kann eine solche Spurensuche bei Hochwasser werden, wenn man über schmale Holzstege hinweg balancieren und gleichzeitig diese Hinweisschilder im Aug' behalten muß.

Venedig sei ein Ort der Enge, hat einmal ein englischer Autor seufzend festgestellt, der längere Zeit in der Stadt zugebracht hatte. Ich würde das als eine höfliche Untertreibung bezeichnen und mich eher der zynischen Meinung eines anderen englischen Venedigliebhabers anschließen, der davon sprach, daß ihn die Gassen dieser seltsamen Stadt an „Gänge in irgendeinem alten und muffigen Gefängnis“ erinnerten, das zwar ungemein dekorativ, aber hoffnungslos hinter der Zeit zurückgeblieben sei.

Doch das ist nur ein Teil der Wahrheit, und zwar jener Teil, der sich darauf stützen kann, daß Venedig nur noch ein einziges riesiges Museum ist, für dessen Besichtigung man die unverschämtesten Preise der Welt bezahlen muß. Aber es gibt eben noch ein anderes Venedig, eines, das nach wie vor lebt und sich nicht in einen Basar verwandelt hat, darin man von Antiquitäten bis zu Anekdoten buchstäblich alles — und alles zu maßlos überhöhtem Preis — einkaufen kann. Und das ist ein Venedig der Stille und des unverfälschten Lokalkolorits, das sich in einer unvermuteten Biegung einer Gasse, im stehenden Wasser eines abgestorben anmutenden Kanals oder auch in einem der vielen Campi der Stadt ausdrückt, in jenen manchmal winzigen Plätzen also, die auch heute noch, da Venedig in der Tat auszusterben und zu einem Denkmal seiner selbst zu werden droht, das Zentrum jener Urbanität sind, die auf den Trampelpfaden des Massentourismus zwischen Piazzale Roma, Santa Lucia und Markusplatz längst verschwunden ist.

Jeder Stadtbezirk, schreibt James Morris, sammle sich um seinen eigenen Platz, „campo“ genannt, weil er in den junfräulichen Tagen Venedigs gewöhnlich eine Art nasses Stück Feld gewesen sei. Und dann klassifiziert Morris die seiner Meinung nach interessantesten Campi der Stadt. Dabei bezeichnet er jenen von San Polo als „fesch“, den von Santa Maria Formosa als stramm und drall, was der reizvollen Intimität dieses Platzes zwischen der Dominikanerkirche von San Zanipolo und dem Markusplatz nicht ganz gerecht wird. San Giacomo dell’Orio nennt er ungehobelt, den Platz von Santo Stefano elegant, während der Campo von Santa Margherita im Stadtviertel von Dorsoduro angenehm und gemütlich sei. Diesem letzteren Platz widmet Morris eine etwas ausführlichere Beschreibung, in der es unter anderem heißt: „Mitten auf dem Campo Santa Margherita steht unerwarteterweise ein kleines

viereckiges Gebäude, so eine Art mittelalterliches Rathaus, das einst das Zunfthaus der Pelzhändler war und jetzt eine Möbelfabrik ist"; eine Feststellung, die man insofern korrigieren muß, als dieses Haus heute leersteht und früher einmal Mittelpunkt eines Fischmarktes gewesen ist, woran noch eine verwitterte Steintafel erinnert, auf der die genauen Maße jener Fische angegeben sind, die hier einst feilgeboten wurden. Bei Morris heißt es dann weiter: „Am einen Ende des Platzes steht ein alter Turm, einst Kirche, heute Kino", was auch schon wieder seit Jahren überholt ist, „und am anderen Ende erhebt sich der große rote Campanile der Carmini-Kirche mit einer von Licht angestrahlten Madonna auf der Spitze. Zwischen diesen drei markanten Punkten florieren alle typischen Künste Venedigs und machen den Campo zu einer selbständigen kleinen Stadt, in deren begrenztem Bannkreis man fast alles findet, was zum normalen Leben nötig ist."

Diese Schilderung ist mehr als ein Vierteljahrhundert alt, und an dem, was sich seit damals verändert hat, mag man den unaufhaltsamen Niedergang Venedigs als lebendige, lebensfähige Stadt erkennen. Denn die meisten der Geschäfte und winzigen, aber funktionstüchtigen Läden, von denen James Morris berichtet, sind inzwischen verschwunden. Nur die Zahl der Kneipen und Kaffeehäuser hat sich, zumindest in den Sommermonaten, deutlich vermehrt, was damit zusammenhängt, daß man den Touristen auf der Suche nach einem volkstümlichen Ambiente behilflich zu sein und dabei natürlich auch auf seine eigene Rechnung zu kommen versucht. Zustimmen muß man James Morris, wenn er seinerzeit schrieb: „Gleich vielen anderen venezianischen Campi ist Santa Margherita ein unverbildeter, volkstümlicher Ort. In seinen Cafés sitzen keine Spitzen der Gesellschaft, keine Filmstars schlagen auf den Stufen seines Kriegerdenkmals wirkungsvoll die Beine übereinander, zufällig vorbeikommende Touristen befragen verwirrt ihre Stadtpläne und streben eilend großartigeren Plätzen entgegen . . . und doch kann man dem, der das venezianische Leben schmecken will, nichts Besseres empfehlen, als sich ein, zwei Stunden in einer solchen Szenerie hinzusetzen, einen billigen Weißwein aus Venetien zu trinken und diese spezielle kleine Welt zu beobachten, die sich dort vor seinen Augen dreht."

Diese Bilder stimmen, aufs Ungefähre und Ungenaue betrachtet, auch heute noch. Und auf eine ganz merkwürdige Weise stimmen sie wieder auch nicht. Oder sie sind zwar noch vorhanden, aber es hat sich ein Vorhang über sie gelegt, eine Art Schleier, und man hat unaufhörlich das Gefühl, als ob diese kleine Welt, die eine Idylle zu sein scheint, sich unaufhörlich fortbewege, sich unwiederholbar entferne.

Campo Santa Margherita heute: Da gibt es eine Art Ringelspiel, untergebracht in einem Verschlag aus Holz und Wellblech, darin ein paar Holzpferde stehen und auf ihre kindliche Kundschaft warten. Das sind einige dünnästige, wie zerrissen anmutende Bäume, die eher wie der Überrest einer Theaterdekoration aussehen als ein Stück Natur inmitten von Dorsoduro. Das sind einige unbequeme Bänke, die wie verloren auf dem weiten, langgestreckten Platz stehen, früher einmal rotlackiert, heute staubbedeckt, zersplittert, vom unvermeidlichen Taubenkot benetzt. Einige Läden halten noch offen, erinnern mit ihren altmodisch eingerichteten Auslagen an früher, als wirklich noch in jedem der uralten Häuser an diesem Platz Menschen lebten. Eine Trattoria, die sich mit wackligen Blechtischchen und Plastikstühlen auf den Platz hinausgewagt hat, täuscht Lokalkolorit vor und pirscht sich mit ihren Preisen vorsichtig an die Unverschämtheit heran, mit der man in San Marco und am Rialto die Kundschaft schröpft. Aber die Deutschen, Skandinavier und Engländer, die hier bis weit über den Mittagstisch hinaus sauren Wein und schales Bier trinken, während ihnen das Sonnenlicht auf die bleichen Gesichter fällt, sind es anscheinend zufrieden. Kaum einer von ihnen riskiert ein paar Schritte hinüber zum Campo Santa Maria del Carmelo mit der berühmten Carminikirche und der noch berühmteren Scuola Grande dei Carmini, wo es neun der schönsten Deckenbilder Tiepolos gibt, gemalt zwischen 1739 und 1744 für die einflußreiche Marienbruderschaft, die vor allem im 17. und 18. Jahrhundert großen Einfluß auf das öffentliche Leben in Venedig hatte. Unweit davon erinnert auch die angebliche Casa Otello an den unglücklichen Mohren von Venedig, an diese durch Shakespeare und Verdi tatsächlich unsterblich gewordene legendäre Figur aus dem reichen Anekdotenschatz Venedigs, an den erfolgreichen Verteidiger Zyperns und eifersüchtigen Mörder seiner Gattin Desdemona.

Auf dem Campo Santa Margherita spielen Kinder, wärmen sich die Alten in der Sonne. Es sind freilich nur noch zwei Kinder, zwei Buben, denen man hier regelmäßig begegnen kann, und mindestens ein Dutzend alter Menschen, denen dieser weite Platz so etwas wie ein letztes Stück vom Paradies bedeutet, eine Erinnerung an früher, als dieser Campo noch wirklich eine Funktion besaß, noch ein Zentrum dieses Stadtteils war, aus dem bald auch die letzten jungen Familien fortziehen werden, weil das Überleben in Venedig immer schwieriger wird. Vom Fremdenverkehr kann man drüben in der Merceria, kann man rund um San Marco, draußen auf dem Lido oder am Rialto existieren. Hier in Dorsoduro ist das so gut wie unmöglich. Und irgendwann wird auch das alte, ausgeleierte Ringelspiel mit seinen hölzernen Pferden verschwinden, werden die letzten winzigen Geschäfte schließen und wird sich eine große Stille, wie sie in jedem Museum vorkommt, über den Campo Santa Margherita legen.

Auf dem Campo Santa Maria Formosa, wo auch eine der ältesten Kirchen Venedigs steht, die der Überlieferung nach im 7. Jahrhundert vom heiligen Magnus gegründet worden sein soll und an deren verwittertem Südportal eine kaum noch leserliche Inschrift daran erinnert, daß hier im Ersten Weltkrieg eine österreichische Fliegerbombe explodiert ist — etwas, dem man in Venedig des öfteren begegnen kann —, hier also, halbwegs in der Mitte zwischen San Zanipolo und San Marco, haben bis ins 18. Jahrhundert hinein noch Stierkämpfe stattgefunden, aber auch glanzvolle Feste und Theateraufführungen der venezianischen Bruderschaften. Venedigs vielleicht berühmtester Platz, der Campo San Stefano gleich hinter der Accademiabrücke, war bis ins Jahr 1810 gleichfalls immer wieder Schauplatz solcher Stierkämpfe, die man allerdings nicht mit jenen blutigen und grausamen Abschlachtungen vergleichen darf, wie sie in den spanischen Arenen heute noch vorkommen. An diesem Platz befindet sich auch der Palazzo Pisani, ein barockes Schloß aus den ersten Jahrzehnten des 17. Jahrhunderts, in welchem seit 1897 das städtische Konservatorium und andere kulturelle Einrichtungen untergebracht sind und in dessen Eingangshalle einige mächtige Schiffslaternen und andere maritime Trophäen an die glanzvolle Biographie der Familie Pisani erinnern. Ein gewisser Vettore Pisani war beispielsweise 1379, als Venedig mit Genua im Krieg lag und die Genuesen Chioggia erobert hatten, um von Süden her bis nach San Marco vordringen zu können, er war als Admiral der venezianischen Flotte der Retter des Vaterlandes. Pisani schloß die genuesische Invasionsarmee in Chioggia ein, versperrte die Zugänge zur Lagune mit eisernen Ketten und auch dadurch, daß er bei Malamocco zwei Schiffe, die mit schweren Steinblöcken belastet wurden, auf Grund setzte. Ebenso ließ er in den Schlammbänken vor Venedig Mauern errichten und die Zufahrt nach Chioggia durch Blockadeschiffe abriegeln. Und als schließlich auch eine zweite venezianische Flotte Pisani zu Hilfe eilte, war das Schicksal der Genuesen besiegelt. Außerdem stürzte während der Kämpfe der Campanile von Chioggia ein und tötete den genuesischen Kommandanten Pietro Doria. Vettore Pisani aber wurde mit den höchsten Ehrungen bedacht, welche die Republik zu vergeben hatte. Und es war fast eine Frage nationaler Bedeutung, daß von diesem historischen Augenblick an die meisten Pisani als Seekapitäne und Admirale der Serenissima dienten.

Ein ganz anderes Kapitel sind die Brücken Venedigs, von denen es angeblich mehr als 450 geben soll, eine Zahl, über deren Wahrheitsgehalt wahrscheinlich nicht einmal die Venezianer selbst genau Bescheid wissen. Eine der schönsten, wobei das natürlich eine sehr subjektive Meinung darstellt, ist für mich jene Brücke, die von der Fondamenta della Madonna hinüber zum Campo Arsenale mit seiner Sammlung mehr oder minder mürrischer Steinlöwen führt, weil man von ihrer höchsten Erhebung aus — sie besitzt einen fast majestätischen Buckel — mit einem Blick alle Herrlichkeit und alle Möglichkeiten der untergegangenen Serenissima umfassen kann. Das heute längst schon zur Bedeutungslosigkeit verurteilte Arsenal mit seinen gewaltigen Anlagen, ursprünglich einmal das nachahmenswerte Vorbild aller europäischen Arsenale, liegt nur ein paar Schritte hinter dieser Bogenbrücke. Jenseits des Rio dell'Arsenale dehnt sich das Gassen- und Kanalgewirr eines der volkstümlichen Viertel Venedigs mit seinen vielen kleinen und vergessenen Kirchen und winzigen Plätzen und eher ärmlichen Arbeiterquartieren, rostbraun, ockerfarben und weinrot und eingehüllt von Erinnerungen, die mit der Glanzzeit des venezianischen Arsenals zu tun haben, als hier täglich eine Galeere die Werften verließ und Zehntausende Beschäftigung fanden, wo heute nur noch Niedergang und Verfall und gähnende Leere vorherrschen.

Auch die Brücken haben ihre eigentümlichen und mitunter rätselhafen Namen, beispielsweise die berühmte Seufzerbrücke hinter dem Dogenpalast, auf der einst Lord Byron stand, „in sentimentale, aber auf falscher Information beruhende Träumereien versunken“ (J. Morris). Und es gibt eine Brücke der Liebe, eine der Eifersucht oder eine, die den wundersamen Titel „Zur ehrbaren Frau“ trägt. Eine Strohbrücke darf nicht fehlen, ebenso wenig eine Brücke der Demut oder eine der Höflichkeit. Was es mit der sogenannten Brücke der Fäuste auf sich hat, wird man unschwer erraten, wenn man die einstige Rivalität zwischen den verschiedenen Stadtvierteln kennt, die immer wieder ein Anlaß für heftige, manchmal sogar blutige Auseinandersetzungen gewesen ist. Da braucht es dann schon eine Paradiesbrücke, eine Engelsbrücke — die jener von Rom allerdings weder von den Dimensionen noch von der Schönheit her vergleichbar ist —, um einen versöhnlichen Ausgleich zu haben. Und was die vielbegangenen und vielbeschriebenen Brücken über den Canal Grande angeht, so habe ich darüber schon bei anderer Gelegenheit berichtet, wobei man begierig darauf sein darf, wann die Accademiabrücke, die in den dreißiger Jahren als Provisorium entstanden ist, tatsächlich ihre endgültige Form erhalten wird. Die Venezianer selbst sind in diesem besonderen Fall eher skeptisch. Provisorien haben nämlich nicht nur in Italien, sondern auch in Venedig ein zähes Leben.

Die ersten venezianischen Brücken waren flach, besaßen keine Stufen und konnten mühelos von Pferden und Maultieren beschritten werden. Sie besaßen auch keine Brüstungen und bestanden in der Hauptsache aus geteertem Holz. Manchmal stürzte ein solches Bauwerk mit leisem Seufzen in sich zusammen, was bekanntlich sogar der berühmten Rialtobrücke schon passiert ist, ohne daß man deshalb sonderlich irritiert gewesen wäre; man versorgte die Verletzten, bestattete, sofern es welche gab, die Ertrunkenen und ging daran, innerhalb kurzer Zeit eine neue Brücke zu errichten. Der merkwürdige Walfischrücken der Rialtobrücke verdankt einem solchen Einsturz seine heutige Existenz, und man stimmt mit James Morris gerne überein, wenn er sagt: „Ich glaube, einen der großen Augenblicke des Canal Grande erlebt man dann, wenn man um die Ecke am Fischmarkt biegt und die Rialtobrücke genauso vor sich sieht, wie man sie sich ein Leben lang vorgestellt hat. Das ist eines der Bilder für den Hausgebrauch in aller Welt und eines der wenigen venezianischen Denkmäler, welche die Eigenschaft wahrer Genialität besitzen.“

Ohne Kirchen, Pilger und Reliquien wäre Venedig verarmt

Im Jahre 1799 brach auf dem Campo San Stefano eine Holztribüne zusammen, die man dort errichtet hatte, um möglichst vielen Zuschauern möglichst viel Bequemlichkeit bei der Beobachtung einer der beliebten Stierhatzen zu bieten. Es gab zahlreiche Tote und Schwerverletzte, und die Behörden sprachen sich unter dem Eindruck dieses Unglücks für ein Verbot der populären Stierkämpfe aus, wobei es freilich einige Jahre dauerte, bis dieses Verbot auch tatsächlich überall in Venedig durchgesetzt werden konnte. Manche Venezianer empfanden das Unglück von San Stefano als einen Fingerzeig des Himmels, als eine Art Strafe für ein gerade erst ablaufendes Jahrhundert der Sittenlosigkeit und des Niedergangs so gut wie aller religiösen und gesellschaftlichen Ordnung, das zwar später einmal als das Zeitalter des venezianischen Rokoko seine kunsthistorische Würdigung erfahren sollte, das aber tatsächlich das Ende der Serenissima bedeutete.

In den sogenannten Kasinos vor allem in San Marco und am Rialto, die mit unerhörter Pracht ausgestattet waren, deren Zahl gegen Ende des 18. Jahrhunderts mit mehr als tausend angegeben wurde und die nicht immer nur dem erlaubten und allerdings auch kostspieligen Glücksspiel — das, wenn sich Falschspieler seiner bemächtigten, teilweise mit drakonischen Strafen verfolgt wurde —, sondern die auch anderen Unterhaltungsarten dienten, in diesen Kasinos also kam es immer wieder zu Exzessen, die in der Stadt des heiligen Markus eigentlich unvorstellbar hätten sein sollen. „Gelegentlich wurden selbst in den allervornehmsten Kasinos derartige Orgien gefeiert, daß nicht einmal die Diener den Saal betreten durften", berichtet Casimir von Chledowski in seiner Arbeit über das Rokoko in Venedig. „Die Festteilnehmer bekamen die Speisen durch ein kleines, eigens zu diesem Zweck in der Mauer angebrachtes Fenster hineingereicht. Die neugierigen Lakaien hatten jedoch kleine Spalten in die Türen gebohrt, und am nächsten Tag wußte die ganze Stadt, auf welche Weise in diesem Kasino die

Gesellschaft, die aus zwanzig Damen, ihren Ehemännern und noch anderen Frauen bestand, die Nacht verbracht hatte. Die Schilderungen der neugierigen Lakaien lassen sich nur mit Szenen aus Pietro Aretinos ‚Ragionamenti' vergleichen."

Und wer diese derb erotischen, lasziven und von praller Sinnenfreude erfüllten Geschichten des literarisch hochbegabten und moralisch bedenkenlosen Satirikers und Pamphletisten Aretino kennt, dem bietet sich eine ungefähre Vorstellung dessen, was in solchen Etablissements allnächtlich vor sich gegangen ist.

In den fünfziger Jahren unseres Jahrhunderts, als die Spielhöllen und Kasinos mit ihren anrüchigen Vergnügungen längst abgeschafft waren und Venedig allen Ernstes von sich behaupten durfte, die am meisten puritanische und damit wohl sittenstrengste Stadt an den Ufern des Mittelmeeres zu sein, in den fünfziger Jahren unseres Jahrhunderts also zählte man noch etwas mehr als hundert Kirchen in der Stadt — eine Zahl, die inzwischen auch schon wieder zurückgegangen ist — und an die fünfzig Klöster, die von dreizehn verschiedenen Ordensgemeinschaften betreut wurden. Dreißig davon waren damals Frauenklöster, was insofern etwas überrascht, als es zweihundert Jahre zuvor in Venedig auch nicht viel mehr solcher Klöster gegeben hat, nämlich an die 35. Diese waren in zwei Kategorien unterteilt. In der einen wurde gebetet und im Chor gesungen, wie das der Literat Melchior Gioia einmal süffisant anmerkte, „und in den anderen sollten die Insassinnen nur ihr Leben so angenehm wie möglich verbringen". In die Klöster strenger Observanz kamen jene Mädchen, die aus Neigung oder auch aus sozialer Not gezwungen waren, den Schleier zu nehmen, während beispielsweise zu den Benediktinerinnen von San Zaccaria oder zu den Augustinerinnen vor allem Töchter aus angesehenen Patrizierfamilien kamen. Das hatte nicht zuletzt auch damit etwas zu tun, daß sich manche Väter die kostspielige Mitgift ersparen wollten, die einer heiratsfähigen Tochter mit in die Ehe zu geben gewesen wäre.

Aber die jungen Venezianerinnen, die auf diese Weise zu Nonnen gemacht wurden, wußten sich durchaus zu helfen. Die Literatur des 18. Jahrhunderts, soweit sie Venedig betrifft, ist reich an Beispielen, wie man die mehr oder minder unterhaltsame bis frivole Lebensgestaltung solcher Geschöpfe darstellen kann. Die Nonnen von San Zaccaria etwa hatten eigene Appartements unweit des Klosters zur Verfügung, wo sie ungestört ihre Liebhaber empfangen konnten. Andere Ordensschwestern, die sich eine solche Bequemlichkeit nicht leisten konnten, brauchten deshalb keinesfalls auf die Annehmlichkeiten eines durchaus irdischen Daseins zu verzichten. Sie bedienten sich einfach der sogenannten Moneghini; das waren junge Burschen, aber auch abenteuerlustige Lebemänner, denen die Überwindung von Klostermauern eine schöne Selbstverständlichkeit war und die man augenzwinkernd als legitime Liebhaber von Nonnen respektierte.

Was diesen Moneghino angeht, der als Liebhaber oder ständiger Begleiter venezianischer Nonnen tatsächlich so etwas wie eine aus der Gewohnheit heraus entstandene Institution war, so beschäftigten sich mit ihm die Behörden schon seit dem 14. Jahrhundert. Eine ganze Reihe von Dekreten wurde gegen seine reichlich unmoralische Existenz erlassen, „aber diese Erlässe blieben tote Buchstaben“, wie Chledowski das nüchtern formulierte. „Selbst die angedrohten zweijährigen Gefängnisstrafen in irgendeinem dunklen Verlies oder schwere Geldstrafen konnten die Moneghini nicht davon abhalten, die Nonnen aus den Klostermauern zu entführen.“

Oder sie hinter denselben in leidenschaftliche Verlegenheit zu bringen, wie man wohl hinzufügen muß, wenn man die zahllosen Histörchen und Anekdoten kennt, die man sich in Verbindung mit solchen für Venedig keinesfalls ungewöhnlichen Liebesgeschichten — aus denen mitunter sogar Heiratssachen wurden — das ganze 18. Jahrhundert hindurch erzählte. „Die verliebteren, leidenschaftlicheren Nonnen durchbrechen alle Fesseln“, berichtete ein französischer Aristokrat namens Lomojon de Saint-Didier, den wie viele andere europäische Reisende von Distinktion und Vermögen nicht zuletzt die Aussicht auf ein amouröses Abenteuer nach Venedig getrieben hatte und der, wie man das heute noch seinen offenherzigen Aufzeichnungen entnehmen kann, von der Schönheit und dem delikaten Schnitt der Wäsche dieser Nonnen ungemein entzückt gewesen ist. Es gebe, versicherte er, keinen hübscheren Anblick als diese blumengeschmückten, modisch gekleideten und in der Kunst der Koketterie wohlerfahrenen Nönnchen. Sein Landsmann Fourlay — ein Graf und zudem Gesandter Frankreichs in Venedig, verheiratet und Vater eines heranwachsenden Sohnes — muß von ähnlichen Gefühlen bewegt gewesen sein, als er einer gewissen Maria de Riva aufs heftigste den Hof machte. Maria de Riva war das, was man eine Tochter aus allerbestem Hause nennen darf, die trotzdem im Alter von sechzehn Jahren von ihrer Familie dazu angehalten worden war, bei den Benediktinerinnen von San Lorenzo den Schleier zu nehmen. Sie war dann gerade dreißig Jahre alt, als Graf de Fourlay sie zu seiner Geliebten machte, was angesichts der exponierten Stellung des Liebhabers zu einigen Komplikationen führte und den Spitzeln der Inquisition — offiziell hießen sie „Inquisitori di stato" — erhebliche Arbeit eintrug. Die ganze Geschichte endete Mitte der fünfziger Jahre des 18. Jahrhunderts schließlich tragikomisch, indem man Maria de Riva in ein Kloster nach Ferrara abschob, was sie nicht daran hinderte, dort ein Liebesverhältnis mit einem Offizier anzufangen, den sie später in Bologna auch heiratete. Fourlay aber, der seiner Geliebten wegen sogar eine diplomatische Korrespondenz mit Paris riskiert hatte, kehrte resignierend nach Frankreich zurück.

Casanova hat einige Details dieser Geschichte in seinen Memoiren verwendet. Ein anderer Hinweis auf die Authentizität dieses venezianischen Rokokoromans findet sich in den Archiven der Inquisition, der es immerhin gelungen war, die Dienerschaft des französischen Gesandten zu bestechen, so daß jeder seiner illegitimen Schritte ins und ums Kloster von San Lorenzo minuziös aufgezeichnet werden konnte.

Und derlei soll, fragt sich der unvoreingenommene Besucher Venedigs irritiert, in einer Stadt möglich gewesen sein, die nicht nur für ihr frommes Zeremoniell, für ihre Verschmelzung von geistlichem Kult und politischen Interessen berühmt gewesen war, sondern auch für ihre Geschicklichkeit, das christliche Abendland mit Reliquien zu versorgen? Und die, gemessen an der Zahl ihrer Einwohner, über mehr Kirchen als Rom verfügte?

Aber war und ist man in Venedig, wo seit mehr als tausend Jahren ohne die Mithilfe des heiligen Markus so gut wie nichts Entscheidendes erledigt werden kann, tatsächlich so fromm, wie man das eigentlich annehmen müßte, wenn man sich lediglich auf die offizielle Biographie der Serenissima stützt? Die Venezianer seien nicht ganz so religiös, wie das die große Zahl ihrer Kirchen signalisiere, schrieb einmal Guido Piovene. Der bekannte Publizist Barzini gab eine ähnlich lautende Erklärung des Phänomens ab, daß die Geschichte Venedigs eine ununterbrochene Kette von gravierenden ethischen und religiösen Stilbrüchen sei. Und James Morris schrieb: „Die Republik war nie feudal und ihr politisches System klerikaler Einschüchterung gegenüber nie willfährig. Es gab einmal eine Zeit zu Beginn des 17. Jahrhunderts, als Venedig dicht vor der Grenze zum Protestantismus stand. Mehrmals in seiner Geschichte wurde es vom Papst angeklagt und exkommuniziert. Zur Zeit, als Paolo Sarpi theologischer Berater des Dogen war, während der ersten Dekade des 17. Jahrhunderts, nahm der Streit mit dem Heiligen Stuhl so heftige Formen an, daß Venedig zum Vorkämpfer säkularer Staatsrechte wurde und zwei Bischöfe in den Gefängnissen des Dogenpalastes schmachteten."

Venedig, vielen europäischen Christen über Jahrhunderte hinweg der Inbegriff staatspolitisch abgesicherter und in allen Lebensbereichen ganz selbstverständlich praktizierter Religiosität, Venedig hat in Wahrheit auch die Religion stets den lokalpolitischen und ökonomischen Interessen untergeordnet. Priester, die am Canal Grande eine Pfarre übernehmen wollten, benötigten dazu das wohlwollende Einverständnis zuerst der Gemeindemitglieder und dann natürlich auch der Behörden, während die Kurie immer erst im nachhinein — und wie nebenbei — von der Bestellung des neuen Gemeindepfarrers Kenntnis erhielt. Und Venedigs Bischöfe wurden nicht vom Vatikan, sondern vom Großen Rat nominiert. Selbst der Patriarch brauchte die Zustimmung des Dogen, wenn er eine Synode einberufen wollte. Im übrigen durfte in Venedig kein Geistlicher ein offizielles kirchliches Amt übernehmen, wenn er nicht den Nachweis erbringen konnte, gebürtiger Venezianer zu sein. Und was die Haltung venezianischer Behörden gegenüber unbotmäßigen Geistlichen angeht, so wird sie am nachhaltigsten durch den Umstand charakterisiert, daß bis ins 15. Jahrhundert Priester — denen irgendein Vergehen mehr oder minder schwerwiegender Natur nachgesagt und manchmal nicht einmal nachgewiesen wurde — in Käfige gesperrt und dann an der Außenwand des Campanile von San Marco aufgehängt wurden. Einige dieser Unglücklichen, die mitunter viele Monate lang in ihrem luftigen Gefängnis schmachten mußten, sollen sogar verhungert sein. Allerdings waren diese Käfige, in denen auch gewöhnliche Verbrecher ihre Strafe abzusitzen hatten, rasch eine ausgesprochene Touristenattraktion, was beweist, daß man in Venedig immer schon einen Sinn für pittoreske Zerstreuungsmöglichkeiten gehabt hat, mit denen man die zugereisten Fremden unterhalten konnte.

Ein weiteres Indiz für die Aufsässigkeit des Staates gegenüber der Kirche mag darin zu erkennen sein, daß der Große Rat ausnahmslos an Sonntagen zusammentrat. Auch die Selbstverständlichkeit, mit der venezianische Kaufleute selbst dann noch dem einträglichen Sklavenhandel frönten — und dabei kaum Unterschiede zwischen Christen und Heiden machten —, als die Päpste in Rom längst schon jeden christlichen Sklavenhändler mit der Exkommunikation bedrohten, spricht nicht gerade für den frommen Gehorsam der Venezianer der Kirche gegenüber.

Im Jahre 1867, als ein verheerendes Feuer die Dominikanerkirche von Santi Giovanni e Paolo bedrohte, hatten die verstörten Mönche möglicherweise manche Ursache, von antireligiösen Elementen zu sprechen, die als ketzerische Brandstifter aufgetreten wären. Eine ganze Reihe von venezianischen Kirchen wiederum wurde im Verlauf der Zeit von den praktisch denkenden Lagunenbewohnern zweckentfremdet; so etwa Santa Marina, das in eine Kneipe umgewandelt wurde. Und die berühmte Kirche Madonna dell'Orto hinter dem alten Judenviertel, die an ein Muttergottesbild erinnern soll, das unter geheimnisvollen Begleitumständen in einem nahegelegenen Garten gefunden wurde, mußte im 19. Jahrhundert als Stall und Pulvermagazin dienen und wurde erst 1932 als Kirche wiederhergestellt, wobei allerdings weniger religiöse als kunsthistorische Motive ausschlaggebend gewesen sein dürften. Denn Madonna dell'Orto ist ein großartiges Museum für die Werke Tintorettos, der im Presbyterium dieser Kirche auch seine Grabstätte hat.

Andere venezianische Kirchen wurden in ein Lichtspieltheater oder in Fabriken umgewandelt. San Bartolomeo diente im 15. Jahrhundert als Schule für angehende Staatsbeamte. Aus San Vitale wurde eine Kunstgalerie, in San Leonardo trafen sich viele Jahre lang die Mitglieder einer Musikkapelle. Als Napoleon, um Platz für die öffentlichen Gärten zu schaffen, 1797 den Befehl gab, vier Kirchen einfach niederzureißen, empörte sich kein einziger Venezianer gegen diesen ebenso skurrilen wie barbarischen Befehl. Unter den Fundamenten des heutigen Bahnhofs von Santa Lucia liegt angeblich eine von Palladio erbaute Kirche. Unweit der Bahnhofsbrücke erhebt sich noch eine byzantinische Säule; sie ist alles, was von einer Kirche namens Santa Croce übriggeblieben ist. Und als in den sechziger Jahren des vorigen Jahrhunderts Pläne veröffentlicht wurden, die Basilika von San Marco gründlich zu restaurieren, um sie vom entwürdigenden Zustand musealer Zurschaustellung zu befreien — einige besonders radikale Bilderstürmer forderten überhaupt ihre Beseitigung —, da gab es nicht wenige Venezianer, die sich mit solchen Überlegungen durchaus solidarisch erklärten. Wahrscheinlich rettete damals nur die kaufmännische Vernunft der vom Fremdenverkehr abhängigen und an ihm vortrefflich verdienenden Venezianer die Basilika vor einer totalen „Säuberung" und damit Zerstörung.

Es ist zweifellos ein recht merkwürdiges Verhältnis, das die Venezianer zur Religion haben und das sie schon vor vielen Jahrhunderten eingegangen sind. Und was Egon Friedell einmal über die religiöse Mentalität des Mittelalters geschrieben hat, trifft im besonderen auch auf die Venezianer zu: „Damals glaubte man wirklich an alles. Man glaubte an jede Vision, jede Legende, jedes Gerücht, man glaubte an Wahres und Falsches, Weises und Wahnsinniges, an Heiliges und Hexen, an Gott und an den Teufel. Aber man glaubte auch an sich."

In Venedig machte man daraus sehr früh ein Geschäft. Und gehorchte dabei in den Anfängen der eigenen politischen und ökonomischen Existenz dem damals noch beispielhaften byzantinischen Vorbild. „Der von der Ära Konstantins des Großen ausgehende Reliquienkult hat im Mittelalter eine ungeheuere Bedeutung gewonnen. Reliquien, Überbleibsel von Heiligen, ihre Asche und ihre Skelette, waren Sammel- und Handelsobjekte ersten Ranges, himmlische Banknoten quasi", schreibt Reinhard Lebe. „So wie heute Bankfilialen überfallen und ausgeraubt werden, sind zum Beispiel die Venezianer in levantinische Kirchen eingebrochen, um deren Reliquienschreine auszuplündern. Und da auf dem Reliquienmarkt einfach nicht genügend Heilige verfügbar waren, erhob die Kirche zur Befriedigung der großen Nachfrage auch Reliquienteile, Partikel von Skeletten, Kleider und Gegenstände, welche die Heiligen benutzt oder berührt hatten, in den Status der Wunderwirksamkeit."

Am Rialto und in San Marco blickte man nicht ohne neiderfüllten Argwohn auf die geschäftstüchtigen römischen Priester, die jahrhundertelang ganze Wagenladungen von Reliquien nach Europa vermittelt und verkauft hatten und denen allerdings die unerschöpflichen Katakomben als ergiebige Reserve für diese Art von gewinnbringendem Handel zur Verfügung standen. In Venedig war man nicht zuletzt durch den Handstreich von Alexandria und die spektakuläre Heimholung eines Leichnams, den man ganz selbstverständlich als jenen des Evangelisten Markus deklarierte, spätestens seit dem ausgehenden 9. Jahrhundert auf den Geschmack gekommen, es den reliquiensüchtigen Byzantinern und den ebenso skrupellosen wie geschäftstüchtigen römischen Priestern gleichzutun. Im Gegensatz zu Rom aber, wo die Geistlichkeit das Monopol für den Reliquienhandel besaß, dachte man am Canal Grande nicht im mindesten daran, die Gewinne aus dem Handel mit heiligem — oder von einer willfährigen Kirche als heilig gekennzeichnetem — Gebein den Priestern zu überlassen. Immerhin hatte man schon mit dem Leichnam des heiligen Markus, der nicht draußen in Olivolo oder in einer Bischofskirche, sondern in der Kapelle des Dogen beigesetzt wurde, auf recht drastische Art bewiesen, daß man im Umgang mit Heiligen und deren makabrer Hinterlassenschaft sich durchaus zurechtzufinden wußte. Außerdem sahen die praktisch veranlagten venezianischen Kapitäne und Kaufleute nicht ein, weshalb sie das Risiko der Herbeischaffung von Reliquien auf sich nehmen sollten, ohne daraus einen Gewinn erzielen zu dürfen. Und nicht zuletzt hatten sie mit dem geraubten Gebein des heiligen Markus die angenehme Erfahrung gemacht, daß es weniger auf die Authentizität einer solchen Reliquie als vielmehr auf deren geschickte politische und wirtschaftliche Vermarktung ankam.

Die Schlußfolgerung, die man aus einer solchen Einstellung ziehen darf, ist ebenso lapidar wie zynisch. Reinhard Lebe hat sie sozusagen auf den Punkt gebracht, als er schrieb: „So wie die Kirche des heiligen Markus zwangsläufig expandierte" — die allerdings niemals eine Staatskirche in jenem politisch einflußreichen Sinne sein konnte, wie sie sich beispielsweise in Rom zu entwickeln vermochte —, „so weitete sich das Patronat des Evangelisten über Venedig zur regelrechten Ideologie aus. Je selbstbewußter Venedig seine neue Großmachtrolle wahrnahm, desto unkirchlicher und undemütiger verquickten die Venezianer die apostolische Geltung des Heiligen mit ihren politisch-wirtschaftlichen Ambitionen."

Man kann es noch einfacher oder brutaler ausdrücken. Venedig raubte Reliquien und verkaufte sie meistbietend. Und inszenierte rund um den Evangelisten Markus einen beispiellosen Kult. Und bediente sich der Kirche, um seinen staatspolitischen Geschäften den Anschein moralischer Integrität zu vermitteln.

Nur sonderlich fromm war man deshalb in Venedig nicht. Und mit der Kirche als übergeordneter Institution hatte man herzlich wenig im Sinn.

In Venedig, wo man nicht selten der ganzen Christenheit mit unverhohlener Gleichgültigkeit oder Arroganz begegnete, wenn es beispielsweise um den Levantehandel und die soliden Geschäfte mit Ägypten ging, sind viele Kirchen heute so etwas wie Stationen auf dem Weg zurück in die glorreiche Vergangenheit der Republik. In der Kirche von Santi Giovanni e Paolo befindet sich im rechten Seitenschiff ein frühbarockes Wandgrab, das an Marcantonio Bragadino erinnert und damit an eines der dunklen Kapitel des Levantehandels, der den Venezianern zwar unermeßlichen Reichtum, aber auch manche demütigende Niederlage einbrachte.

Bragadino war Gouverneur auf Zypern, das über den niemals ganz geklärten Umweg eines frühzeitigen, völlig überraschenden Hinscheidens des Königs von Zypern, der die venezianische Patriziertochter Caterina Cornaro geheiratet hatte, schließlich ins Eigentum der Serenissima übergegangen war. Das geschah in den siebziger Jahren des 15. Jahrhunderts. Und die Gerüchte, daß sowohl die Eheschließung des Zypernkönigs mit einer Venezianerin als auch sein rätselhafter Tod durch venezianische Agenten bewerkstelligt worden seien, wollten lange Zeit nicht verstummen. Rund ein Jahrhundert später griffen die Türken Zypern an und belagerten fast ein Jahr lang die Hauptfestung Famagusta. Marcantonio Bragadino mußte sich schließlich der Übermacht ergeben und nahm das Angebot einer ehrenvollen Kapitulation an, welches ihm der Befehlshaber der Türken machte. Tatsächlich aber erlitt er ein grausames Schicksal. Denn während die meisten gefangenen Venezianer von den Siegern sogleich umgebracht wurden, quälte man Bragadino buchstäblich zu Tode. In einem Bericht heißt es: „Man schnitt ihm Nase und beide Ohren ab, verstümmelte seinen Körper, und zehn Tage lang wurde er zum Pavillon des Paschas geführt, wobei man ihm schwere Körbe voll Erde auf den Rücken band. Man hing ihn auch am Mast eines türkischen Schiffes auf und ließ ihn stundenlang dort baumeln. Endlich wurde er auf den Hauptplatz der Stadt geführt, an einen Pfahl gekettet und in Gegenwart des Paschas langsam bei lebendigem Leib geschunden. Die abgezogene Haut stopfte man dann mit Stroh aus, band sie auf eine Kuh und führte sie im Umzug durch die Straßen. Und als der türkische Pascha schließlich zum Goldenen Horn zurücksegelte, hing diese grausige Trophäe schaukelnd an seinem Flaggschiff."

Bragadinos Haut wurde im Arsenal zu Konstantinopel, das jetzt schon Istambul hieß, als Schaustück ausgestellt. Nach einigen Jahren gelangte diese kostbare Reliquie des venezianischen Nationalstolzes auf geheimnisvolle Weise nach Venedig, wobei es zwei Versionen über diese Heimholung gibt. Demnach soll die Haut von venezianischen Kaufleuten gegen eine respektable Summe legal

erworben oder aber auch durch einen raffinierten Diebstahl aus dem Arsenal entwendet worden sein. Jedenfalls wurde der Haut, die man sorgfältig reinigte und dann von den Priestern segnen ließ, in der großen Dominikanerkirche von Santi Giovanni e Paolo ein ehrenvolles Begräbnis bereitet. Auch das etwas pompös geratene Denkmal sowie ein Fresko, welches die unmenschlichen Leiden Bragadinos schildert, gehörten zu diesem Zeremoniell venezianischer Heldenverehrung. Die Haut selbst liegt in einer kleinen, fast unscheinbaren Steinurne. Sie ist vergilbt und zernarbt und soll, wie von Kennern versichert wird, friedlich zusammengefaltet wie ein Taschentuch sein.

Solche Biographien, die ein dramatisches und des Nachruhms wertes Schicksal erzählen, sind den Venezianern stets ein Anlaß für die Zuhilfenahme geistlichen Beistandes gewesen. San Zanipolo, wie die Dominikanerkirche im Volksmund heißt, ist ein prachtvolles Beispiel für die Symbiose von Kirche und Politik und einer daraus sich zwangsläufig ergebenden nationalen Propaganda. Nicht weniger als 27 Grabdenkmäler für venezianische Dogen machen diese Kirche tatsächlich zum Pantheon Venedigs, wobei die Cappella del Rosario, die einst von der Rosenkranzbruderschaft gestiftet wurde, eine weitere indirekte Erinnerung an Marcantonio Bragadino darstellt. Diese Kapelle wurde zwar 1867 durch einen Brand — der möglicherweise tatsächlich, wie verschiedentlich behauptet wurde, von antireligiösen Elementen gelegt worden ist — fast gänzlich zerstört, ist in Wahrheit aber eine monumentale Danksagung für den Seesieg einer christlichen Armada unter dem Kommando Don Juan d'Austrias über die Türken bei Lepanto. Diese Seeschlacht begann am Morgen des 7. Oktober 1571, und erst wenige Tage zuvor hatte man vom Verlust Famagustas und dem grausamen Schicksal erfahren, das die Türken dem tapferen Marcantonio Bragadino bereitet hatten. „Der ganzen Flotte bemächtigte sich die heiligste Empörung", berichtete ein Chronist, „und man war begierig darauf, sich an den Türken zu rächen."

Diese Seeschlacht, deren Ausgang für die folgenden Jahrzehnte von entscheidender Bedeutung sein sollte und der Christenheit —

aber insbesondere Venedig — tatsächlich eine kurze Atempause gegen die westwärts drängenden Türken verschaffte, diese Seeschlacht forderte von den Venezianern erhebliche Opfer. Ein Admiral namens Barbarigo, ein Verwandter des unglücklichen Marcantonio Bragadino, wurde durch einen Pfeilschuß ins Auge getötet. Giovanni Loredan und Caterino Malipier gingen mit ihren Galeeren unter. Verluste hatten auch die Cornaro, Contarini, Venier, Querini, Soranzo und Canale zu beklagen. Fast die Hälfte aller bei dieser Seeschlacht ums Leben gekommenen Christen, nämlich mehr als viertausend, waren Venezianer, und es gab fast keine Familie in der Lagunenstadt, die nach Lepanto nicht Ursache zur Trauer gehabt hätte. Admiral der venezianischen Flotte, die aus mehr als dreißig Kampfgaleeren bestand, war Sebastiano Venier, dessen Grabmal sich gleichfalls in der Kirche von San Zanipolo befindet, wobei der triumphale Tag von Lepanto für Sebastiano Venier insofern von besonderer Bedeutung war, als seine erfolgreiche Beteiligung an dieser Schlacht mit ausschlaggebend war für seine spätere Ernennung zum Dogen. Er starb allerdings schon ein Jahr danach, nämlich 1578.

Der sarkastische Ausspruch eines Juden namens Salomon Ashkenazi, welcher die Ehre hatte, bei den anschließenden Friedensverhandlungen zwischen Venezianern und Türken in einer vermittelnden Rolle teilzunehmen, schmerzte die selbstbewußten Venezianer freilich fast mehr als die Zahl ihrer Opfer. Denn Ashkenazi hatte warnend gemeint, daß der Tag von Lepanto dem türkischen Sultan lediglich den Bart versengt habe, „aber indem er Zypern eroberte, hat der Sultan Venedig den Arm abgehackt." Tintoretto malte ein riesiges Bild dieser Seeschlacht, das wenige Jahre später bei einem Brand im Dogenpalast vernichtet wurde. Auch Tizian, Veronese und der weniger bekannte Girolamo Campagna befleißigten sich eines kreativen Patriotismus und verewigten vor allem den venezianischen Anteil am glorreichen Seesieg.

Ein anderes Wandgrab in der Kirche von Santi Giovanni e Paolo erinnert an Vettore Pisani, den Sieger von Chioggia, der Venedig vor einer drohenden genuesischen Invasion gerettet hat. Eines Mocenigo, der einst Skutari erobert hat, wird hier ebenso gedacht wie jenes Alvise Mocenigo, der einer der bescheidensten und frömmsten Dogen Venedigs gewesen ist und dennoch Gastgeber sein mußte beim aufwendigsten und kostspieligsten Fest, das die Serenissima jemals einem ausländischen Souverän veranstaltet hat. Dieser war Frankreichs König Heinrich III., und das gargantueske Fest — an anderer Stelle schon beschrieben —, das zu seinen Ehren stattfand, mag dem nicht bloß frommen, sondern auch ungemein sparsamen Alvise Mocenigo einigen Kummer bereitet haben.

Die alte Dominikanerkirche, über deren Baugeschichte es noch immer gegensätzliche Meinungen gibt, ist erfüllt von berühmten Namen und legendären Geschichten. Allerdings auch von einigen merkwürdigen Erinnerungen. Denn nicht nur die Cappella del Rosario erlitt durch nie ganz geklärte Umstände schweren Schaden, auch das weltberühmte Vendramin-Grabmal, das nach einem Entwurf Tullio Lombardos in der Zeit vor 1492 entstanden ist, wurde im Jahre 1810 buchstäblich geschändet; und zwar durch einen mehr als fragwürdigen Abbruch — sieben Jahre später rekonstruierte man das Denkmal —, wobei einige wertvolle Plastiken gestohlen wurden. Rätselhaft ist auch die Entstehungsgeschichte der Kirche, dieses neben der Frarikirche größten und bedeutendsten Sakralbaus der venezianischen Gotik. Man weiß bloß, daß irgendwann in den Jahren zwischen 1229 und 1249 der Doge Jacopo Tiepolo den Dominikanern ein Grundstück zum Kirchen- und Klosterbau schenkte. Das Datum des Baubeginns selbst ist unbekannt. In den dreißiger Jahren des 14. Jahrhunderts gab es mehrere Stiftungen, was die Vermutung erlaubt, daß zu diesem Zeitpunkt an der Kirche bereits gearbeitet wurde. Eine Inschrift über der linken Orgel ist auf das Jahr 1430 datiert. Aber schon im Jahre 1361 wurde hier in einer der Chorkapellen ein Doge, nämlich Giovanni Dolfin, feierlich beigesetzt. Manche unaufmerksame Autoren lassen sich übrigens durch den Umstand irritieren, daß es in San Zanipolo Grabinschriften aus dem 13. Jahrhundert gibt, so etwa ein im byzantinischen Stil gearbeitetes Relief für den Dogen Raniero Zeno, der 1268 gestorben ist. Hier handelt es sich jedoch um spätere Beifügungen, obgleich unbestritten bleibt, daß die Baugeschichte von Santi Giovanni e Paolo noch gründlicher

Recherchen bedarf und, sofern sie einmal erforscht sein wird, noch manche Überraschung enthalten könnte.

Jacopo Tiepolo, der ein auf behutsamen Ausgleich bedachter Doge gewesen sein dürfte, schenkte übrigens auch den Franziskanern am rechtsseitigen Ufer des Canal Grande einen Baugrund für ihren Kirchen- und Klosterbau, wobei mit dem Bau der ersten Kirche, welche den Namen Santa Maria Gloriosa dei Frari trug, spätestens um das Jahr 1340 begonnen wurde. Aber schon wenige Jahrzehnte später — die erste Frarikirche existierte nur bis ins Jahr 1415 — begann man mit der Errichtung dieser zweiten großen Klosterkirche Venedigs in ihrer heutigen Form, deren Hochaltar 1469 eingeweiht wurde. Und ähnlich der Dominikanerkirche ist auch die Kirche der Franziskaner eine großartige Erinnerungsstätte venezianischer Größe und Widersprüchlichkeit. So befindet sich hier das erste Reiterstandbild, das die Venezianer einem Condottiere zubilligten. Es wurde ausgerechnet zu Ehren eines römischen Feldherrn namens Paolo Savelli errichtet, der sich für die Republik jedoch so hervorragend geschlagen hatte, daß man ihn nach seinem Tod (1405) dieser ungewöhnlichen Aufmerksamkeit für würdig erachtete.

An einen weniger glücklichen Mann, nämlich an den Condottiere Carmagnola, erinnert eine unscheinbare Urne, welche die Asche dieses Söldnerführers enthalten soll, dem es die ehrgeizigen Venezianer nicht verziehen haben, daß er auf dem Schlachtfeld weder Glück noch Ehre einzulegen vermochte. Man lockte ihn unter einem Vorwand nach Venedig, klagte ihn hier sogleich des Hochverrats an und enthauptete den Unglücklichen nach einem kurzen Prozeß im Jahre 1432. Allerdings soll sein Leichnam in Mailand bestattet worden sein. Und die Asche in der Urne soll von einem ermordeten venezianischen Patrizier stammen, über dessen Schicksal nichts in Erfahrung zu bringen ist.

Es ist das alles eine recht mysteriöse und düstere Angelegenheit, die einmal mehr beweist, mit welcher Radikalität man in Venedig einst vorzugehen pflegte, wenn das Schicksal des Staates auf dem Spiel stand. Eine merkwürdige Ergänzung dazu findet sich in der Kirche von San Stefano, wo möglicherweise Novello Carrara di

Padova gemeinsam mit seinen beiden Söhnen seine — in Wahrheit nicht mehr eruierbare — Grabstätte hat. Novello Carrara war ein erbitterter Gegner Venedigs, wurde schließlich mit seinen Söhnen gefangengenommen und in aller Heimlichkeit im Dogenpalast ermordet. Die zweifelhafte Ehre eines pompösen Begräbnisses wurde ihm jedoch nicht verwehrt. Schon wenige Stunden nachdem er stranguliert worden war, brachte man seine und die Leichen seiner Söhne nach San Stefano, wo ein feierliches Hochamt zelebriert wurde. Die Venezianer waren dann klug genug, die Begräbnisstätte selbst geheimzuhalten, um sie nicht zu einem möglichen Wallfahrtsort der Feinde Venedigs zu machen. Das alles hat sich zu Beginn des 15. Jahrhunderts abgespielt, als Venedigs Aufstieg zur Großmacht nicht zuletzt dieser Rücksichtslosigkeit wegen, die man Gegnern oder Versagern gegenüber als ganz selbstverständlich empfand, unaufhaltsam zu sein schien.

Solche Geschichten — oder auch die Möglichkeit des Erwerbs von Reliquien oder vor allem der einzigartigen Rolle Venedigs als Handels- und Geldstadt wegen, wozu im 18. Jahrhundert noch die Karnevalsfeste kamen —, solche Geschichten sorgten dafür, daß es am Canal Grande und im Bezirk von San Marco nie einen Mangel an Fremden gab. Viele Kirchen, darunter vor allem die Basilika sowie die beiden Klosterkirchen der Dominikaner und Franziskaner, waren neben den Freudenhäusern und den Kontoren der großen Handelshäuser der bevorzugte Anlaufpunkt einer Klientel, die aus ganz Europa herbeiströmte und immer darauf bedacht war, das Angenehme mit dem Nützlichen zu verbinden. Aber nicht nur Europäer strömten in die Lagunenstadt. „Die Piazza von San Marco“, notierte ein anonymer Mönch im ausgehenden Mittelalter, „scheint ständig von Türken, Libyern, Parthern und anderen Seeungetümen angefüllt zu sein.“ Allein die sogenannte Himmelfahrtsmesse, die erste internationale Handelsmesse Europas überhaupt, lockte jedesmal mehr als 100.000 Besucher an, was nicht nur den Priestern, sondern auch den Taschendieben und zahllosen Kurtisanen eine Fülle von mehr oder weniger diskreten Aufgaben einbrachte. In Verbindung damit muß man vielleicht daran erinnern, daß es bereits im 13. und 14. Jahhundert zahlreiche Gasthöfe gab, deren Besitzer sich damals wie heute durch die Geschicklichkeit auszeichneten, den Gästen die ungeheuerlichsten Preise schmackhaft zu machen.

Aber wer die Wunder Venedigs besichtigt, ein einträgliches Geschäft abgeschlossen, in der Basilika gebeichtet und sich in einem der berühmten Etablissements am Rialto ausgiebig amüsiert hatte, war so beeindruckt oder auch so erschöpft, daß er jeden Preis zu bezahlen bereit war. Zur Ehre der Venezianer muß auch gesagt werden, daß seit dem 13. Jahrhundert eine Art Touristenpolizei existierte, die bei besonders krassen Verstößen energisch einschritt.

Doch zurück zur Frarikirche, wo das Foscari-Monument (um 1460 entstanden) an jenen großen Dogen Francesco Foscari erinnert, der in seiner langjährigen Regierungszeit (er amtierte von 1423 bis 1457) Venedigs Herrschaftsanspruch auf dem Festland begründete und den Dogenpalast völlig neu gestaltete. „Ein Mann von königlicher Gesinnung und Energie" nannten ihn seine zahlreichen Bewunderer, was nicht verhindern konnte, daß man ihn kurze Zeit vor seinem Tod zur Abdankung zwang, weil er zu mächtig und vor allem auch zu beliebt geworden war.

Francesco Foscaris Vorgänger, der Doge Tommaso Mocenigo, während dessen Dogats Venedig einen stürmischen Aufschwung erlebt hatte und dessen Grabmal sich wie das der anderen Mocenigo in der Dominikanerkirche von San Zanipolo befindet, Tommaso Mocenigo also zog 1414 im Alter von siebzig Jahren in den Dogenpalast ein. Die Zeitgenossen bezeichneten ihn als fromm oder sogar heilig, was ihn nicht daran hinderte, sorgfältig aufgebaute Spielzeugburgen, die in der Sala del Maggior Consiglio aufgestellt wurden, mit brüsker Geste umzustoßen, was dann beispielsweise die Eroberung des Friaul durch Venedig symbolisierte. Tommaso Mocenigo diktierte auf seinem Totenbett eine später vielzitierte Bilanz, in der er unter anderem auch dringend vor Francesco Foscari warnte. Das war im April 1423. Mocenigos Ablehnung des Francesco Foscari basierte auf dessen längst bekanntgewordenen Plänen, die militärischen Aktivitäten Venedigs aufs italienische Festland auszudehnen und sich im norditalienischen Raum eine machtvolle Basis zu erobern. Mocenigo warnte: „Doch wenn Ihr Foscari zum Dogen macht, was Gott verhindern möge, dann werdet Ihr binnen kurzem im Kriege sein, und wer zehntausend Dukaten besitzt, der wird sich dann mit tausend wiederfinden. Und wer zwei Häuser hat, wird nur noch eines haben. Aus den Herren der Welt werdet Ihr zu den Vasallen Eurer Kapitäne werden."

Aber des sterbenden Dogen eindringliche Ermahnungen nützten nichts. Francesco Foscari wurde im April 1423 zum Dogen gewählt, und da zu jener Zeit der Doge noch nicht ein machtloser Popanz, eine willenlose Marionette in den Händen des Großen Rates oder des Rates der Zehn war, entwickelten sich die Dinge rasch so, wie es Tommaso Mocenigo vorhergesagt hatte. Es kam zum Krieg mit Mailand, wobei jener Graf von Carmagnola, an dessen unrühmliches Ende eine Aschenurne in der Frarikirche erinnert, eine bedeutende Rolle spielen sollte. Er hieß eigentlich Francesco Bussoni, war ein Bauernsohn aus dem Piemont und hatte sich als Soldat im Dienst für Mailand so sehr ausgezeichnet, daß es ihm schließlich möglich war, den Titel eines Grafen von Carmagnola zu erwerben. Da in jenem Zeitalter ein Condottiere jedoch dem Meistbietenden gehörte und Venedig mehr zahlte als Mailand, wechselte er das Lager und eroberte für die Serenissima vorerst einmal die beiden Städte Brescia und Bergamo.

Carmagnola war zwar ein vortrefflicher Soldat, aber alles andere denn ein vernünftiger Charakter. Zuviele Gerüchte, daß er mit einer Rückkehr nach Mailand liebäugle, erreichten die venezianischen Politiker, beunruhigten sie zuerst und ließen sie dann rasch handeln. Der Rat der Zehn beschloß seine Vernichtung. Und der Rest war Routine. Zwischen den beiden Säulen auf der Piazzetta flog sein Kopf vom Richtblock.

Carmagnola war ein Günstling des Dogen Foscari gewesen. Später einmal würden das seine Gegner — und solche besaß Francesco Foscari in hinreichender Menge — als Indiz gegen die Politik des ehrgeizigen Dogen betrachten. Denn nicht überall in Venedig war man glücklich über die Vorgangsweise, mit der nun die Seerepublik auch auf dem italienischen Festland Fuß zu fassen versuchte. Der

Historiker Kretschmayr freilich erblickte darin die einzige Alternative zur Seemacht-Politik der Serenissima, welche ja gleichfalls nicht ohne Risken war: „Es ist nicht Francesco Foscaris Schuld, es ist sein Ruhm, daß der vielvermaledeite Festlandpolitiker die gebieterische Notwendigkeit der Stunde verstand und den leise wankenden Bau seines Staates statt auf die halbgeborstene Levantesäule auf den massiven Pfeilern der Terra ferma zu stützen unternahm.“ Und der Historiker Frederic Lane schrieb: „Sollten sich die Venezianer aus der italienischen Politik heraushalten, bis ein starker norditalienischer Staat ihre Versorgung störte und ihnen die Handelsstraßen streitig machte?“

Der Krieg mit Mailand dauerte fast drei Jahrzehnte, stürzte Venedig in schwere Krisen, in eine außerordentliche Staatsverschuldung und sicherte der Seerepublik allerdings ein reiches und auch in militärischer Hinsicht nützliches Hinterland, die sogenannte Terra ferma. Brescia, Bergamo, Cremona und Ravenna waren venezianisch geworden, die Serenissima durfte sich einer gesicherten Vormachtstellung in Norditalien rühmen und war damit nicht nur eine mediterrane, sondern auch eine europäische Großmacht. Foscari freilich sah sich in den rund dreieinhalb Jahrzehnten seines Dogats einer wachsenden Opposition gegenüber, die auch vor Attentaten gegen ihn nicht zurückschreckte. Und am 22. Oktober des Jahres 1457 schließlich gelang seinen Gegnern nach langer und sorgfältig vorbereiteter Intrige der entscheidende Schlag. Francesco Foscari wurde vom Rat der Zehn wegen erwiesener Unfähigkeit, die Regierungsgeschäfte auf eine für Venedig vorteilhafte Weise wahrzunehmen, schimpflich abgesetzt.

Wenige Tage später, am 1. November, ist der solcherart gedemütigte Greis gestorben. Venedig spendete ihm ein prachtvolles Staatsbegräbnis und sorgte außerdem dafür, daß auf seinem Grabmal in der Frarikirche alle seine ruhmreichen Taten aufgezählt wurden. „Den Demütigungen folgte der späte, sehr venezianische Dank des Vaterlandes.“ (R. Lebe)

Und dann gibt es Schauplätze, an denen die Geschichte dieser alten, moralisch stets ein wenig anrüchigen oder sogar verworfenen, mit ihrem eigenen Untergang kokettierenden und auf eine atemberaubende Weise geschäftstüchtigen Stadt, die viele Jahrhunderte lang ein Weltreich gewesen ist, plötzlich noch einmal lebendig wird. Und wo alles Museale, Erstarrte, zur bloßen Dekoration Verkommene unversehens aufbricht und eine Wirkung erzielt, die das Unwahrscheinliche und auch Legendäre des Aufstiegs Venedigs ganz selbstverständlich erscheinen läßt, als ob die Geschichten, aus denen sich die unglaubliche Biographie dieser Stadt entwickelt hat, erst gestern passiert wären.

San Pietro ist ein solcher Schauplatz. Das ist eine kleine, eiförmige Insel, die am äußersten Rand der Lagunenstadt liegt. Wenn man sie von einem erhöhten Standort aus betrachtet, könnte man meinen, den gefleckten, von Rissen, Narben und Verwerfungen bedeckten Rückenpanzer einer uralten Schildkröte vor sich zu haben, die langsam durchs Wasser der Lagune treibt. Zwei schmale Bogenbrücken verbinden die Insel mit dem Sestiere di Castello und den weitläufigen Anlagen des Arsenals, der Rio di Quintavalle trennt sie vom südlich gelegenen, wesentlich größeren Sant'Elena mit seinen gepflegten Parkanlagen, Sportstätten und neuen Wohnsiedlungen. Gegen Nordwesten zu versperren verfallende Bauten, die noch zum Arsenal gehören, den Blick hinaus auf die nördliche Lagune. Der Canale di San Pietro ist dabei so etwas wie eine Grenzmarkierung, die das geographische Ende Venedigs anzeigt. San Pietro selbst, also die Insel, scheint nicht mehr dazugehörig, wirkt wie aus dem Stadtplan gefallen, hat dem äußeren Anschein nach nichts mehr mit Venedig zu tun. Der ursprüngliche Name der Insel war übrigens Olivolo, und das war in jenen weit zurückliegenden Zeiten, als hier vieles von dem angefangen hat, was dann Venedigs Größe, glorreichen Ruhm und fatalen Hochmut mitbegründet hat.

Ich kam an einem naßkalten, windigen und grauen Frühlingstag erstmals auf die Insel, in einem gemieteten Motorboot, da es eine reguläre Verbindung nach San Pietro nicht gibt. Die ganze Zeit vorher schon war ich aufgeregt wie jemand, der ahnt, daß er etwas entdecken, Neuland betreten wird, ein Gebiet, von dem er nur weiß, daß es von tiefer und mehr als bloß symbolhafter Bedeutung für das Schicksal Venedigs gewesen ist. Ich klammerte mich an die Planken des Bootes, das sich durchs aufgerauhte hellgrüne Wasser der Lagune wühlte, gischtumspritzt und mit dem schmalen Bug die kurzen, stoßartig herandrängenden Wellen durchschneidend, die ein steifer Nordostwind über die Lagune trieb. Ungeduldig wartete ich auf das Auftauchen des charakteristischen Campanile von San Pietro in Castello, den ich mir als eine Art Wegzeichen, als ein herausforderndes Signal vorstellte. Aus den wenigen Handbüchern, welche diese Insel überhaupt einer Erwähnung würdigen, hatte ich nichts anderes in Erfahrung bringen können, als daß dieser Campanile in den achtziger Jahren des 15. Jahrhunderts entstanden ist, ausgeführt von einem gewissen Mauro Codussi, verkleidet mit istrischem Stein, gekrönt von einem winzigen, die mächtige Kuppelhaube abschließenden Tempietto und angeblich der schönste Turmbau der italienischen Frührenaissance. Bei James Morris hatte ich noch einen anderen Hinweis entdeckt, der sich mit der sanften, jedoch beständigen Neigung dieses Turms beschäftigte, ein Umstand, der viele Campanili Venedigs wie bleiche, gichtgekrümmte Finger aussehen läßt, die langsam in den morastigen Boden zurückzusinken scheinen.

Und irgendwann, während mir der Wind ums Gesicht blies und das Boot stöhnend durch die Lagune schaukelte, erhob sich endlich vor mir inmitten eines rostfarbenen Dächergewirrs ein dicker und seltsam knorrig wirkender Turm, der völlig unvenezianisch aussah, weil er machtvoll und weiß wie dicker Nebel oder wie ein vom trübverhangenen Himmel gefallener Zapfen aussah, wie ein Pendel, das im Augenblick seines Ausschwingens in einer ganz bestimmten und eigentlich unnatürlichen Position verharrt war. Ich blickte mit einem Gefühl fast atemloser Verzückung auf diesen Turm, der drüben in Istrien möglicherweise etwas ganz und gar Selbstverständliches gewesen wäre und der hier am Rande Venedigs, während er den ganzen Horizont auszufüllen begann, bloß unstatthaft oder eigentlich eher unglaublich und nicht in diese verwischte, diffuse, aus zerbrochenen Linien und Konturen bestehende lagunare Welt passend wirkte, ein bleicher Koloß voll graziöser Anmut, der den engen Rahmen seiner insularen Umgebung buchstäblich zu sprengen schien. Und ich begriff, daß die etwas umständliche Fahrt nach dieser abseits gelegenen, unbekannten Insel sich lohnen würde.

Dann fuhren wir in den Canale di San Pietro ein. Zur Rechten graue Hallen mit leeren Fenstern oder eingeschlagenen Scheiben, trostlose Überreste des Arsenals, das längst so gut wie alle seine Funktionen eingebüßt hat. Zur Linken eine große, tonnengewölbte Basilika im Hintergrund eines bescheidenen Platzes, dessen kurzes, dunkelgrünes Gras der Wind in wirbelnde Aufregung versetzte. Zwei Hunde, die fröstelnd das hohe Kirchenportal zu bewachen schienen, bellten zum Boot herüber. Und der Campanile, ein Dutzend Schritte abseits und dennoch den Campo machtvoll beherrschend, sah jetzt wie ein riesiger Leuchtturm aus, an dessen hellem Stein sich der stürmische Nordostwind winselnd brach.

Hier war es gewesen, wo eines Tages im 10. Jahrhundert dalmatinische Seeräuber — den Abschaum des Meeres nannte sie ein Zeitgenosse, gefürchtet waren sie allerdings mehr als alle anderen Feinde Venedigs — plötzlich an Land kamen, in die Kirche eindrangen, in der in jenen verhängnisvollen Augenblicken gerade eine Massenhochzeit stattfand, und sich der entsetzten Bräute bemächtigten. Bevor noch irgend jemand an Gegenwehr denken konnte, waren die Dalmatiner schon wieder auf ihren „verfluchten Barken", wie der Dichter Rogers zornig die schmalen, flinken, aber ungemein seetüchtigen Langboote der Piraten bezeichnete, und mit ihnen verschwanden mindestens zwei Dutzend der schönsten und ehrbarsten venezianischen Jungfrauen. Es dauerte einige Zeit, bis man auf Olivolo, wie die Insel damals hieß, an eine Verfolgung denken konnte. Dann freilich, angeführt von den Männern der Tischlerzunft, bestiegen die Venezianer ihre eigenen Schiffe und folgten den Seeräubern „in wilder Jagd nach". Sie nutzten dabei geschickt ihre Kenntnisse der Lagunentücken, berichtet James Morris, „und holten, schwarz vor Zorn, die Piraten ein, brachten sie allesamt um, kehrten mit den in Ohnmacht gefallenen Bräuten nach Venedig zurück, verheirateten sie in aller Eile und lebten glücklich und zufrieden bis an ihr Ende."

Ganz so einfach und glücklich war der Ausgang dieser Geschichte, die eines der düsteren Kapitel in der stolzen venezianischen Biographie darstellt, jedoch nicht, denn über die Unversehrtheit der angeblich in Ohnmacht gefallenen Bräute gab es später noch die gewagtesten Spekulationen. Und es scheint der venezianische Stolz durch diesen Überfall auf Olivolo in der Tat so empfindlich getroffen worden zu sein, daß man nach diesem Ereignis jene Expedition ausrüstete, die unter dem Kommando des Dogen Pietro Orseolo II. am Himmelfahrtstag des Jahres 1000 in See stach, um die verschiedenen Stützpunkte der dalmatinischen Seeräuber und überhaupt die Küste Dalmatiens bis hinunter nach Ragusa (Dubrovnik) endgültig zu befrieden. Dieses Malheur mit den Bräuten, die hier auf Olivolo in den Stand der Ehe hätten treten sollen, war also sozusagen der unmittelbare Anlaß für eine Expansionspolitik, die Venedig erstmals aus dem engen Bereich seiner lagunaren Existenz hinaustreten ließ in den Bereich der Adria, deren Küsten, Inseln und Gewässer man sich bei dieser Gelegenheit erfolgreich untertan machte.

Um bei den Bräuten zu bleiben . . . Eine Dogentochter wurde mit einem kroatischen Königssohn vermählt, was jenen venezianischen Ehegatten, die eher mißtrauisch über die Tugend ihrer zuerst geraubten und dann zurückgewonnen Frauen nachdachten, die tröstende Gewißheit vermittelte, daß die Verschmelzung der verschiedenen Völker in diesem Wetterwinkel Europas eine unabdingbare Voraussetzung sei für das Werden und Wachsen Venedigs.

Damals, als diese Geschichte, die für manchen Skeptiker auch nur eine Legende sein mag, deren Kern jedoch eine wichtige historische Wahrheit enthält — nämlich den Beginn des für Jahrhunderte unaufhaltsamen Aufstiegs Venedigs zur ersten Seemacht Europas —, damals war die Insel San Pietro ein wichtiger venezianischer Stützpunkt, der später als Sitz des Patriarchen von Venedig ausgebaut werden sollte. Den mächtigen Campanile gab es selbstverständlich noch nicht. Auch die Kirche, wie sie sich heute nach zahlreichen Umbauten und einschneidenden Veränderungen darstellt, existierte in dieser Form noch nicht. Angeblich hat Andrea Palladio dem Patriarchen Diedo Baupläne für die Errichtung eines repräsentativen Gotteshauses geliefert, das einen seit dem 9. Jahrhundert bestehenden Vorgängerbau ablösen sollte. Nachgewiesen als Baumeister ist Francesco Smeraldi, den die Venezianer „Il Fracà“ nannten, der dann im Jahre 1619 durch Girolamo Grapiglia abgelöst wurde. Von der alten Kirche blieb dabei bis auf einige Mosaikreste aus dem 9. Jahrhundert und der sogenannten Cattedra, einem Marmorthron mit islamischen Skulpturfragmenten, der einst von Petrus in Palästina benutzt worden sein soll, so gut wie nichts erhalten.

Auch der ehemalige Patriarchenpalast — das Patriarchat wechselte erst nach dem Untergang der Serenissima im Jahre 1797 von San Pietro hinüber nach San Marco — ist heute in seiner ursprünglich beeindruckenden Schönheit kaum noch nachvollziehbar. Entstanden in der Zeit nach 1600, wurde er nach 1800 abwechselnd von den Österreichern und den Italienern als Kaserne verwendet, was nicht nur verhängnisvolle Umbauten, sondern auch die allmähliche Verwahrlosung der ganzen Anlage zur Folge hatte. Heute erinnert an dessen ehemalige Bedeutung eigentlich nur noch oberhalb des Portals das Wappen des Patriarchen Priuli, der als erster geistlicher Würdenträger in den Palast eingezogen war. Jetzt dient er als Wohnhaus und wirkt desolat und auf eine ernüchternde Art seiner einstigen Bedeutung entkleidet.

San Pietro mit seiner Kirche San Pietro in Castello, deren altersgraue Fassade übrigens an die Vorbauten lykischer Felsengräber in Kleinasien erinnert, was gewiß nur ein Zufall sein kann, aber doch die Erinnerung daran wachruft, daß venezianische Kaufleute und angebliche Pilger immer wieder, versehen mit dem Segen des Patriarchen und beeindruckt durch die Ermutigung des Dogen, an den levantinischen Küsten das einträgliche Geschäft der Grabräuberei betrieben haben, um dann ganze Schiffsladungen vermeintlicher oder tatsächlicher Reliquien nach Venedig heimzubringen, San Pietro also ist heute ein Ort, der wie eingesponnen wirkt in eine Art Nachdenklichkeit über das, was stets vergänglich sein wird am Ruhm der Geschichte. Nichts mehr ist vorstellbar von dem, was hier einmal bedeutungsvoll gewesen ist. Das feierliche und pompöse Zeremoniell patriarchalischer Auftritte hat kein Echo hinterlassen. Die großartige Prozession, die von der venezianischen Regierung seit dem Jahre 1630 alljährlich im August zum

Reliquienschrein des heiligen Lorenzo Giustinian stattgefunden hat, der im 15. Jahrhundert eine der großen geistlichen Persönlichkeiten der Serenissima gewesen ist, diese Prozession wurde zur lokalen Idylle eines bescheidenen Volksfestes verniedlicht. Die Last der Einsamkeit liegt auf der kleinen Insel, verstärkt noch durch das trostlose Bild, das die jenseits des Canale di San Pietro liegenden und gleichsam unbrauchbar gewordenen Hallen des Arsenals bieten. Und selbst der gewaltige Campanile, dieser dicke hellfarbene Steinknüppel, der manchmal wie fahles Wetterleuchten in den diffusen Himmel über der Lagune stößt, vermittelt nur noch ein Gefühl der ohnmächtigen Trauer, ein Eindruck, der möglicherweise dadurch verstärkt wird, daß die Neigung des Turms unübersehbar geworden und sein jammervolles Ende schon abzusehen ist.

Ein venezianischer Poet der Zwischenkriegszeit hat einmal in einem Gedicht davon gesprochen, daß man nur sein Ohr an einen der zahlreichen Glockentürme Venedigs zu legen brauche, um sie, die allesamt auf höchst unsicherem Boden stehen, ächzen und stöhnen zu hören; und daß sie, die einst den Ruhm der Stadt mit ihrem machtvollen Geläute bis hinüber aufs Festland und weit in die Lagune hinaus verbreiteten, auf die schmachvollste Art und Weise zum Tode verurteilt wären.

In diesem Zusammenhang wird man sich vielleicht daran erinnern müssen, daß es im 16. Jahrhundert noch mehr als zweihundert solcher Glockentürme gegeben hat. Auf alten Gemälden und Stichen wirken sie ungeheuer imposant und wie ein beeindruckender Wald von Signalmasten Gottes oder zumindest der Religion, zu deren Ruhm sie errichtet worden sind. Aber viele von ihnen sind inzwischen eingestürzt oder abgerissen worden. Und vielen der noch existierenden Campanili vermag man kein langes Lebensalter vorherzusagen. Andere wiederum wehrten sich hartnäckig gegen ihr erbarmungswürdiges Ende, dem sie zuletzt doch nicht entgehen konnten. Der Campanile von Sant'Angelo beispielsweise stürzte dreimal in sich zusammen, wurde immer wieder restauriert, bis man schließlich resignierte und den Glockenturm mit erheblichen Mühen und Kosten abmontierte. Beim gleichfalls einsturzgefährdeten Campanile von Santa Ternità ging man anders vor und riß zuerst die dazugehörende Kirche ab, während man den Turm selbst über ein halbes Jahrhundert lang als Wohnhaus zu retten versuchte; aber 1882 fiel er endgültig in sich zusammen und begrub seine Bewohner unter den Trümmern.

Manche Türme wiederum sorgten für ein spektakuläres Ende. Der Campanile der Kirche von La Carità, die heute ein Teil der Accademia ist, fiel im 18. Jahrhundert mit ungeheuerem Getöse in den Canal Grande und verursachte dabei eine Flutwelle, die eine kleine Flottille von Gondeln aufs gegenüberliegende Ufer schleuderte. Die herabfallenden Trümmer des alten Turms von San Giorgio Maggiore töteten 1774 einen Mönch. Und einige Jahre vorher, nämlich 1756, wurde der Campanile der Carmini-Kirche von einem Blitzschlag getroffen, als ein Mönch gerade die Glocke zum Abendgebet läutete; der Ärmste erschrak so heftig, daß er voll Panik davonrannte, mit dem Kopf gegen einen Mauervorsprung stieß und starb. Die Geschichte vom Untergang des berühmtesten Campanile Venedigs, nämlich jenes von San Marco, wurde bereits ausführlich erzählt. Weniger bekannt dürfte sein, daß ein anderer berühmter Campanile, nämlich jener von San Giorgio dei Greci, seit dem Jahre 1816 als so baufällig gilt, daß es immer wieder Pläne zu seiner Restaurierung gibt, die bisher jedoch noch nicht realisiert worden sind. Vielleicht tröstet man sich mit dem Gedanken, daß dieser Glockenturm bereits seit dem Ende des 16. Jahrhunderts, als mit seinem Bau begonnen wurde, eine „unnatürliche Neigung" aufweist, wie das damals ein kritischer Zeitgenosse formuliert hat.

Erdbeben, Blitzschlag, heftige Stürme haben den Glockentürmen Venedigs immer schon schwer zu schaffen gemacht. Dazu kommen der schlammige, unsichere Untergrund, unterirdische Wasserläufe, die sich manchmal zwischen den Fundamenten eines Campanile oder einer Kirche ihren Weg bahnen, aber auch eine nicht immer glückliche Hand der Baumeister bei der Fundamentierung sowie gelegentlich minderwertige Baumaterialien, die von geschäftstüchtigen Spekulanten bedenkenlos verwendet wurden. Schließlich waren die Venezianer nicht zufällig auch auf dem Gebiet der Spiegelfechterei und des geschäftsmäßig betriebenen

Betrugs die Lehrmeister Europas. „Glockentürme fristen in Venedig ein prekäres Dasein", schrieb James Morris und charakterisierte damit eine Situation, die im Grunde für ganz Venedig gilt.

Manchmal war das ruhmlose Ende eines Campanile sogar das Startzeichen für einen spektakulären Anfang in einem anderen Land. Im Jahre 1445 machte sich ein Bologneser namens Aristoteles erbötig, den schiefen Glockenturm von Sant'Angelo wieder aufzurichten, und zwar mit einer Methode, die er geheimhielt. Tatsächlich gelang es, den Campanile wieder in Ordnung zu bringen. Aber das vermeintliche Wunder hielt nur wenige Tage an. Dann fiel der Turm endgültig in sich zusammen. Und Aristoteles mußte Hals über Kopf fliehen, um von den erbosten Venezianern nicht zur Rechenschaft gezogen zu werden. Er ging nach Moskau, wo er an der Errichtung des Kremls beteiligt gewesen sein soll, der heute noch in seiner ganzen Pracht und unversehrt das Können des Baumeisters aus Bologna demonstriert.

Nicht nur Casanova war Venezianer oder Genie als Selbstzweck

In den zwanziger Jahren des 18. Jahrhunderts gehörte ein gewisser Gaetanello Casanova zu den bekannteren Schauspielern und Ballettänzern Norditaliens, was noch nicht unbedingt bedeutete, daß er angesehen genug gewesen wäre, um sich in eine bürgerliche Existenz retten zu können. Im Gegenteil, Gaetanello Casanova hatte verschiedene wenig erfreuliche Affären mit Frauen, was ihn des öfteren zu einem unfreiwilligen Ortswechsel veranlaßte. Eine solche Affäre war auch der unmittelbare Anlaß für eine Flucht aus Parma, wo er mit einigem Erfolg als Komödiant in Erscheinung getreten war. In Venedig wähnte sich der Schauspieler, der mehr ein Filou und Glücksritter als ein ernsthafter Mensch gewesen sein dürfte, vor rachsüchtigen Ehemännern, empörten Vätern und hartnäckigen Gläubigern vorerst sicher. Er verführte die Tochter eines Schusters namens Farussi und ehelichte sie, die Zanetta hieß, weil sie ein junges, hübsches Geschöpf war, das er zur Schauspielerin ausbildete und bald darauf nach London mitnahm, wo er an der italienischen Bühne ein Engagement antreten durfte.

Im Jahre 1728 kehrte Gaetanello Casanova nach Venedig zurück. Zanetta hatte ihm inzwischen zwei Söhne geboren, Francesco und Gian Giacomo, über dessen Herkunft bald das Gerücht umging, daß nicht Gaetanello, sondern der englische König Georg II. sein Vater sei. Das hinderte das Ehepaar nicht daran, im Teatro San Samuele erfolgreich aufzutreten und eine recht harmonische Ehe zu führen, bis Gaetanello 1733 überraschend verstarb. Die zu diesem Zeitpunkt erst 25jährige Witwe, die außerdem noch ein drittes Kind erwartete, liierte sich mit dem Impresario des Theaters von San Samuele und setzte vorerst ihre venezianische Karriere fort. Zwei Jahre später ging sie mit einem anderen Künstleragenten nach Polen, von wo sie mit einer Gruppe Komödianten nach Petersburg wechselte, dann in Warschau auftrat und zuletzt, 1750, nach Dresden engagiert wurde. Zanetta war zu dieser Zeit über vierzig Jahre alt, war eine dickliche Matrone mit dem Gesicht einer Greisin geworden und konnte sich dennoch durch ihre ursprüngliche Art und eine gewisse komödiantische Begabung erfolgreich auf der Bühne behaupten.

Inzwischen wuchsen in Venedig die Kinder Zanettas wie „Disteln auf dem freien Feld“ heran, wie das der venezianische Patrizier Giorgio Baffo, ein musischer Charakter und Verfasser eher leichtgewichtiger Verse, einmal ausgedrückt hat. Baffo war der Vormund Gian Giacomos, kümmerte sich aber kaum um seinen Schützling, der als Achtjähriger in ein geistliches Gewand gesteckt und nach Padua in eine Schule für angehende Seminaristen und Priester geschickt wurde. Dort durfte er erste Erfahrungen im Umgang mit dem Lateinischen, mit der Logik und den Mädchen machen.

Seine Mutter, der Giacomo Casanova in den langen Jahren ihrer Abwesenheit völlig entfremdet wurde, begegnete er erst wieder anläßlich eines Banketts, das der vorübergehend Heimgekehrten von einigen ihrer venezianischen Künstlerkollegen gegeben wurde. „Während des Festes herrschte ein sehr freier Ton, ein bekannter englischer Künstler sprach einen unanständigen Vierzeiler, und zur allgemeinen Überraschung antwortete Giacomo darauf mit einem witzigen Pentameter. Der Knabe lernte bei dieser Gelegenheit, daß Witz tatsächliche Vorteile zu bringen vermöge, denn der Engländer und die Mutter schenkten ihm eine goldene Uhr.“ (C. Chledowski)

Zu jener Zeit — Casanova war etwa fünfzehn Jahre alt und nach dem Wunsch seiner Mutter und des Vormundes Baffo sollte er Geistlicher werden, wobei ihm der damals residierende Patriarch von Venedig, ein Monsignore Correr, die Zuerkennung der niederen Weihen gewährte —, zu jener Zeit also lernte er einen Senator namens Malipiero kennen, einen vermögenden, gebildeten, zynischen und völlig sittenlosen Mann. Dieser setzte auf einer wesentlich realistischeren Ebene das fort, was der Knabe Casanova anläßlich des Banketts zu Ehren seiner Mutter erstmals kennengelernt hatte, nämlich eine bestimmte Art des Lebens, die Lust am Abenteuer und jene moralische Bedenkenlosigkeit, die man sich im Venedig des 18. Jahrhunderts rascher und perfekter aneignen konnte als sonstwo im damaligen Europa. Die Abenteuer des Geistes und auch des Fleisches lockten den jungen Casanova jedenfalls wesentlich mehr als das fromme Leben eines Geistlichen. Er begann sich in Liebeshändel zu verstricken, hatte ein Verhältnis mit der Mätresse Malipieros, dann mit der Geliebten des Herzogs von Württemberg, welche die Tochter eines Gondoliere war, und zuletzt mit einer bekannten oder eigentlich berüchtigten Tänzerin namens Tintoretta. Schließlich erhielt Giacomo durch die Hilfe seiner Mutter — die Venedig längst wieder verlassen hatte — die Chance, Sekretär eines Bischofs zu werden, dessen Amtssitz im kalabresischen Martorano lag, „einem aller Kultur ferngelegenen kleinen Ort", wie Casanova später resignierend feststellen sollte.

Das bedeutete, daß er, jetzt achtzehnjährig und schon mit Erfahrungen versehen, die vielen bürgerlichen Naturen ein ganzes Leben lang nicht widerfahren, sehr rasch wieder Abschied vom Bischof und seinen kalabresischen Pflichten nahm. Über mancherlei Umwege, die ihn unter anderem nach Korfu und Konstantinopel brachten, kehrte Casanova nach Venedig zurück, wo er sich 1745 als Zwanzigjähriger und ohne einen Groschen in der Tasche als Unterhaltungskünstler am Teatro San Samuele versuchte, dort die Geige spielte, den Schauspielern den Laufburschen machte und eines Tages dem reichen und einflußreichen Senator Giovanni Bragadino begegnete, als dieser gerade von einem Schlaganfall niedergestreckt wurde. Casanova war dem Senator behilflich und rettete ihm wahrscheinlich sogar das Leben, was Bragadino damit honorierte, daß er den jungen Mann in seinem Palast aufnahm und zum Privatsekretär machte. Damals begann sich Casanova, angeregt durch Bragadinos Beispiel, mit okkulten Dingen zu beschäftigen und des Senators Geld im Ridotto an den Spieltischen zu verspielen. „Er war der Ansicht", schreibt Chledowski, „daß man in diesem aristokratisch gebundenen Staat in vollster Freiheit leben könne, solange man die bestehenden Gesetze nicht überschreite. Darüber hinaus, fand er, stehe es ihm frei, veralteter Vorurteile zu spotten und jede Lust zu genießen."

Aber Casanova, der mit seiner Art zu leben, mit seiner Gier nach dem schrankenlosen Lebensgenuß und seiner im Grunde völlig wertfreien Amoralität schlichtweg eine Inkarnation venezianischer Lebensart und Lebensauffassung im 18. Jahrhundert darstellte, Casanova scheiterte zuletzt an seiner eigenen Maßlosigkeit. Nach zahllosen Verhältnissen, die er mit Frauen jeglichen Alters und jeden sozialen Standes hatte, nach längeren Aufenthalten in Paris, Wien und Dresden kehrte er im Jahre 1753 wieder am Canal Grande ein, freudig begrüßt von seinem Wohltäter, dem Senator Bragadino, und berauscht von der heimatlichen Luft. „Er nahm seine alten Gewohnheiten wieder auf, spielte Karten, verführte Nonnen, kritisierte die Regierung, verspottete religiöse Institutionen und verbreitete die Prinzipien der französischen Philosophie“ (Chledowski), die er sich während seiner Pariser Zeit angeeignet hatte.

Venedigs Inquisition, die sich um Casanovas stadtbekannte Liebeshändel nicht kümmerte, wurde jetzt hellhörig und setzte Polizeispione auf ihn an. Der Liebhaber, Lebemann und Spieler war den Behörden gleichgültig. Aber den Freigeist und Spötter verfolgte man mit großer Aufmerksamkeit. Bereits 1754, also nur ein knappes Jahr nach seiner Rückkehr, erstattete ein gewisser Giambattista Manuzzi Anzeige gegen Casanova, und zwar aus folgenden Gründen: Vergeudung des Vermögens eines angesehenen Patriziers — womit der Senator Bragadino gemeint war —, vermutete Teilnahme an der verbotenen Tätigkeit der Freimaurer, Verhöhnung ehrbarer Persönlichkeiten — hier waren es vor allem Casanovas literarische Attacken gegen einen damals populären Komödienschreiber namens Chiari, die bei den Behörden für böses Blut sorgten —sowie Glaubenslosigkeit und antireligiöse Handlungen.

Die Untersuchungen dauerten einige Zeit an. Aber im August des Jahres 1755 wurde Casanova von Beamten des Tribunals der Inquisition festgenommen und zum Zwecke peinlicher Verhöre in die sogenannten Bleikammern hinter dem Dogenpalast geworfen, welche das zu jener Zeit wohl berüchtigtste Gefängnis Europas waren. Der Hauptanklagepunkt berief sich übrigens, wie man das in den alten Dokumenten nachlesen kann, auf die religiöse Fragwürdigkeit Casanovas, denn der gegen ihn ausgestellte Haftbefehl enthielt die Formulierung „specialmente in disprezzo pubblico della Santa Religione“.

Es war Casanovas Ende. Und zugleich sein Aufstieg zum berühmtesten Mann Venedigs, nachdem ihm in der Nacht vom 31. Oktober auf den 1. November 1756 — also nach mehr als einjähriger Haft — die Flucht aus den Bleikammern gelungen war.

Dieses Abenteuer, dessen glücklichen Ausgang niemand für möglich gehalten hätte, erregte die Gemüter und die Phantasie der Zeitgenossen auf eine Weise, wie das heute nur mehr schwer vorstellbar ist. Die gewagtesten Vermutungen wurden aufgestellt. Bragadino habe, so hieß es, die Gefängniswärter mit einer außerordentlichen Summe bestochen, um seinem jungen Freund die Freiheit zu ermöglichen. Und noch im Jahre 1880, mehr als eineinviertel Jahrhunderte nach diesem Ereignis, veranstaltete man in Venedig ein Symposion, um die unglaublichen Begleitumstände dieser Flucht wissenschaftlich zu untersuchen. Aber bis auf den Umstand, daß ihm höchstwahrscheinlich ein gleichfalls eingekerkerter Geistlicher namens Marino Balbi bei dieser Flucht behilflich gewesen war, konnten die Gelehrten nichts Nennenswertes oder gar Sensationelles entdecken.

Ein anderes Resultat dieser Untersuchung von 1880 deutete erstmals die Möglichkeit an, daß nicht ein englischer König, sondern der venezianische Patrizier Michele Grimani sein leiblicher Vater gewesen sein könnte. Heute nimmt man mit an Sicherheit grenzender Wahrscheinlichkeit, wie das ein französischer Biograph Casanovas ausdrückte, diesen Hinweis als Tatsache an, obgleich ebenfalls mit an Sicherheit grenzender Wahrscheinlichkeit ein Liebesverhältnis zwischen Englands Georg II. und der hübschen, aber leichtlebigen Zanetta, Casanovas Mutter, stattgefunden hat.

Aber nicht Casanovas Herkunft ist hier von Interesse, sondern die Art, wie er als Beispiel oder vielleicht sogar als Vorbild für alles Venezianische in jenen Augenblicken zu gelten hat, da die Serenissima ihrem Ende entgegenfieberte. „Als das Urbild des Libertins war Casanova für die einsichtigen und freisinnigen Naturen unter seinen Zeitgenossen keine negative Erscheinung", schreibt einmal Hermann Schreiber, „sondern das Endprodukt einer Entwicklung." Und bei Casimir von Chledowski können wir nachlesen, was unter anderem mitverantwortlich gewesen sein mag für den sittlichen und dann auch politischen Niedergang Venedigs: „Die Abenteurer des 18. Jahrhunderts sind alle aus dem Nichts hervorgegangen. Ohne Hilfe von Verwandten oder Freunden, nur der eigenen Kraft vertrauend, haben sie sich in den Ozean des Lebens gestürzt. Zuweilen schlugen die Wellen über ihnen zusammen, dann wieder fuhren sie im goldenen Bucentaur und hielten sich für indische Nabobs. Ehrliche Arbeit, das Markten um jeden Pfennig war nicht ihre Sache, sie glaubten an ihren Stern, und da sie nichts zu verlieren hatten, fürchteten sie sich auch nicht, unterzugehen. Ihr einziges Kapital war ihr Glaube an die menschliche Dummheit, und dieses Kapital trug hohe Zinsen. Casanova selbst sagt, die meisten Menschen seien Narren, und ein kluger, geschickter Kopf müsse sich dies zunutze machen."

Casanova hat die Schwächen der Menschen für sich zu nützen verstanden und war in dieser Hinsicht ein schlechthin vollkommener Venezianer. Dabei sind weniger seine Erfolge bei Frauen bemerkenswert als vielmehr der Umstand, daß er mit wacher Intelligenz, einer raffiniert für seine nicht immer ehrenhaften Zwecke eingesetzten Halbbildung und einem hohen Maß an Skrupellosigkeit erstaunliche kommerzielle und gesellschaftliche Erfolge erzielen konnte, deren einziger und allerdings gravierender Nachteil es war, daß sie nicht von Dauer waren. Und auch hierin handelte Casanova, wenn man sein Zeitalter berücksichtigt, durchaus venezianisch. Dazu noch einmal Chledowski: „Jede Epoche hat ihre allgemein anerkannten Grundsätze, die, wenn sie auch mit Ethik, Moral und den Zehn Geboten nicht gerade in Einklang stehen, doch von jedermann als ein unerschütterliches Gesetz hingenommen werden. Im 17. und 18. Jahrhundert huldigte man (in Venedig) dem Grundsatz, der Zweck heilige alle Mittel, auch die verbrecherischen. Zu Casanovas Zeiten verargte man es niemandem, wenn er seine Mitmenschen durch seinen Verstand und seine Geschicklichkeit auszunützen wußte. Menschen dieser Art waren sogar des Beifalls sicher."

Aber eine solche sittliche Haltung — denen Charaktere wie Casanova ihre Existenz und ihre Erfolge verdankten — konnte auf Dauer nicht Grundlage sein für ein Staatswesen, dessen großes

Zeitalter längst vorbei war. Unbekümmerter Lebensgenuß schaffte Heiterkeit und eine gelöste Atmosphäre, hat Hermann Schreiber das Geheimnis der Erfolge Casanovas zu erklären versucht. Und dann: „Wenn es ein Jahrhundert der Abenteurer gibt, so ist es das achtzehnte; und gibt es eine Stadt der Abenteurer, so heißt sie Venedig. Dem Venezianer Casanova konnte es an gleichgesinnten Landsleuten und Zeitgenossen also nicht fehlen, ja es waren ihrer so viele, daß ein volles Jahrhundert verging, ehe man sich darüber klar wurde, daß Giacomo Casanova sie in gewissem Sinne alle überrage — und zwar nicht nur durch sein Memoirenwerk, sondern auch durch seine Gesamterscheinung."

Dieser charmante Gaukler, dessen Taschenspielertricks niemals wirklich frei von komödiantischen Zügen waren, die oft ins Schmierenhafte und damit Schmierige abglitten, dieser Gaukler also hätte in einem Venedig, das dem großartigen Anspruch, eine „Serenissima" zu sein, noch tatsächlich entsprochen hatte, nicht den Funken einer Chance gehabt. Und der Bleikammern, die heute mehr adrett als furchteinflößend dem touristischen Ansturm gewachsen sein müssen, wäre er allein schon deshalb nicht teilhaftig geworden, weil man in Venedigs Glanzzeiten Figuren wie ihn als Ungeziefer behandelt hätte, das man zerdrückte, entfernte, ohne ihm irgendeine Art der Legendenbildung zu erlauben.

Es ist eine merkwürdige Geschichte mit Casanova, der möglicherweise doch einen englischen Vater gehabt und tatsächlich in Venedig selbst nie wirklich eine Heimat gefunden hat und den man sich dennoch als einen Inbegriff venezianischen Wesens vorstellt. Er ist wie eine falsche Metapher, die das, was sie beschreibt, nicht wirklich meint. Ein Verführer, Spieler, Hochstapler, als Politiker und Künstler dilettierend, aber alles auf hoher Ebene, so daß die Scharlatanerie, derer er sich meisterhaft bediente, nur in Augenblicken der Unaufmerksamkeit und der Erschöpfung zum Vorschein kam. Er führte, nachdem er den Bleikammern entkommen und dadurch eigentlich in ganz Europa berühmt geworden war, ein unstetes Leben und hinterließ überall, wo er mehr oder weniger glanzvoll auftrat, eine unerfreuliche Spur von ungedeckten Wechseln, nichtgehaltenen Versprechungen und jener Amoralität, die er für sich bedenkenlos beanspruchte. Und er begann schon zu Lebzeiten sein eigenes Denkmal zu werden. Er war ein Gerücht, das die unglaublichsten Wirkungen erzielte. Er war ein kleiner Gauner mit großen Ambitionen. Aber er war von einem Stolz erfüllt, den man schon wieder venezianisch nennen sollte, weil er einerseits durch nichts begründet und andererseits die einzige Haltung war, die Casanova tatsächlich vollendet einzunehmen verstand. Er vertrat Venedig, das ihn mit Aufenthaltsverboten und drakonischen Strafen belegte und verfolgte, als eine Art selbsternannter Gesandter, und er war das auf eine Weise, die man perfekt nennen müßte, wollte man nur jenes untergehende, sich selbst aufgebende Venedig des 18. Jahrhunderts vor Augen haben. Selbst sein Tod im böhmischen Dux, wo er seine letzten Lebensjahre als bezahlter Gast, Bibliothekar und Hofnarr eines Grafen Waldstein fristete, ein quengeliger Greis, krank und erschöpft, sich in Intrigen mit Dienstboten verstrickend, an seinen Lebenserinnerungen schreibend, ein monströses Relikt aus einem anderen Zeitalter . . . selbst sein Tod war in Verbindung mit Venedig von tiefer, fast tragischer Symbolik. Casanova starb am 4. Juni 1798, ein Jahr nach dem kläglichen Ende der Serenissima. Es wäre ein zynischer Akt gewesen, hätte er das, was er ein Leben lang als eine Art großartiger Karikatur repräsentiert hatte, ungebührlich lange überlebt.

Seine beiden Brüder Francesco und Giambattista sind heute vergessen. Dabei waren beide von ähnlicher Skrupellosigkeit und geschickter Anpassung an die bestehenden Verhältnisse, die sie zu ihrem Vorteil auszunutzen wußten. Beide waren Maler — und, wenn es darauf ankam, auch Fälscher und Hasardeure —, und beide mußten wie Casanova Venedig verlassen, um Karriere zu machen. Francesco versuchte sein Glück in Paris, brachte zwei unglückliche Ehen hinter sich und starb schließlich im Elend, und zwar ausgerechnet in der Hinterbrühl bei Wien, einem idyllischen Tal, das als letzte Ruhestätte für einen Casanova eher unpassend wirkt. Giambattista wiederum brachte es nach einem Umweg über Rom in Dresden zum Direktor der Kunstakademie, erwarb Ansehen und sogar etwas Vermögen. Mit Giacomo Casanova verband weder ihn noch seinen Bruder Francesco irgendein tieferes Gefühl.

Die Casanovas waren Egoisten. Sie zeigten sich auch in dieser Hinsicht ihrer venezianischen Heimat als durchaus ebenbürtig.

Jene Bronzetüre zur Sakristei von San Marco, die von Jacopo Sansovino geschaffen wurde, zeigt fünf Porträts. Und zwar dasjenige ihres Schöpfers, dann jenes Tizians, Veroneses, Palladios, während das fünfte Pietro Aretino darstellt, einen der bedeutendsten Literaten der italienischen Renaissance; dieser war übrigens mit Tizian und Sansovino innig befreundet. Aretino war der eigentliche Begründer dessen, was man heute als politischen Journalismus bezeichnet. Er, über dessen Herkunft seinerzeit viel Verleumderisches geschrieben wurde und dessen Mutter man als Straßendirne bezeichnet hat, was selbstverständlich nicht zutraf, war Ende der zwanziger Jahre des 16. Jahrhunderts nach Venedig gekommen, das zu jener Zeit als Italiens freiester und bestregierter Staat galt, um sich hier unter dem Schutz des Dogen von den Anfeindungen zu erholen, welche seine Gegner — unter denen sich der Papst ebenso befand wie zahlreiche Fürsten — gegen ihn inszenierten.

Pietro Aretino — diesen Namen wählte er freilich erst später als Protest gegen den ungeliebten Vater — stammte eigentlich aus dem toskanischen Arezzo, wo er 1492 als Sohn eines Schusters zur Welt gekommen war. Er versuchte sich nach einer belanglosen Kindheit und Jugend zuerst als Maler, begann dann aber zu schreiben, veröffentlichte als Zwanzigjähriger seine ersten Gedichte in Venedig, ging an den päpstlichen Hof nach Rom, wo er im Bankier Chigi einen ersten Gönner fand. Nach dessen Tod wechselte Aretino ins Lager des Kardinals Medici, schrieb boshafte Verse und Satiren gegen Julius II. und mehr noch gegen dessen unglücklichen Nachfolger Hadrian VI., wobei sich Aretino vorzugsweise einer ungemein populären römischen Institution bediente, nämlich des Pasquino. Dieser Pasquino war der Torso einer antiken Skulptur, welcher vor dem Palazzo Orsini unweit der Piazza Navona aufgestellt war — und wo man den verwitterten Stein heute noch sehen kann — und der von den Römern als Adresse für ihre mehr oder minder interessanten literarischen Ergüsse verwendet wurde. Übrigens hat auch Ulrich von Hutten während seines Aufenthaltes in Rom den Pasquino als Anschlagtafel für seine boshaften Verse benützt. Aber es war dann tatsächlich erst Aretino, der daraus ein Instrument der ätzenden, rückhaltlosen Kritik am Papsttum machte, indem er die Skulptur fast täglich benützte, um seine giftgeschwollenen und ungemein freizügigen Verse und Pamphlete daran zu befestigen.

Aretino begründete sogar mit einigen jungen Dichtern, die ihn als ihr geistiges Oberhaupt akzeptierten, eine Art Akademie, deren erklärtes Ziel es war, Einfluß auf die Politik der päpstlichen Monarchie zu nehmen; was letztlich — vor allem während der Regierungszeit Hadrians — sowohl die aufsässigen Autoren als auch den Pasquino in ernsthafte Gefahr brachte. Jene wurden unnachsichtig verfolgt, dieser beinahe in den Tiber geworfen. Und Aretino selbst entging neben anderen Verfolgungen nur mit großem Glück einem Mordanschlag, was ihm, der keine Kompromisse schließen und also auch nicht über seinen eigenen Schatten springen und die Art seines Schreibens ändern konnte, den Aufenthalt in Rom endgültig verleidete. Er ging nach Florenz, nach Mantua, war längst als Italiens gefährlichste Feder berüchtigt und gefürchtet, gab in Mantua Flugblätter heraus, die er „Giudici" nannte und die man als Vorboten der politisch indoktrinierten Tageszeitung in ihrer heutigen Form bezeichnen könnte und deren uneingeschränkter Vertrieb fast überall in Italien aus durchaus verständlichen Gründen auf große Schwierigkeiten stieß. Nur auf dem Rialto in Venedig wurden die „Giudici" ungehindert verkauft.

Das und der Umstand, daß er auch in Mantua seines Lebens nicht mehr sicher sein konnte, veranlaßte Aretino schließlich zur Übersiedlung nach Venedig, wo er dem Dogen Andrea Gritti feierlich versprechen mußte, sich in seinen politisch-literarischen Tätigkeiten einzuschränken und zu mäßigen, wo er aber auch mit Tizian und Sansovino Freunde fürs Leben traf. Er mietete sich in unmittelbarer Nähe des Ponte Rialto eine Wohnung, in der er sich mehr als zwei Jahrzehnte lang heimisch fühlen sollte. Bald wurde das Haus als „casa dell'Aretino" bezeichnet, und die daran anstoßenden Gassen nannte man „Calle dell'Aretino" und „Riva dell'Aretino". Erst ganz zuletzt bekam der große Spötter und Pamphletist

Streitigkeiten mit seinem Hausherrn, was man allerdings verstehen kann, wenn man die näheren Lebensumstände des berühmten Mieters kennt. Er, der längst über Italien hinaus bekannt geworden war und von sich einmal sagen durfte, daß er sozusagen der Sekretär der Menschheit geworden sei, war ein großzügiger Gastgeber und ungemein verschwenderischer Charakter, ohne jedoch immer die Miete so pünktlich zu bezahlen, wie sich das der Hausherr — ein gewisser Domenico Bolani — wohl gewünscht haben dürfte.

Dabei war der rüde Pamphletist und scharfzüngige Satiriker keinesfalls arm. „In Venedig begann Aretino die Früchte seines literarischen Piratentums zu sammeln", schreibt Casimir Chledowski. „Von allen Seiten strömten ihm feste Pensionen und Geschenke zu, Samt, Brokat, selbst seidene oder goldgestickte Hemden. Man machte ihm die üppigsten Geschenke. Und Aretino schrieb damals ungezählte Dankesbriefe an einflußreiche Persönlichkeiten." Sogar bis zu den Türken war sein Ruf gedrungen. Der Sultan übersandte ihm, so wurde in Venedig erzählt, eine tscherkessische Sklavin als ebenso kostbares wie originelles Präsent. Allerdings weiß man nicht — oder es ist in Vergessenheit geraten —, was Aretino mit der Tscherkessin gemacht hat.

Was alle diese Dotationen angeht, die ihm ein fast luxuriöses Leben erlaubt hätten, wenn er bloß behutsamer mit seinen Einkünften gewesen wäre, so waren sie im Grunde genommen nichts anderes als Bestechungen. Immerhin hatten die Politiker der Renaissance begriffen, daß ein Mann, der mit seiner Feder umgehen konnte wie ein Condottiere mit seinen Söldnern, zumindest ebenso gefährlich sein konnte wie dieser. Und daß man daher also nicht nur den Söldnerführer, sondern auch den Tagesschriftsteller ausgiebig honorieren mußte, um sich seiner Sympathie oder zumindest seiner Neutralität zu versichern.

Aus Aretinos Briefen wissen wir, wie er in Venedig lebte, welchen Umgang er hatte und auf welche Weise er sein Vermögen immer wieder von neuem verschwendete. Er wohnte bei der Rialtobrücke direkt gegenüber dem Palazzo dei Camerlenghi, und wenn er aus seinem Fenster blickte, sah er „Tausende von Gondeln und Menschen, mit deren Köpfen der Rialto gepflastert scheint". Die aufgehende Sonne wärmte ihn, und mit genießerischer Andacht beobachtete er die Frauen, die „sich in rauschenden seidenen und samtenen Gewändern, mit kostbaren Steinen bestickt, stolz in den Gondeln zurücklehnen“. Die Gondolieri in ihren „scharlachroten Hosen und weißen Hemden, die einander laut und doch voll rhythmischen Wohlklanges anrufen“, entzückten ihn. „Der Bucentaur zieht gelegentlich vorbei, Serenaden erklingen bei Tag und bei Nacht“, und er wähnte sich, wie er des öfteren beteuerte, „wie im Paradies“. Das hinderte ihn freilich nicht daran, auch von Venedig aus seine politischen Attacken fortzusetzen und die Mächtigen seines Zeitalters ganz nach Belieben hemmungslos zu tadeln oder ihnen ein schmeichelhaftes Lob zu schreiben.

Aretino wurde in Venedig endgültig zu einer Institution. „Die verschiedensten Nationen besuchen mich“, schrieb er einmal in einem Brief, „Türken, Juden, Franzosen, Deutsche und Spanier kommen, und selbstverständlich fehlen auch die Italiener nicht. Männer aus dem Volk, Soldaten, Schüler, Mönche, niederer Klerus belagern meine Tür. Ich scheine gewissermaßen ein Orakel zu sein, jeder kommt zu mir, um sich über das Unrecht zu beklagen, das er von einem Dritten erfahren hat.“ Und in einem anderen Brief beklagte sich Aretino: „Jeder kommt zu mir, wenn er in Not ist. Wenn ein armes Weib ein Kind erwartet, muß ich die Kosten der Niederkunft tragen. Wird jemand ins Gefängnis geworfen, so kommt man zu mir, damit ich ihn befreie. Wird jemand krank, so muß ich um Arzt und Apotheker schicken und den Patienten dem Arzt empfehlen. Und natürlich auch dafür die Kosten übernehmen.“

Von seinen Freunden und Zeitgenossen wissen wir, daß Aretinos legendäre Verschwendungssucht nicht zuletzt auch in seiner grenzenlosen Gutmütigkeit ihre Ursache hatte. Er selbst schrieb, daß der Mensch „für den Menschen da sei und erst dadurch, daß er dem Notleidenden helfe, zu einem göttlichen Wesen werde“, eine Maxime, der er bis zur Selbstaufopferung gehorchte. Seine Freunde nannten ihn voll gutmütigen und wohl auch bewundernden Spotts „banchiere della misericordia“, und er, der die Fürsten und Päpste das Fürchten lehrte und davon lebte, daß das latente Unbehagen der Mächtigen sich in fetten Honoraren ausdrückte, verschwendete sein Vermögen bedenkenlos an die Elenden und Verzweifelten. Tizian hatte einmal sein Erstaunen darüber ausgedrückt, daß sein Freund Aretino nicht längst schon den Bankrott angemeldet habe. „Die Verschwendung ist mir so angeboren wie anderen der Geiz", hat Aretino selbst einmal erklärt. Die Reichen habe er hemmungslos ausgesaugt und die Armen ebenso hemmungslos unterstützt, aber immer sei er dabei auf seine eigenen Wünsche und Bequemlichkeiten sorgfältig bedacht gewesen, charakterisierte Chledowski das seltsame Wesen dieses Mannes, dem der König von Frankreich Franz I. und Deutschlands Kaiser Karl V. huldigten und mit dem schließlich sogar das päpstliche Rom seinen Frieden schloß.

Pietro Aretino, zum Venezianer zuerst aus bitterer Notwendigkeit und später aus leidenschaftlicher Zuneigung geworden, Venedigs populärster Stammgast auf dem Ponte di Rialto, wo er gelegentlich wie ein König residierte, dessen eigenartiger Hofstaat „aus zweiundzwanzig unglücklichen Frauenzimmern besteht, denen er geholfen, und sich aus Schmeichlern, Neidern und Bittstellern zusammensetzt, denen er seine Unterstützung zugesagt hat", wie das ein unbekannter venezianischer Literat des 16. Jahrhunderts ausdrückte, Aretino, der Schusterssohn aus Arezzo, die spottsüchtige Geißel etlicher Päpste und vieler Fürsten, ein Mann von überraschender, fast zügelloser Aufrichtigkeit, ein Viel- und Schnellschreiber, ein leidenschaftlicher Stürmer und Dränger, der immer unter dem Einfluß des jeweiligen Eindruckes stand und sich diesem völlig hingab, was ihn in den Augen vieler Zeitgenossen ungerecht und anstößig erscheinen ließ, er war zweifellos Italiens erster moderner Autor, ein politischer Publizist und ein von seinen augenblicklichen Neigungen — die manchmal wie Launen wirkten — abhängiger, jedoch stets radikaler Moralist.

Und er neigte wie fast jedes italienische Genie zur Übertreibung. Ihm war mitunter die Virtuosität seines Stils wichtiger als der Inhalt. Und er war imstande, über Nacht das Gegenteil dessen zu vertreten, was er am Tag zuvor noch mit einem großen Aufwand an rhetorischer und literarischer Brillanz verfochten hatte. Auf ihn trifft wirklich vollinhaltlich zu, was Luigi Barzini die „kühne Fertigkeit der Italiener“ genannt hat, nämlich der „virtuosismo“. „Paganini, der größte Virtuose aller Virtuosen, ließ während seiner raffiniertesten Sonaten häufig drei seiner Saiten springen und spielte das Stück auf der einzig intakt gebliebenen Saite zu Ende. Jedes Jahrhundert sah italienische ‚virtuosi‘, die für ihre Täuschungskünste berühmt waren. Sie füllten ganze Bibliotheken mit erstaunlichen Liebesgedichten, die keiner niederen Passion, sondern ihrer hochentwickelten Fähigkeit entsprangen, harmonisch und technisch vollkommene Wortverbindungen zu kreieren. Sie wissen makellose Essays zu schreiben, in denen sie den Beweis des absoluten Gegenteils dessen antreten, was, wie jedermann weiß, die Wahrheit ist. Sie liefern fehlerlose, wissentlich auf leicht verfälschten Daten beruhende wissenschaftliche Abhandlungen und historische Arbeiten . . . Viele durchschauen den Betrug und applaudieren dennoch.“

Auch Aretino huldigte dieser italienischen Abart des Betrugs, die er, wäre er ihr nicht vorher schon verfallen gewesen, spätestens in Venedig zur kultivierten Passion gemacht hätte. Aber er war, wenn er als politischer Publizist gegen die Mächtigen seiner Zeit anschrieb oder sich, was gleichfalls häufig vorkam, mit ihnen geschickt verbrüderte, er war dennoch kein Betrüger. Er war es zumindest nicht wissentlich, sondern einfach ein Opfer seines Temperaments und der Verhältnisse, die ihn zu solcher Rolle nötigten, einmal gegen den Papst aufzutreten und dann wieder dessen wortreicher Verbündeter zu sein; oder sich irgendwelchen Potentaten anzubiedern, weil er sie plötzlich als Verbündete brauchte gegen einen dritten, mächtigeren und abscheulicheren Feind. Und er schrieb die frechsten, obszönsten und doch wahrheitsgetreuesten Dialoge, die bis dahin über die Sexualität veröffentlicht worden waren. Aber er war auch fähig, einen venezianischen Sonnenuntergang mit wahrhaft Tizianischer Glut zu schildern. „Wir sehen ihn verliebt, zärtlich, treu, witzig, scharf, als Schmeichler, als verleumdenden Pamphletisten. Seine Schriften sind eine wahre Enzyklopädie der verschiedensten Tatsachen, dazu führen sie die Kunstkritik als einen neuen Zweig in die Literatur ein.“ (C. Chledowski)

Denn Aretino trat auch als Kunstkritiker und Kunstexperte maßgeblich in Erscheinung. Er verkehrte in Venedig mit allen wichtigen Künstlern seiner Epoche, wobei ihm seine enge Freundschaft mit Tizian und Sansovino zustatten kam. Außerdem hatte er sich gewisse technische Erfahrungen angeeignet und besaß einen untrüglichen Instinkt für Komposition und Ästhetik eines Bildes. Und selbst seine Gegner, die ihm heute noch seine Bedenkenlosigkeit im Umgang mit der politischen Wahrheit sowie seine Amoralität ankreiden, gestehen Aretino vorbehaltlos zu, nicht bloß der Schöpfer des modernen politischen Journalismus, sondern auch der eigentliche Erfinder aller Kunstkritik zu sein.

Er starb am 29. November 1556, in seinem Lehnstuhl sitzend, plötzlich hingestreckt von einem Schlaganfall. Er war 64 Jahre alt. Und die häßlichen Geschichten, die man sich später über sein Sterben erzählte, sind eine ebensolche Verleumdung wie die absurden Denunziationen in Verbindung mit seiner Herkunft und dem angeblichen Dirnenwesen seiner Mutter. Aretino starb nämlich keinesfalls, wie vielfach behauptet wurde, während eines wüsten Bacchanals. Der Priester Pietro Paolo Demetrio war beim Tod des Pamphletisten zugegen und bezeugte, daß der Sterbende, der freilich nie ein sonderlich frommer Mensch gewesen war, gebeichtet und seine Sünden aufrichtig bereut habe.

Begraben wurde er in San Luca, und es dauerte nicht lange, bis er von allen jenen vergessen war, denen er stets so bereitwillig geholfen hatte. Aber auch das war charakteristisch für das Venedig jenes Zeitalters, das aus Egoismus und Herzenskälte fast so etwas wie einen Kult gemacht hatte, und Aretino selbst hätte sich wahrscheinlich kaum so etwas wie Dankbarkeit und altruistische Gefühle erwartet. Er, den man nicht oft genug als den Vater des modernen Journalismus bezeichnen kann, machte sich keine Illusionen über den Charakter, die Ehre und die Moral seiner Zeitgenossen, weil er selbst eher an hübschen Frauen, einer guten Küche und überhaupt einem angenehmen Leben interessiert war als an der Befolgung irgendwelcher moralischer Prinzipien. Und wenn ihm ein Autor wie Casimir von Chledowski jede ethische Grundlage abspricht, so ist das weniger eine moralische Aburteilung als die nüchterne Beschreibung eines typischen Renaissancemenschen:

„Aretino ist kein komplizierter Charakter. Er hatte eine große schriftstellerische Begabung, war ein gewandter gutmütiger Mensch, ohne jegliche ethische Grundlage, darin gleicht er den meisten Renaissancemenschen. Stärker als seine Sittlichkeit war seine Eitelkeit. In seinem Dünkel glaubte er sich von der Vorsehung zu besonderen Aufgaben ausersehen, er hielt sich für eine Art Racheengel, der auf die Welt gekommen sei, um Rache für das Unrecht zu üben, das an den Bedrängten gemacht wurde. Er pflegte von sich zu sagen: ‚son mandato da Dio a far se lue vendette.' Er nannte sich auch den fünften Evangelisten. Trotzdem er alle Fehler seiner Zeit hatte, war er vielleicht der modernste Typus, dem wir in der Renaissance begegnen, und jedenfalls der erste Journalist, der eine gute Witterung für die öffentliche Meinung hatte." (Chledowski)

Heute ist Aretino in Venedig so gut wie vergessen. Kaum einer der zahllosen Touristen, die auf den Spuren berühmter Venezianer oder in Venedig eingebürgerter Italiener etwas vom großartigen Zauber dieser Stadt und ihrer verführerischen Biographie kennenlernen wollen, ahnt überhaupt etwas von der Existenz dieses merkwürdigen Mannes. Und daß er einst gleichsam mit ein paar Federstrichen Italiens Innenpolitik in verwirrte Unruhe brachte; und einer ganzen Generation von unruhigen Intellektuellen Vorbild und Hoffnung war, was nichts daran geändert hat, daß er von manchen seiner Kollegen wütend bekämpft wurde. Und kaum jemand ahnt heute noch, daß er Tizians bester Freund war, diesen kritisch beratend und fördernd, ein intimer Kenner nicht nur der literarischen oder publizistischen, sondern auch der bildenden Kunst.

Alle diese Dinge sind längst in Vergessenheit geraten. Und nur manchmal noch macht sich ein Besucher Gedanken über die fünf Köpfe auf der von Sansovino geschaffenen Sakristeitür hinter dem Hochaltar der Basilika von San Marco. Diese Köpfe erinnern an einen Freundeskreis im Venedig des 16. Jahrhunderts, der ausschließlich aus Künstlern bestanden hat. Sansovino selbst zählte dazu, dann der große Architekt Palladio, Veronese, Tizian und schließlich Aretino, der Literat und Publizist, der eigentlich allen Literaten allein schon deshalb vertraut sein sollte, weil er es war, der einmal gesagt hat, daß er sich sein Brot im Schweiße nicht seines Angesichtes, wohl aber seiner Tinte verdienen müsse.

Aber Aretino ist nicht die einzige Figur, die eine Anthologie zum Thema „Venezianisches Genie" schmückt und die heute längst in Vergessenheit geraten ist. Allein im Bereich der Oper sind mit Cavalli, Cesti, Legrenzi und Lotti vier der bedeutendsten Meister dieser gerade in Venedig frühzeitig sich behauptenden und eine erste ausgeprägte Form gewinnenden Kunstgattung völlig aus dem Gedächtnis der Kulturwelt verschwunden. Carlo Goldoni, der geniale Schöpfer der Commedia dell'Arte und revolutionäre Veränderer des italienischen und damit europäischen Theaters, dem er eine bis dahin unbekannte blutvolle Lebendigkeit vermittelte, auch er also, um den sich Chioggia und Venedig als Geburtsstädte streiten, ist längst im Schatten seiner kecken und lebhaften und die Welt des venezianischen Rokoko spöttisch beschreibenden Komödien und Burlesken verschwunden. Man rühmt ihn, begreift ihn als den Schöpfer eines neuen Stils und auch Lebensgefühls auf der Bühne. Aber man weiß so gut wie nichts von ihm und über ihn, ist auf Mutmaßungen angewiesen, was seinen Charakter und den Schauplatz seiner Geburt angeht.

Nur noch in dickbäuchigen Spezialausgaben kann man sich darüber informieren, daß Carlo Goldoni nicht zuletzt auf Anraten seines Vaters, der Arzt in Venedig war, alle möglichen beruflichen Übungen und Spekulationen hinter sich brachte, bevor er aufatmend und wie befreit von einem schweren Druck der Welt des Theaters verfiel. Weil er bartlos war, durfte er Frauenrollen spielen. Weil er gutgläubig war, wurde er immer wieder ein Opfer abgefeimter Theateragenten. Weil er buchstäblich besessen war von einer Art Wollust, die man auch als heilbringende Krankheit begreifen könnte, das Theater von seinen konventionellen Fesseln zu befreien, hatte er immer wieder Erfolg, was allerdings notwendig war, um die gleichfalls nicht ausbleibenden Mißerfolge überstehen zu können. In Modena (1725) besuchte er die Universität und arbeitete gleichzeitig für einen der damals berühmtesten

Advokaten Italiens. Private Erlebnisse brachten ihn dazu, sich der Welt zu entfremden und damit zu spekulieren, als Mönch den Rest seines Lebens hinter Klostermauern zu verbringen. Aber der Dottore Goldoni, sein Vater, der ein kluger Mann gewesen sein muß, führte seinen Sohn in Venedig noch einmal ins Theater, was den jungen Goldoni rasch von seinen düsteren und übertrieben frommen Neigungen befreite.

Wenige Jahre danach, 1731, starb sein Vater. Carlo trug jetzt die Verantwortung für die Familie. Dem Drängen seiner Mutter gehorchend, beendete er in großer Eile seine juridischen Studien in Padua, wo er bald die Doktorwürde erhielt, was ihm die Eröffnung einer Kanzlei am Canal Grande erlaubte. Doch Goldoni, den im Grunde nichts anderes mehr interessierte als die Welt des Theaters, war ein wenig erfolgreicher Advokat. Und schrieb in seiner üppig bemessenen Freizeit Theaterstücke.

Immerhin gab es zu jener Zeit sechzehn Theater in Venedig, und sie alle brauchten Stücke, die man spielen konnte, die aber auch jene Einkünfte garantierten, die das Überleben der Truppe ermöglichten. Goldoni, in Ermangelung von Klienten, denen er seine Zeit hätte opfern dürfen, hoffte auf Ruhm und materiellen Gewinn durch das Theater. Und hatte demnach vorerst so gut wie kein Glück. Er ging nach Mailand, verdiente sich dort, nachdem auch hier seine Versuche als Theaterdichter ergebnislos blieben, als Kammerdiener bei einem Minister sein Geld und erreichte jetzt endlich, daß eine Theatertruppe eines seiner Lustspiele aufführte. Es war der Beginn einer beispiellosen Karriere.

Goldoni hatte Erfolg, weil er die Komödianten von ihren starren Vorbildern befreite, ihnen die pralle Wirklichkeit des Volksstückes zu spielen ermöglichte, sie mit Texten konfrontierte, in denen italienischer Mutterwitz und venezianische Ironie einander aufs prachtvollste ergänzten.

Sein Ruhm wuchs. Fortwährend wurde er von den verschiedenen Theaterdirektoren Italiens aufgefordert, Theaterstücke, vornehmlich natürlich Komödien, zu schreiben. Er wurde nach Rom (1759) an das Theater Tordinona gerufen, wo er allerdings mit so großen Schwierigkeiten und gegen so viele Intrigen zu kämpfen hatte, daß er bald wieder nach Venedig zurückkehrte. Im Jahr 1760 hatte man in Wien ganz ernsthaft die Absicht, ihn als Hofdramaturgen zu engagieren, wobei man damit spekulierte, von Goldoni jährlich eine gewisse Anzahl von Komödien und auch Opernlibretti zu erhalten. Dieser durchaus interessante Plan konnte zwar nicht verwirklicht werden, hingegen wurde Goldoni 1762 nach Paris gerufen, um das dortige italienische Theater zu reformieren. Und dieses Angebot nahm er an. Innerhalb von zwei Jahren schrieb er 24 neue Stücke, von denen die meisten großen Erfolg hatten und Goldonis Ruhm in Frankreich festigten. Insgesamt verbrachte er nicht ganz zehn Jahre in Paris, und er schrieb auch Komödien in französischer Sprache, die beim verwöhnten Pariser Publikum den allergrößten Erfolg hatten. „Goldoni wurde alt und begriff, daß es Zeit sei, aufzuhören, da die Einfälle ihm nicht mehr zuflogen. Übrigens durfte er auf seinen Lorbeeren ausruhen, er hatte über zweihundert Stücke geschrieben und wußte die Zahl selbst nicht einmal genau. Einfälle für Texte zu komischen Opern hatte er noch genug und lieferte den französischen Theatern zwölf, außerdem schrieb er seine Tagebücher . . . Goldonis letzte Lebensjahre vor der französischen Revolution verliefen ruhig, er besuchte seine Freunde, freute sich, daß er die Zukunft seines geliebten Neffen sichergestellt hatte, und dachte in schlaflosen Nächten über ein venezianisches Dialekt-Wörterbuch nach, das er in seiner Jugend begonnen, aber nicht zu Ende geführt hatte.“ (C. Chledowski)

Die Revolution machte diesem friedlichen Leben, das in der Tat der besonnte Ausklang eines ereignisreichen literarischen Daseins war, ein Ende. Es wurde ihm die Pension gestrichen, die ihm vor einigen Jahren vom königlichen Hof gewährt worden war. Allerdings gab es sogleich Bemühungen, dem beliebten Komödiendichter diese Gratifikation wieder auszuzahlen. Und tatsächlich beschloß der Konvent am 7. Februar 1793, Carlo Goldoni wieder mit einer Pension zu bedenken. Dieser war jedoch am Tag vor diesem Beschluß gestorben.

Goldonis Ruhm, der über sein Zeitalter hinaus Bestand hatte, ist auch unter dem Aspekt zu begreifen, daß das Theater des 18. Jahrhunderts von eher bescheidenem Zuschnitt gewesen ist. Zwar gab es, wie schon erzählt, in Venedig in der zweiten Hälfte des 18. Jahrhunderts sechzehn Theater. Aber sie waren von ärmlicher Ausstattung und eigentlich alles andere als sogenannte Musentempel, in denen man Belehrung und Erbauung erwarten mochte. Der venezianische Schriftsteller Malamani erzählte, die Logen in den meisten dieser Theater seien nichts weiter als „Venustempel" gewesen; „die Freiheit in den Logen ging so weit, daß es den jungen Patriziern als Hauptspaß galt, auf die Hüte der Besucher im Parterre zu spucken oder sie mit Gegenständen zu bewerfen."

Das Publikum benahm sich laut und ganz gewiß nicht immer dem komödiantischen Anlaß entsprechend. Zwischen den Bänken drängten sich auch während der Vorstellungen Verkäufer mit Erfrischungen. Und auch die Schauspieler benahmen sich eher zwanglos, „gaben den Zuschauern Zeichen, unterhielten sich mit dem Souffleur, schnupften Tabak" (Malamani). Insgesamt kann man wohl sagen, daß das venezianische wie überhaupt das italienische Theater an einem Tiefpunkt angelangt und die Commedia dell'Arte, lange Zeit der Stolz der Italiener, im 18. Jahrhundert so tief gesunken war, daß nur noch eindeutige Witze und übertriebene Clownerien das Publikum zu fesseln vermochten. Aus dieser Situation befreite es Goldoni, der dem Theater wieder bühnenwirksame Glaubwürdigkeit und ungeachtet aller komödiantischen Szenen auch ein neues Gefühl der Wertigkeit von Moral schenkte.

Das 18. Jahrhundert, das man für das geistige Leben Venedigs das entscheidende nennen könnte, wird man wohl auch ein Jahrhundert der Abenteuer und der Abenteurer nennen müssen. Die Radikalität, mit der viele Intellektuelle das Alte zu verändern und neue Wege zu beschreiten versuchten, besaß beinahe etwas Animalisches oder Kriegsähnliches. Es wurde unter anderem gewissermaßen zur Mode, die traditionelle nationale Literatur zu diffamieren. Einer der seinerzeit populärsten Journalisten Italiens, Giuseppe Baretti, behauptete allen Ernstes und unter dem Applaus seiner Anhänger — von denen es auch in Venedig nicht wenige gab —, daß ein Mann wie Boccaccio „der Ruin des italienischen Schrifttums geworden" sei, und auch Männer wie Petrarca, Tasso, Machiavelli, Pulci und Berni erfuhren durch ihn die ärgerlichsten

Schmähungen. Und der aus Mantua gebürtige Exjesuit Saverio Bettinelli, ein leidenschaftlicher Anhänger Voltaires, begann von Venedig aus einen beispiellosen Vernichtungskampf gegen Dante, verspottete Petrarca und Boccaccio und gewann am Rialto eine große Zahl von Anhängern, bis 1758 Gasparo Gozzi seine große Verteidungsschrift für Dante veröffentlichte, die zu den hervorragendsten Beispielen der venezianischen Literatur gehört und damals nicht nur Venedig in zwei Lager spaltete.

Gasparo Gozzi war Mitglied einer hochbegabten venezianischen Familie, deren hauptsächlicher oder vielleicht sogar ausschließlicher Lebenszweck es gewesen zu sein schien, die Literatur des venezianischen Rokoko durch eine Unmenge von mehr oder minder bedeutungsvollen Texten zu bereichern. Hermann Schreiber hat einmal über Gasparo Gozzi, um ihn wenigstens einigermaßen katalogisieren zu können, folgende Feststellung getroffen: „Den Dramatiker Carlo Gozzi — also den jüngeren Bruder Gasparos — mit seinen schwärmerischen und oft allzu ortsgebundenen Bühnenmärchen kann man dem heutigen Leser einigermaßen faßbar machen, indem man ihn mit Raimund, Goldoni aber mit Nestroy vergleicht. Wohin aber mit einer so eminent venezianischen Erscheinung wie jenem Gasparo Gozzi, der dürr wie Hiob durch die lebenslustige Stadt wandelt und schließlich zu ihrem obersten literarischen Zensor wird; der eine Tiepolo zur Mutter hat und die Tochter eines Schusters aus dem Piemont zur Frau; der ein Dichter ist, wie Venedig keinen zweiten hervorgebracht hat und doch seine besten Arbeiten in drei Zeitungen veröffentlichte: dem Osservatore Veneto, der von ihm selbst herausgegebenen Gazetta Veneta und einem Blatt mit dem seltsamen Titel Il Mondo morale. Diese Zeitungen, die das ganze Venedig enthalten vom Heiratsinserat bis zum moralischen Pamphlet, spiegeln auch den kaustisch-kaleidoskopischen Geist dieses Mannes, der sich als ein nicht ganz seltenes Extrem damit begnügte, zu beobachten und zu beschreiben, und der aus dem Fenster seiner Literatenburg sprang, als ihm aufging, daß die Contemplatio eben doch nicht das Leben sei.“

Aber ebenso wenig wie es Carlo Gozzi gelungen war, die Literaturlehrkanzel an der Universität in Padua zu erhalten, gelang ihm dieser Selbstmord, der eigentlich nur dazu dienen sollte, seine Liebe zu einer gewissen Caterina Dolfin-Tron aller Welt offenkundig zu machen.

Die Gozzi besaßen ihren Familienpalast in der Nähe der Jesuitenkirche Venedigs, ein großes, massives Haus, welches eine Unzahl kostbarer Möbel, Gobelins und Bilder vor allem von Renaissancemeistern enthielt. Das allein freilich vermochte die pekuniären Verhältnisse dieser seltsamen Familie nicht zu retten. Vor allem die literarischen Allüren von Luiza Gozzi — die sich durch die üblichen weiblichen Künste Gasparos bemächtigt und ihn geheiratet hatte und nach der übereinstimmenden Meinung aller Augenzeugen die Familie gänzlich unter ihr Joch zwang — verursachten immer wieder Katastrophen. So zum Beispiel übernahm sie 1758 die Direktion des Theaters Sant'Angelo, weil sie überzeugt war, auf diese Weise vermögend zu werden. Aber schon die erste Aufführung endete mit einer empfindlichen Niederlage, weil die Komödiantentruppe vornehmlich aus theaterbesessenen Bauern und Dienstmädchen, Wäscherinnen und Friseuren bestand, die vom Wesen der Commedia dell'Arte nicht die mindeste Ahnung hatten. Dieser erste Mißerfolg entmutigte die ehrgeizige Literatin nicht. Da das Publikum und damit die Einnahmen ausblieben, verringerte sie die Kosten auf drastische Weise, bis sie schließlich einsehen mußte, „daß es dem venezianischen Publikum an gutem Geschmack fehlt", wie sie sich ausdrückte. Sie versuchte ihr Glück dann noch in der Provinz, scheiterte aber auch dort, bis sie schließlich nach Venedig zurückkehrte, wo sie ihrer vielen Schulden wegen das Theater von Sant'Angelo endgültig schließen mußte, was sie freilich nicht davon abhalten konnte, mit ihren literarischen Abenteuern fortzufahren.

Hermann Schreiber hat in seinem schönen Venedig-Buch in einer ausführlichen Nachrede dem skurrilen Genie der Gozzi und zugleich der ebenso genialen wie widerspruchsvollen Situation Venedigs im 18. Jahrhundert gerecht zu werden versucht. Dabei stellte er unter anderem mit der triumphalen Geste des wohlinformierten Fachmannes fest: „Nach einigen Jahrzehnten, in denen die publizistische Arbeit des älteren Gozzi nur gering geschätzt wurde, hat sich heute die Erkenntnis durchgesetzt, daß wir in ihm — der sich selbst einen Lohnsklaven der Verleger nannte — den geistvollen Chronisten Venedigs in seiner letzten und zugleich intensivsten Blüte vor uns haben. Eben der Umstand, daß er viel schreiben und nach allen Stoffen, allen Materialien greifen mußte, ließ die Fülle venezianischen Lebens in seine Artikel und Räsonnements eingehen. Gozzi ist es, der sich durch die zwanzig Bände seines Werkes als Kontrapunkt gleichen Wertes und gleichen Gewichts gegenüber dem überschäumenden dramatischen Schaffen der Epoche anbietet. Gewiß konnte es zu jener Zeit niemand mit dem Theater aufnehmen, mit den Bühnen, von denen herab selbst eine tragische Medea noch kleine Liedchen trällerte, weil man in Venedig eben alles zur Komödie machte, weil ohnedies das halbe Jahr hindurch ganz Venedig eine Bühne war, auf der alle Akteure Masken trugen. Aber die Spielbücher dieser oft ungedruckten Vaudevilles haben sich als ungleich zeitgebundener, zeitbezogener erwiesen; die Prosa des Gasparo Gozzi blitzt bald skurril, bald elegant, bald scharf wie ein Florett aus dem Brimborium der streitenden Parteien und des Kaffeehausgezänks.

Die Zeiten haben die Lose noch einmal geschüttelt. Der Hiob ist als Sieger hervorgegangen, obwohl Carlo Gozzi die Bühnen beherrschte, obwohl seine Frau, die Schusterstochter, mit ihren musikalischen Tragödien mehr Anklang fand als Gasparo mit seinen Bühnenwerken und seiner Lyrik. Durch sein Genie überlebten die Gazetten, obwohl doch gerade sie als Eintagsfliegen gelten; die das ganze Jahrhundert mit ihrem fröhlichen Lärm erfüllende Musik Venedigs aber, die Oper und das heitere Singspiel, hat der Charme der Mediokrität nicht in unsere Zeiten herüberretten können. Wenn irgendwo das Wort vom süßen Pöbel schicksalhaft verstanden werden mußte, so war dies in Venedig der Fall. Er regierte und agierte, bevor sich der Vorhang hob, er schwieg auch nicht wirklich, sondern nur scheinbar, während die Schauspieler schritten, sprangen und sangen. Innerlich schwang dieses Publikum mit wie kein anderes, hob die oft allzu schnell geschriebenen Komödien und Opern mit seiner Emphase in den Charakter eines Erlebnisses und begrub all dies, als das heitere Volk der alten

Republik mit einemmal einsehen mußte, daß es keinen Staat und eben nur noch eine Stadt habe.

Das sterbende Venedig habe gerade noch soviel schöpferische Kraft besessen, um Maler wie Tiepolo und die unvergeßliche Rosalba, einen Musiker wie Gallupi und einen Komödiendichter wie Goldoni hervorzubringen, hat ein venezianischer Literat der dreißiger Jahre einmal gesagt, wobei ihm die Mitglieder der Familie Gozzi wohl eher aus Zufall entfallen sein dürften. Tatsächlich aber war Venedig niemals eine Stadt des schöpferischen Geistes, besaß es nie jene glänzenden Voraussetzungen für das Zustandekommen von Kultur, wie sie etwa Florenz ganz selbstverständlich waren. Genie bedeutete in Venedig immer etwas gänzlich anderes als in anderen italienischen Städten. Genial waren am Rialto Kaufleute und Soldaten, Eroberer, deren Charakter etwas Schurkenhaftes besaß und deren Seele die Unempfindlichkeit eines störrischen Maultieres hatte, Charaktere, denen dafür der Krieg und das Erobern im Blute lagen und deren Instinkt darauf ausgerichtet war, zwischen allen Lagern und Fronten ihren Geschäften nachgehen zu können und dabei den größtmöglichen Gewinn zu machen.

Dazu kam vor allem gegen Ende des großen venezianischen Zeitalters eine Erschlaffung und Erschöpfung, welche die venezianischen Männer betraf — und worüber in den folgenden Kapiteln noch ausführlich zu reden sein wird — und von welcher der polnische Kulturhistoriker Chledowski einmal sagte: „Die zum größten Teil früh verbrauchten Männer büßen ihre Energie ein und ergeben sich dem Müßiggang. Der venezianische Staat, zu politischer Untätigkeit verurteilt, des Handels und der Industrie beraubt, verfällt in Stagnation, und dieser Zustand beeinflußt die gesamte Gesellschaft, die keine Initiative mehr hat. Der Adel verarmt immer mehr, und ein großer Teil der Nobili lebt auf öffentliche Kosten. Fast das gesamte Viertel von San Barnaba wird von Patrizierfamilien bewohnt, denen der Staat umsonst Wohnungen in kommunalen Häusern anweist. Die Barnabotti, wie man sie genannt hat, haben dabei durchaus das Recht, im Großen Rat mitzustimmen, und der Verkauf dieses Privilegs, ihre fast einzige Einnahmequelle, schädigt den Staat empfindlich."

Die Verhältnisse und Situationen, wie sie hier geschildert werden, konzentrieren sich auf das Ende der Serenissima, als Venedig zwar seines Karnevals und seiner Ausschweifungen wegen eher berüchtigt als berühmt war, aber weder auf diplomatischem noch auf kulturellem Gebiet besonderer Leistungen fähig schien. Und vielleicht waren Männer wie Casanova, Aretino, Goldoni und die Gebrüder Gozzi nicht wirklich Genies in dem Sinne, wie man den Begriff bei den wahrhaft großen und alle Dimensionen sprengenden schöpferischen Menschen anwenden darf. Vielleicht waren sie eher Abenteurer des Geistes, denen die typisch venezianische Art der Verstellung und des lustvoll-lasziven Umgangs mit der doppelsinnigen und doppelbödigen Bedeutung der Sprache das wirklich Wesentliche ihres geistigen Handwerks ausmachte. Selbst Goldoni, der geniale Schöpfer eines neuen Stils und einer neuen Wirklichkeit in der italienischen Komödienliteratur, schlüpfte fast nach Belieben in alle nur erdenklichen Verkleidungen und Masken, um überleben zu können. Er war in erster Linie Venezianer und dann erst das künstlerische Genie, das der Welt seine großartigen Kunststücke anbot. Er war Venezianer und damit Realist, und er träumte von der Vollendung eines großartigen Wörterbuchs des venezianischen Dialekts, aber er träumte diesen faszinierenden Traum in Paris, wo er gutes Geld dafür erhielt, daß er Komödien auch in französischer Sprache schrieb. Und Aretino, der zugewanderte Toskaner mit der einzigartigen Begabung für die Verächtlichmachung aller politischen Wirklichkeit, entsagte in Venedig, wo er im Verlauf einiger Jahrzehnte tatsächlich zum Venezianer wurde, dieser seiner phänomenalen Begabung, um in aller Ruhe von seinen Einkünften leben zu können. Er war zum Venezianer geworden und damit zum realistischen Charakter, der die Welt so sah, wie sie gesehen werden wollte. Er, der in Rom, Florenz und Mantua noch die Geißel der Mächtigen zu sein imstande war, wurde in Venedig zum vergleichsweise harmlosen Kunstkritiker, zum gutmütigen Befürworter der Witwen und Waisen.

Das venezianische Genie blüht im Verborgenen. Oder es äußert sich in einer Art von Volkstümlichkeit, die einzigartig ist. Man kann den Versuch unternehmen, es an einzelnen herausragenden

Beispielen begreifbar zu machen. Wirklich erklären oder erschöpfend darstellen kann man es freilich nicht.

Fragwürdiges Urteil über die Venezianerin

Ein eigenes, im übrigen recht kapriziöses und in mancher Hinsicht auch ungemein verwirrendes Kapitel haben Venedigs Frauen geschrieben, die über viele Jahrhunderte hinweg in einem übertragenen Sinne als eine Art Minderheit galten. Sie spielten im öffentlichen Leben überhaupt keine Rolle, waren jenen Geschöpfen ähnlich, die in den levantinischen Harems ein weltabgewandtes Leben führten, wogegen sie, deren kaufmännisch begabte Ehemänner sich solche Möglichkeiten während ihrer Handelsreisen in die Levante möglicherweise nicht ohne beifällige Anteilnahme erträumten, allerdings stets aufs heftigste opponierten.

Venedigs Frauen, die bis ins 18. Jahrhundert herauf in der Tat nie eine besondere Rolle im gesellschaftlichen, kulturellen oder politischen Leben der Republik spielen konnten, waren dessen ungeachtet von besonderer Aufsässigkeit und verstanden es immer wieder, ihre Wünsche und gelegentlich obskuren Ideen zumindest ansatzweise zu verwirklichen. Bereits im Jahre 1299 mußte der Senat ein hochoffizielles Gesetz „zur Einschränkung des allgemeinen Gepränges“ einführen, was nichts anderes war als der Versuch, gewisse Modetorheiten der Venezianerinnen auf ein erträgliches Maß zu reduzieren. Aber als man wenig später dieses Gesetz auch auf das Tragen „übermäßigen Schmuckes“ ausdehnte, was uns eine Vorstellung geben sollte von der Neigung venezianischer Patrizierinnen sich zu schmücken, da wandten sich die entrüsteten Venezianerinnen an den Papst in Rom. Dieser, der daraus eine politische Angelegenheit zu machen versuchte, was bei den gespannten Beziehungen zwischen der Serenissima und dem Vatikan fast unausbleiblich war, unterstützte die Frauen Venedigs nach Kräften, was zwar keine dramatische Veränderung der politischen Situation herbeiführte, aber in den Palästen am Canal Grande doch für einige Aufregung und Unruhe sorgte.

Immer herrschte so etwas wie Krieg zwischen den Frauen Venedigs und dem Senat der Republik. Alle drakonischen Vorschriften, die sich der Senat hinsichtlich modischer Ausschweifungen einfallen ließ, wurden von den Venezianerinnen stets geschickt umgangen. Und als die Republik übertrieben lange Kleider für unstatthaft erklärte, rafften die vornehmen Damen der Stadt ihre kostbaren Schleppen ganz einfach zu ebenso komplizierten wie raffinierten Falten, die von juwelengeschmückten Klammern und Spangen zusammengehalten wurden, was gleichsam über Nacht eine völlig neue Mode ergab, die in ganz Europa eifrig nachgeahmt wurde. Ebenso sabotierten Venedigs Damen kühl lächelnd die Vorschrift, daß jede ehrbare Frau nur eine einzige Perlenkette im Höchstwert von zweihundert Dukaten in der Öffentlichkeit tragen durfte.

Es scheint, daß Venedig, diese an sich zutiefst weibliche Stadt, die freilich ausschließlich von berechnenden und skrupellosen Männern regiert wurde, in ihrer privaten Existenz recht erfolgreich gegen diese Art der männlichen Vorherrschaft rebellierte. Das Schicksal der venezianischen Frauen, sofern sie der Oberschicht angehörten, war im Grunde kein sonderlich amüsantes: „Die Patrizierfrauen des alten Venedig hatten ähnlich den arabischen Haremsdamen an wenig mehr zu denken als an Kleider und kleine Kinder. Die ehrbaren Frauen wurden streng gehütet und in einen engen Bewegungskreis verwiesen. In ihren Häusern festgehalten, wo ihnen nichts passieren konnte, waren sie kaum mehr als Werkzeuge oder Spielsachen, westliche Odalisken.“ (James Morris)

Aus einer solchen Situation heraus werden auch manche modische Auswüchse verständlich. So etwa jene „zoccoli“ oder „choppines“, die von den Damen Venedigs jahrhundertelang getragen wurden. Das waren hölzerne Schuhe oder eigentlich Pantoffel mit Absätzen, die bis zu einem halben Meter hoch sein konnten. Die Frauen, die sich in oder eher auf diesen Schuhen fortbewegten, mußten von Dienerinnen gestützt werden. Der Brite John Evelyn beschrieb im Jahre 1645 diese Mode: „Es ist lächerlich, wie diese Damen mit ihren choppines in die Gondeln hinein- und herauskriechen, und wie zwergenhaft sie dann wirken, wenn man sie von ihrem Holzgestell herunterholt. Einmal sah ich dreißig von ihnen ganz nahe beieinander. Sie waren um die Hälfte größer als alle anderen Menschen und schwankten umher wie auf Stelzen.“

Die Venezianerinnen, heißt es in Italien, seien ebenso hübsch wie eitel. Im 16. Jahrhundert beispielsweise bleichten sich die vornehmen Damen Venedigs ihr Haar im Licht der Sonne, indem sie das Haar aus den Hüten herauswachsen ließen, die zu diesem Zweck eine Öffnung besaßen. Und im 18. Jahrhundert, als die Serenissima allerdings längst schon ihre stolze Stellung innerhalb der europäischen Mächte eingebüßt hatte, waren die Venezianerinnen, wie ein englischer Reisender mißbilligend bemerkte, nicht nur die bestgekleideten, sondern auch die am kostspieligsten angezogenen Frauen des Kontinents. Eine englische Lady, sie hieß Mary Wortley Montagu, stellte nicht ohne einen ironischen Unterton fest, daß die Kleidung der Venezianerinnen keine Schwierigkeiten bereite, „da ja in der Oper ohnehin alle Welt eine Maske trägt“ und es im allgemeinen bekannt sei, daß in Venedig immer irgendeine Art von Oper oder Komödie das Leben beherrsche.

Das wurde allerdings zu einem Zeitpunkt ausgesprochen, als Venedig sozusagen auf den Cicisbeo gekommen war. Diese Figur, die man unter anderem auch als eine Karikatur des Mannes bezeichnen könnte, ist eine Erfindung des italienischen Rokoko, trat zuerst in Genua in Erscheinung und wurde aber erst in Venedig zur populären Gestalt des 18. Jahrhunderts. Der Cicisbeo war der meist jugendliche Freund der Ehefrau, der er sich mit ganzer Seele widmete, wohlgelitten vom Ehemann, was unter anderem damit zu tun hatte, daß er, der Hausfreund, den Ehemann von manchen lästigen Verpflichtungen befreite. Einige Autoren meinen freilich, daß der Cicisbeo so etwas wie eine Rache der Venezianerin an ihrem eher unwürdigen Schicksal war, das sie so viele Jahrhunderte als die Sklavin des Mannes hatte leiden lassen, als eine zwar reichgeschmückte, aber letztlich völlig rechtlose Sklavin. Der Cicisbeo war der sichtbare Beweis dafür, daß der Venezianerin — freilich nur jener der bessergestellten Stände — ein erster Ausbruch in die Emanzipation gelungen war.

Übrigens bestimmte die junge Frau in der Regel schon im sogenannten Ehekontrakt, der vor dem feierlichen Zeremoniell der kirchlichen Vermählung geschlossen wurde, einen ihrer Freunde oder Verehrer als Cicisbeo, der in diesen Kontrakten den etwas vornehmeren Namen Cavaliere servente tragen durfte. Der Dichter

Alfieri nannte die Ehe im venezianischen Stil mit ebensoviel Zynismus wie Berechtigung ein wohlausgewogenes Handelsgeschäft. Der Mann sei nötig, damit die Kinder, die einer solchen Verbindung entsprossen, offiziell seinen Namen tragen dürften. Und die Frau war nichts weiter als die Quelle seines materiellen Vergnügens, denn in der Regel war es ihre Mitgift, aus welcher man den mehr oder weniger aufwendigen Stil seines Lebens finanzierte.

„Wer in der Ehe nach Liebe sucht, gilt als Sonderling, und ganz Venedig würde denjenigen verspotten, der sich auf dem Markusplatz in Gesellschaft seiner eigenen Frau zeigt." Diese nicht gerade schmeichelhafte Darstellung der moralischen Verhältnisse im Venedig des 18. Jahrhunderts, die ein illusionsloser venezianischer Literat formulierte, charakterisiert am besten die Situation, aus der heraus der Cicisbeo existieren konnte. „Die Eltern hatten die Ehe beschlossen, entsprechend dem Vermögen und der sozialen Stellung ihrer Kinder. Solch ein Bund, durch Gesetz und Sitte sanktioniert, war zur Erhaltung der Familie und des Namens notwendig. Für gewöhnlich spielte die Liebe in einem Kontrakt dieser Art keine Rolle, die Sympathie der jungen Frau galt dem zukünftigen Cicisbeo und der Ehemann stand bereits entweder im Dienst einer anderen Frau oder hatte zahlreiche Verhältnisse im Theater oder in zweitklassigen Kasinos." (C. Chledowski)

Übrigens war das Dasein eines solchen Cicisbeo nicht unbedingt ein Anlaß zu ständiger Freude und ungetrübter Heiterkeit. Es konnte durchaus vorkommen, daß der Cavaliere servente, wenn er gelegentlich zum Anlaß eines Ehescheidungsprozesses wurde, alle Kosten tragen mußte. Andererseits war er ein so gut wie hilfloses Opfer der Launen seiner Gebieterin, die sich durchaus als Despotin aufzuführen verstand. Er mußte jedenfalls genügend Zeit haben, um seinen Kavalierspflichten uneingeschränkt nachkommen zu können, wobei es fast als selbstverständlich galt, daß er auch über das notwendige Vermögen verfügte, um diese Kavalierspflichten finanzieren zu können. Er hatte nach Tunlichkeit als eine Art Modepuppe aufzutreten, also stets nach der neuesten Pariser Mode gekleidet zu sein. Die Parfums, die er benützte, waren ebenso schwer wie kostspielig. Nicht selten übten sich junge Geistliche, die es sich materiell leisten konnten, in der delikaten und anstrengenden Kunst des Cicisbeo. Und wer genau wissen will, was das eigentliche Wesen des Cavaliere servente ausmacht, braucht sich lediglich in den sarkastischen Komödien „Il Cavaliere Giocondo“ und „Donna di buon amore“ von Carlo Goldoni umzusehen.

Venedig sei eine geschlechtlich erregende Stadt, eine Stadt der Verführung, erfüllt von einer Atmosphäre der Sexualität, meinte James Morris, was unter Umständen die Existenz des Cicisbeo gleichfalls verständlich macht. Schon Goldoni sagte in einer seiner Komödien, daß man mit Frauenhilfe alles erreichen könne; wer ein Amt, eine Gunst erwerben wolle, bedürfe der Fürsprache einer Frau. Denn die Frau, so der Zyniker Goldoni, führe den Mann an der Kette wie einen Sklaven. Hermann Schreiber wiederum versucht, die vollkommene Freiheit der venezianischen Frau spätestens seit dem 18. Jahrhundert dadurch zu erklären, daß sie jahrhundertelang „in einem Maße Objekt gewesen ist, wie es im Abendland höchst selten war“.

Eine Statistik aus dem 16. Jahrhundert besagt, daß es damals am Canal Grande 2.889 Patrizierfrauen, 2.508 Nonnen und 1.936 sogenannte bürgerliche Frauen gegeben habe, denen rund 12.000 Kurtisanen gegenüberstanden. Europas berühmtestes, beliebtestes und allerdings auch teuerstes Freudenhaus, das Castelletto, war an der Rialtobrücke etabliert. Und immer wieder gelangten venezianische Kurtisanen zu internationaler Berühmtheit, wie beispielsweise jene Veronica Franco, in die sich der französische König Heinrich III. unsterblich verliebte. Sie wurde seine Mätresse, gab ihren einträglichen Beruf auf und widmete sich — zumindest für einige Jahre — nur noch der Poesie und den schönen Künsten und natürlich ihrem königlichen Liebhaber und seinen sonderbaren Wünschen. Aber das war freilich eher die Ausnahme. „So unbegrenzt weit reichen die Lockungen dieser liebesspendenden Göttinnen“, schrieb ein gewisser Tom Coryat im Jahre 1608, „daß ihr Ruf viele Männer aus den entlegensten Teilen der Christenheit nach Venedig zieht.“

Venedig besaß um das Jahr 1500 annähernd 190.000 Einwohner. Davon waren rund 11.000 Prostituierte. „Ihre besten Exemplare, deren es auch in Venedig einige gab, hielten Hof und heirateten nach einer strahlenden Karriere in die Aristokratie ein; in ihren traurigsten Randzonen vermischte die Prostitution sich hingegen mit Kinderarbeit, Waisenhauselend und Asylexistenzen." (H. Schreiber)

Venedigs Kurtisanen waren übrigens auch die Begründerinnen der busenfreien Mode, die später vor allem an den Fürstenhöfen ganz Europas nachgeahmt wurde. Es dürfte freilich nur wenig bekannt sein, daß diese busenfreie Mode auf eine Anordnung des Senats zurückging, der im 15. Jahrhundert — wie das verschiedene Ratsprotokolle beweisen — mit diesem Mittel gegen die weitverbreitete Homosexualität in Venedig vorzugehen versuchte. Und es soll sogar eine offizielle Weisung an die Dirnen der Stadt ergangen sein, sich mit entblößten Brüsten ihren möglichen Kunden anzubieten, um die Männer vor der Gefahr der Homosexualität zu bewahren. Im Jahre 1496 erging an die Ärzte Venedigs die Verordnung, alle Anzeichen eines „sodomitischen Verkehrs", wie man die Homosexualität damals bezeichnete, den Behörden zu melden. Auch gegen den Analverkehr, der von den Dirnen Venedigs bevorzugt praktiziert wurde und bis weit ins 18. Jahrhundert hinein in ganz Europa als „venezianisches Laster" bekannt war, gingen die Behörden Venedigs mit unverhältnismäßiger Strenge vor. So wurde zum Beispiel eine gewisse Rara de Jadra, eine Dalmatinerin, die ein populäres Bordell führte, in einem aufsehenerregenden Prozeß zum Tode verurteilt, weil sie junge Mädchen zu Dirnen ausbildete, welche die Kunst des „venezianischen Lasters" besonders beherrschten. Die Bordellwirtin wurde an einem Augusttag des Jahres 1500 an der Rialtobrücke in einen Kahn gesetzt und bis zur Piazzetta geführt, wo sie enthauptet wurde.

Auf dem Höhepunkt des Lasters erfand man die sogenannten Umerziehungsschulen, meistens Klöster, in denen altgewordene oder ihres ausschweifenden Lebens überdrüssige Dirnen in mehrjährigen Kursen einem „wahren, schicklichen und reinen Christenleben", zugeführt werden sollten. Veronica Franco beispielsweise rief nach ihrer eigenen Bekehrung eine solche Schule ins Leben, die in der Nähe von San Sebastiano untergebracht war. Eine andere befand sich im Kloster „Zu den gefallenen Frauen“, wo mehr als fünfhundert Kurtisanen Aufnahme fanden. Wieviele davon tatsächlich bekehrt wurden, ist allerdings nicht überliefert.

Die Kurtisanen prägten das gesellschaftliche Bild Venedigs auf eine Weise, wie man sich das heute kaum noch vorstellen kann. „In diesem Wettkampf mit den Kurtisanen erstarb bei den verheirateten Frauen allmählich der Familiensinn. Ihre edlen Eigenschaften gingen zugrunde, und nur diejenigen entwickelten sich, die man von ihnen beanspruchte, das heißt: die der Wollust dienlichen.“ Das konnte der italienische Kulturhistoriker Molmenti allen Ernstes feststellen, und zwar im 19. Jahrhundert, wobei er dafür noch offiziell vom Königlichen Institut der Wissenschaften ausgezeichnet wurde.

Es beeinflußten und veränderten Venedigs Frauen also gegen Ende der glanzvollen Epoche der Serenissima das Leben und die Verhältnisse Venedigs, nachdem sie zuvor jahrhundertelang nichts anderes hatten sein dürfen als Sklavinnen der Männer, abhängig von den Launen einer patriarchalischen Gesellschaft und einer Illusion von sozialer Freiheit nur dann fähig, wenn sie bereit und imstande waren, mit ihrem Körper dafür zu bezahlen.

Im 18. Jahrhundert, als das von Frankreich übernommene Rokoko ausgerechnet in Venedig zu seiner vollen Blüte kam, änderte sich das alles grundlegend. „Die Sehnsucht der Frau war nicht mehr auf eine große Liebe, die ihr ganzes Leben beherrscht hätte, gerichtet, sondern sie hatte das Verlangen, zu gefallen. Die Frauen der vornehmen Gesellschaft verbrachten täglich sieben Stunden bei ihrer Toilette und vor dem Spiegel, und damit ihnen die Zeit nicht lange wurde, haben der Cicisbeo und gelegentlich auch der Friseur diese Arbeit verkürzt.“ (C. Chledowski) Und an anderer Stelle schreibt Chledowski: „War der Venezianer einst mitleidslos für weibliches Empfinden gewesen, so wurde jetzt Rache genommen und der Mann zum Spielball von Salonlaunen. Nichts als Verführung: im entblößten Busen der Schönen, in den spielerischen Deckengemälden, in den mythologischen Liebesszenen der

Kleinplastik, wie sie die Salons beherrschte. Selbst die anständigsten Frauen ließen sich Besuchskarten mit so drastischen Darstellungen machen, daß es sich die Kurtisanen früher überlegt hätten, ob sie solche Unanständigkeiten in einem fremden Haus hinterlassen dürften."

Ende des 17. Jahrhunderts tauchten in Venedig die ersten Perücken auf, die natürlich aus Frankreich kamen, von wo sie der Patrizier Scipione Collalto nach Venedig gebracht hatte. Im Dogenpalast nahm man daran zuerst heftigen Anstoß. Es wurde ein Verbot erlassen, diese Perücken zu tragen. Aber da hatten sich einige besonders fortschrittliche oder auch bloß eitle Männer bereits die Haare abrasieren lassen und ungemein kostspielige Perücken angeschafft. Und auch die Frauen, was vielleicht noch entscheidender war, hatten sich dieser neuen Mode mit Vergnügen bemächtigt. Bereits 1709 eröffnete der Doge Giovanni Cornaro im Schmuck einer riesigen Perücke eine Ratsversammlung.

Venedigs Frauen kreierten dazu noch eine weitere neue Mode, nämlich das Pudern der Perücken, was allerdings von einigen wenig erfreulichen Situationen begleitet war. Ein gewisser Pietro Capranica erhielt für die Bezahlung von zweitausend Dukaten jährlich von der Regierung das Privileg, einen von ihm erzeugten Puder verkaufen zu dürfen. Die Venezianerinnen ließen sich ihre Haare schneiden, um sowohl die Perücken tragen als auch dieselben ausgiebig pudern zu können. Nur erzeugte Capranicas Puder bei der Berühung mit der warmen Menschenhaut ganze Schwärme ekelhaften Ungeziefers. Das wiederum veranlaßte die Regierung zur Aufhebung des Privilegs. Diese Maßnahme wurde dadurch umgangen, daß Capranicas Sohn einen Reispuder erzeugte, welcher hygienisch einwandfrei sein sollte. Das war er natürlich nicht, aber die Frauen kaprizierten sich nun einmal auf diese Mode und nahmen alle Nachteile, die dadurch entstanden, mit heroischem Gleichmut in Kauf. Erst die Französische Revolution hat dem Elend mit den Perücken auch in Venedig ein Ende bereitet. Aber da hatte der Franzose Legros bereits seine legendäre Perückenschule gegründet, welche die beiden Heiligen Cosmas und Damian als ihre besonderen Fürsprecher beanspruchte und die mehr als achthundert Adepten besaß, also eifrige und begeisterte Erzeuger und Verkäufer von Perücken, die allesamt ihr Auskommen hatten.

Die Franzosen waren überhaupt tonangebend in allen Modefragen, was zu mancher obskuren Verwirrung führte. Lediglich der sogenannte Zendado war ein typisch venezianisches Erzeugnis. Der Zendado, in Venedig zu Beginn des 18. Jahrhunderts eingeführt, war so etwas wie ein Schleier, welcher das Gesicht seiner Trägerin bedeckte und sehr rasch zur beliebtesten Kopfbedeckung aller Venezianerinnen wurde. Der Senat opponierte heftig gegen diesen Schleier, „weil er die Unterschiede zwischen den Ständen aufhebt". Wie man in den Protokollen nachlesen kann, ereiferten sich Venedigs Politiker tatsächlich vor allem darüber, daß man unter dem Zendado die Nobildonna weder von der Bäuerin noch von dem Dienstmädchen unterscheiden könne. Aber alle Erlässe und Verbote nützten nichts. Venedigs Frauen, die sich den Zendado in den Kopf gesetzt hatten, siegten über Venedigs Politiker. Sie trugen den Schleier nicht zuletzt auch als Beweis für ihre emanzipatorischen Erfolge und nicht ohne Stolz über ihren Sieg, den sie gegen eine rückständige Männergesellschaft errungen hatten.

„Die traurigste Niederlage, welche nicht allein die venezianische Regierung sondern auch der gesunde Menschenverstand erlitt, waren die Reifröcke, die sogenannten guardinfante, welche die Modedamen lange genug der französischen Vorschrift gemäß trugen." (C. Chledowski) Angeblich empörten sich sogar die Hausfreunde der venezianischen Damen gegen diese merkwürdige Mode, deren unförmige Reifröcke Carlo Goldoni übrigens in einem seiner Stücke mit einem Globus verglichen hat und die in den engen Gassen Venedigs alles andere als praktisch waren. Aber die Frauen, nahezu besessen von der Idee, endlich so etwas wie ein Gleichheitsprinzip erreichen zu können, ließen von ihren modischen Einfällen — auch wenn diese nichts weiter als Torheiten waren — nicht ab.

Den wahrscheinlich entscheidendsten und gewiß auch aufsehenerregendsten Ausbruch aus ihrem langgewohnten Ghetto-Dasein erreichten Venedigs Frauen aber zweifellos dadurch, daß sie die dominierenden Protagonistinnen im „Paradies der Spieler" wurden, wie Venedig seit der Mitte des 17. Jahrhunderts auch genannt wurde. Damals spielte so gut wie alle Welt, und zwar vorzugsweise Karten. Auch die Angehörigen der sozial benachteiligten Schichten waren diesem Spielfieber rettungslos verfallen. Der Gondoliere, der Handwerker, der Mönch, die Wäscherin und die Patrizierin, sie alle waren das Publikum der venezianischen Spielhöllen, die von der üblen Spelunke bis zum luxuriösen Salon reichten. Gespielt wurde buchstäblich alles, was mit Karten inszeniert werden konnte. Viele dieser Spiele sind längst in Vergessenheit geraten, andere wiederum, wie etwa das Tarock, haben sich bis auf den heutigen Tag gehalten.

Wenn man an einem späten Nachmittag, wobei das durchaus auch an einem Wochentag vorkommen kann, den Palazzo Vendramin-Calergi aufsucht, wo während der Wintersaison Venedigs Spielkasino untergebracht ist, dann wird man einige altbekannte Phrasen auf ganz überraschende Weise bestätigt finden. Darunter jene von der ausgeprägten Spielleidenschaft der Südländer, wobei es insbesondere die Frauen sein sollen, welche diese Leidenschaft zur krankhaften Sucht werden lassen. Der Andrang des Publikums, das sich nicht immer wie ein normales, gesittetes und diszipliniertes Publikum verhält, ist unglaublich. Und die merkwürdigsten Szenen spielen sich in diesem Palast, in welchem übrigens Richard Wagner am 13. Februar 1883 gestorben ist, schon vor den Garderoben ab. Andererseits kann man mit einiger Genugtuung feststellen, daß Venedigs Lokalbehörden Wert auf Tradition legen. Denn sie haben das Spielkasino, das während des Sommers draußen am Lido situiert ist, nicht an einem beliebigen Ort etabliert, sondern ihm einen der schönsten und auch kostbarsten Paläste am Canal Grande vermittelt.

Man kann sich heute ungeachtet der augenscheinlichen Heftigkeit, mit der sich die Venezianerin ihrer Spielleidenschaft hingibt, nur schwer die Rolle vorstellen, welche Venedigs Frauen wenigstens zwei Jahrhunderte lang — von der Mitte des 17. bis zu Beginn des 19. Jahrhunderts — in Verbindung mit dem Glücksspiel gespielt haben. Dabei war es völlig gleichgültig, welche soziale Stellung die Betreiberinnen der sogenannten Ridotti, also der Spielsalons, einnahmen. Und auch das Alter der Frauen spielte keine Rolle. Als beispielsweise die achtzehnjährige Braut des Herzogs von Modena, ein venezianisches Mädchen aus allerbestem Haus, unterwegs zu ihrem künftigen Ehemann war, bewältigte sie die Langeweile der Reise dadurch, daß sie allabendlich Pharao spielte; sie geriet in solchen Eifer, daß sie nicht selten bis zum nächsten Morgen durchspielte.

Gespielt wurde in Venedig überall, zu jeder Tageszeit und mit oder gegen die herrschenden Gesetze. Die meisten und auch populärsten Spielsalons, von den Venezianern „Bische" genannt, befanden sich im Bereich des Markusplatzes. Sie besaßen in der Regel zwei Ausgänge, einen auf den Markusplatz und einen zweiten auf eine der schmalen Gassen, die den Markusplatz wie ein krauser Kranz von Arterien umkreisen. Die Chancen, bei einer Razzia durch die Behörden dem Zugriff der Polizei zu entwischen, war dadurch stets gegeben. Und Razzien gab es immer wieder, weil sich die Venezianer nicht mit irgendwelchen harmlosen Kartenspielen begnügten, sondern nahezu darauf versessen waren, ihre Geschicklichkeit, ihr Glück an Hasardspielen zu erproben. Man gründete eigene Spielgesellschaften, die Kasinos mieteten, um völlig unter sich zu bleiben, wobei es gerade diese Spielgesellschaften auszeichnete, daß sie häufig von Frauen geleitet wurden.

So zum Beispiel managte eine angesehene Nobildonna namens Lucrezia Nani einen Spielsalon unweit des Markusplatzes. Sie verfügte über eine beträchtliche Anzahl von Agenten, welche tagaus, tagein damit beschäftigt waren, die ganze Stadt nach wohlhabenden Fremden oder spielbesessenen Venezianern abzusuchen, die man dann, wie man das bezeichnete, „alla sua conversazione" ins Ridotto der Nobildonna lotste. Das geschah Ende des 17. Jahrhunderts. Ein anonymer Zeitgenosse schilderte die Strategie, mit der vorgegangen wurde, ebenso nüchtern wie ausführlich: „Wenn die Agenten einen wohlhabenden Fremden erblickten, begannen sie ihr Manöver damit, daß sie ihn mit großem Respekt ansprachen, ihn auf die Pracht der Markuskirche mit ihren kostbaren Mosaiken aufmerksam machten, ihn in den Dogenpalast führten, und das alles geschah ohne jegliches Entgelt, aus bloßer Liebe zur Kunst und zur großen Vergangenheit der Stadt. Hatten sie ihr Opfer so umgarnt, so fragten sie, ob es nicht ein Kasino sehen wolle, wo sich die beste Gesellschaft zu versammeln pflege. Der erfreute Fremde ließ sich in das Ridotto der Nobildonna Nani führen, konnte dort nicht genug über die Höflichkeit und Liebenswürdigkeit der Venezianer staunen, bis er das Lokal nach einem einige Stunden währenden Spiel mit leeren Taschen verließ."

Andere Klassen venezianischer Frauen, meint James Morris, konnten sich einen solchen Aufwand nicht leisten; auch dann nicht, wenn ihre Neigungen völlig auf das Hasardspiel ausgerichtet waren. Die Frauen der sogenannten Bürgerkreise besaßen stets mehr Freiheit und oft auch eine größere Bildung, während arme Frauen ein Leben „rauher Gleichheit" (J. Morris) führten. Wenn man zum Beispiel venezianische Arbeiterfrauen von heute beobachtet, so erinnern sie unwillkürlich an Figuren aus der Commedia dell'Arte, an Gestalten aus einer Komödie Goldonis. Im übrigen würden auch sie, wenn sie bloß Gelegenheit dazu hätten, das Glücksspiel mit allen seinen Variationen und Möglichkeiten bis zur Neige betreiben.

Das Spiel hat in Venedig eine große Tradition. Eines der ersten und beliebtesten Ridotti befand sich in der Calle Vallaressa im Viertel von San Moisé. Bereits im Jahre 1638 hatte der Senat einer Gesellschaft, an deren Spitze Marco Dandolo stand, der aber auch eine ganz Reihe angesehener venezianischer Damen angehörte, die Konzession für diesen Spielsalon erteilt. Rund 150 Jahre später wurde dieser Ridotto dann völlig erneuert und aufs kostbarste eingerichtet, so daß er tatsächlich zu den populärsten Sehenswürdigkeiten der Stadt gehörte. Es gab einen Konversations- und einen Festraum, der vorzugsweise von Frauen benützt wurde. Gespielt wurde in einem großen Saal, der mit vergoldeten Ledertapeten geschmückt war, und in einem eigenen Spielzimmer, der Camera lunga, wo absolutes Schweigen herrschte und jede Diskussion verboten war. Ein Augenzeuge berichtete: „Man hörte nichts als die Schritte der Kommenden und Gehenden und den Klang rollender Goldmünzen. Es war ein seltsamer Anblick. Überall standen kleine Tische, und vor jedem hielt ein Patrizier in purpurner Toga und großer Perücke, der sogenannte Tavoliere, die Bank. Gespielt wurde Pharao, Bassette, Birbisse oder Pamphile. Am Abend erhöhten zwei hohe brennende Wachskerzen neben dem Bankhalter den feierlichen Eindruck. Während des Spiels bewahrten die Patrizier ihre gewohnte Ruhe, es waren geübte Hasardspieler, die mit gleich kühler Miene große Gewinne einstrichen oder eine Sprengung der Bank registrierten. Die meisten Spieler trugen Masken, den Frauen war es jedoch gestattet, die Säle des Ridotto ohne Maske zu betreten."

Von der sozialen Bedeutung dieses Spielkasinos kann man sich eine Vorstellung machen, wenn man weiß, daß es einige Jahrzehnte lang für so gut wie alle Fürsten und Nobilitäten, die nach Venedig kamen, nahezu obligatorisch war, dieses Ridotto aufzusuchen. Im Jahre 1709 beispielsweise spielte König Friedrich von Dänemark, der sich hinter einer Maske verbarg, dort Pharao und sprengte die Bank. Als ihm der Gewinn ausbezahlt werden sollte, stieß er wie unabsichtlich den Spieltisch um und benützte die allgemeine Verwirrung, um zu flüchten. Im übrigen war es auch ganz selbstverständlich, daß die bevorzugten Mätressen der ausländischen Nobilitäten, die in der Calle Vallaressa ihrer Spielleidenschaft frönten, gemeinsam mit angesehenen Patrizierfrauen und berüchtigten venezianischen Kurtisanen die Spieltische belagerten. Die Emanzipation, die der venezianischen Frau so lange und mit so großer Hartnäckigkeit vorenthalten worden war, erzielte durch die Spiellust der Venezianer und in den Ridotti Venedigs ihre ersten großen Erfolge.

Allerdings bezahlten gerade die Frauen manchmal ihre ungezügelte Spielleidenschaft mit Niederlagen, die mitunter dramatische Formen annahmen. So zum Beispiel ruinierte ein berufsmäßiger Falschspieler, der sich als französischer Edelmann ausgab, im Jahre 1757 Elisabetta Cornaro, die mit beträchtlicher finanzieller Anstrengung einen eigenen eleganten Spielsalon eingerichtet hatte. Eine andere venezianische Nobildonna, die Ehefrau des venezianischen Gesandten in Paris, verlor in einem Spielsalon an einem einzigen Abend anderthalbtausend Zechinen. Da sie nicht so viel Geld bei sich hatte, verpfändete sie ihr Ehrenwort, diese Schuld innerhalb weniger Tage zu begleichen. Der Spieler, an den die Nobildonna diese nicht unbeträchtliche Summe verspielt hatte, war übrigens gleichfalls ein berufsmäßiger Falschspieler. Er drohte mit einem Skandal, erhielt daraufhin ein Drittel der Summe ausgehändigt und wurde wenige Tage später in Mestre, wo er Quartier genommen hatte, von unbekannten Schlägern überfallen und verwundet. Auch die Behörden reagierten in diesem besonderen Fall unmißverständlich, sie erteilten dem Falschspieler Aufenthaltsverbot.

Wesentlich unangenehmer waren freilich die häufigen Versuche der venezianischen Behörden, das Hasardspiel zu unterbinden. Das mindeste, was in diesem Fall vornehmen Damen widerfahren konnte, war der Hausarrest. Aber es sind auch Fälle bekannt, in denen die mehr oder minder ehrbaren Frauen bekannter Patrizier in Haft genommen wurden. Und in besonders dramatischen Fällen, die freilich zu den Ausnahmen zählten, endete die Existenz einer armen Sünderin zwischen den beiden Säulen der Piazzetta.

Auch in anderer Hinsicht war der Rat der Zehn eifersüchtig um die Moral der Venezianerin besorgt: Als zum Beispiel durch gezielte Indiskretionen bekannt wurde, daß die Nobildonna Laura Dolfin Ausländer bei sich empfange, wurden ihre erwachsenen Söhne in den Dogenpalast zitiert, wo man ihnen erbitterte Vorhaltungen über das „unerhört leichfertige Benehmen" ihrer Mutter machte. Dieser Vorfall ereignete sich im Jahre 1712.

Das Verhältnis der Venezianer zu den Frauen war also stets ein ebenso merkwürdiges wie arrogantes, ein gleichermaßen feindseliges und zugleich infantiles. Die Venezianer behandelten ihre Frauen als zweitrangige Geschöpfe, wobei sie den Ehefrauen die fragwürdige Gunst erwiesen, sie für kostbar genug zu befinden, um sie als sorgfältig behütete Gefangene zu betrachten. Frauen wurden schlichtweg als Besitz angesehen, und manchmal schienen sie sogar im Inventarverzeichnis einer Erbschaft auf. Bekanntgewordenist der Fall des Patriziers Sebastiano Badoer, der drei Sklavinnen hatte. Nach seinem Tod versuchte die Witwe diese drei unglücklichen Geschöpfe, die tatsächlich nichts anderes als billige Bettgenossinnen des Verstorbenen waren, um 180 Dukaten an den

Mann zu bringen. Der Patrizier Andrea Mihiel wiederum heiratete 1526 die vermögende Kurtisane Cornelia Griffo, um sich dadurch vor dem Bankrott zu retten; der Historiker Paolo Molmenti fand dazu keinen anderen Kommentar als diesen: „Reduziert man die Frauen auf die Summe der Funktionen, die ihnen gemäß sind, dann ist eine Griffo die schlechteste gewiß nicht." Und Louis Ramberti, Liebhaber und Lebensgefährte jener Veronica Franco, die durch ihre Liebesbeziehung zu Heinrich III. berühmt geworden war, vermachte in seinem Testament der Kurtisane, die er freilich zu diesem Zeitpunkt schon wieder verlassen hatte, ein Federbett, was eine reichlich geschmacklose Anspielung auf ihr ehemaliges Gewerbe war. Ramberti verhöhnte seine ehemalige Genossin außerdem mit zynischen Worten, was nicht zuletzt damit zu tun hatte, daß sie zu jener Zeit nicht mehr zu den führenden Schönheiten ihres Standes zählte. Im Alter wurde sie dann sehr fromm und wohltätig und gab einen großen Teil ihres ebenso mühsam wie geschickt erworbenen Vermögens dafür aus, Venedigs erschöpfte und unbrauchbar gewordene Kurtisanen einem besseren Leben zuzuführen.

Eine andere Möglichkeit für Frauen der besseren Gesellschaft, sich über den legitimen Umweg finanzieller Unabhängigkeit auch so etwas wie ein Anrecht auf gesellschaftliches Eigenleben zu erwerben, war die Einrichtung und Erhaltung sogenannter Kasinos. „Wie Pilze schossen Kasinos aus der Erde, und bald gab es keine Straße von San Marco nach Ognissanti, von San Paolo nach San Moisé, von Santa Lucia nach San Giobbe, wo nicht eine Nobildonna sogenannte Conversazioni veranstaltet hätte", schreibt Casimir von Chledowski in seiner Arbeit über „Das Italien des Rokoko". Es waren also meistens Frauen, welche diese Kasinos führten. So zum Beispiel weiß man von der Venezianerin Paolina Marchi, daß sie elf Wohnungen gemietet und als Kasinos eingerichtet hatte, wobei man diese Art von Kasinos selbstverständlich nicht mit einem Spielkasino verwechseln darf. Hier zog man sich zum intimen Rendezvous zurück, erholte man sich von den Anstrengungen in den Spielhöllen rund um San Marco oder benützte die Etablissements als Stützpunkte im venezianischen Karneval, der ungemein strapaziös sein konnte. Selbstverständlich mußten diese Kasinos aufs großzügigste ausgestattet sein, wenn die Betreiberinnen und Vermieterinnen dafür ein einträgliches Entgelt zu erhalten wünschten. Bei der allgemeinen Großzügigkeit, mit der man sich in jenen Jahrhunderten um moralische Fragen kümmerte, geschah es dann fast zwangsläufig, daß viele dieser Kasinos zu Absteigequartieren wurden. Und es waren nicht selten die vornehmsten Damen der venezianischen Gesellschaft, welche die populärsten dieser Vorläuferinnen der heutigen Stundenhotels recht erfolgreich betrieben.

In der Geschichte Venedigs hätten nur zwei Frauen eine Rolle von einiger Bedeutung gespielt, wird gerne behauptet, um die Bedeutungslosigkeit der Venezianerin zu unterstreichen. Die erste war Caterina Cornaro, deren Geschichte an anderer Stelle schon ausführlich beschrieben wurde. Die Republik adoptierte sie immerhin ganz offiziell als „Tochter", nachdem sie 1472 den König von Zypern geheiratet hatte. Der armen Caterina Cornaro, deren Ehemann nach rund einjähriger Ehe unter mysteriösen Umständen verstarb, blieb dann freilich im norditalienischen Asolo nur ein Witwensitz, den sie in einen Musentempel verwandelte. Die zweite Venezianerin, von der man in Venedig selbst annimmt, daß sie eine gewisse historische Bedeutung besitze, hieß Bianca Cappello, war eine Tochter aus vornehmem Haus, der das Unglück widerfuhr, sich 1564 in einen Taugenichts aus Florenz zu verlieben, mit dem sie davonlief. Sie wurde in Abwesenheit zum Tode verurteilt, welches Urteil sogleich wieder aufgehoben wurde, als man in Venedig erfuhr, daß Bianca Cappello die Aufmerksamkeit des Großherzogs der Toskana auf sich gelenkt hatte. Sie wurde tatsächlich dessen Mätresse und später auch Gemahlin. Jetzt ernannte Venedig die junge Frau zur zweiten „Tochter" der Republik, eine Auszeichnung, die allerdings keinen praktischen Wert besaß. Bianca Cappello wurde dann 1587 vergiftet, was am Canal Grande und in San Marco freilich keine besonderen Emotionen hervorrief, weil man sich durch den Tod der einstigen venezianischen Patriziertocher keine besonderen Vorteile ausrechnete.

Venedig, das um die Mitte des 15. Jahrhunderts den Zenit seiner

Macht und seines Einflusses erreicht hatte und schon wenige Jahrzehnte später durch die Entdeckung Amerikas und des Seeweges nach Indien einen ebenso langsamen wie schmerzlichen Niedergang erleben mußte, dieses Venedig, das während seiner höchsten Blüte zweifellos die Hauptstadt des Abendlandes gewesen ist und wo materieller Reichtum die Voraussetzungen schuf für ein langanhaltendes goldenes Zeitalter der Kunst, Venedig war praktisch ein Jahrtausend lang unfähig, sich seinen Frauen gegenüber korrekt zu verhalten. Es hat sie entweder als politische Tauschobjekte oder als Kurtisanen gesehen. Und wenn die venezianische Frau ehrbar sein durfte oder mußte, wenn sie der strengen Gesetzmäßigkeit des venezianischen Alltags unterworfen war und sich sozialen und moralischen Bedingungen unterordnen mußte, die wie aus dem Morgenland übernommen schienen, dann war sie wiederum nichts anderes als ein genormtes Geschöpf, wiederum nur ein Objekt, das fremden Interessen zu gehorchen hatte.

Es ist daher kein Zufall, daß Venedigs Lokalgeschichte keine wirklich bedeutenden Frauen aufweisen kann. Selbst jene berühmte Santa Lucia, deren mumifizierte Überreste man in einer Kirche unweit des Bahnhofs besichtigen kann, stammt aus Sizilien. Und wenn eine Venezianerin wirklich einmal populär wurde, dann war sie entweder die Geliebte eines ausländischen Künstlers oder als Kurtisane intelligent und geschickt genug, um sich ungeachtet ihres Standes eine gewisse Reputation zu verschaffen. Die Lokalgeschichte Venedigs kennt auch keine weiblichen Helden oder Heiligen.

Wenn man eine Art Resümee aus dem zieht, was über die venezianische Frau in Erfahrung zu bringen ist, dann entpuppt sie sich als eine Figur voller Widersprüche. Und dann versteht man auch die Vehemenz, mit der sie im 17. und vor allem im 18. Jahrhundert die ihr auferlegten Fesseln abstreifte und sich für die harte und grausame Behandlung rächte, die ihr in Venedig stets zuteil geworden war. „Die Frau, die Familienmutter, nahm die Zügel des Hauses in die Hand, um wenigstens einige Trümmer des ehemaligen Wohlstandes zu retten. Wenn ihre Absichten weniger ernst waren, wollten sie ihren Teil an Amüsement und Genuß haben. Das politische, literarische und künstlerische Leben begann sich im Salon zu konzentrieren und änderte damit seinen Charakter. In der Politik herrschte weiblicher Einfluß und Intrige, in der Literatur Witz unter Preisgabe aller anderen schriftstellerischen Vorzüge, in der Kunst Weichlichkeit und Phantastik." (C. Chledowski) Und in einer von Goldonis Komödien meint der unsterbliche Pantalone, daß man mit Hilfe der Frau so gut wie alles erreichen könne; das weibliche Geschlecht feiere jetzt Triumphe, und die Frau führe den Mann nunmehr wie einen Sklaven an der Kette.

Aber alles, was man über die Venezianerin in Erfahrung zu bringen versucht, ist ungewiß und wie hinter einem Schleier verborgen. Das alte Motto, das man jeder Begegnung mit Venedig voranstellen sollte, stimmt nämlich auch hier: In Venedig kann man einer Sache nie ganz sicher sein. Als Napoleon in Venedig einmarschierte und der Serenissima endgültig den Todesstoß versetzte, wünschte er eine Art Charakteranalyse der Venezianer. Er wollte wissen, mit welchen Menschen er es hier eigentlich zu tun hatte, denn zu viele Lügen und Widersprüche waren damals schon über die Venezianer im Umlauf. Aber Napoleon ist nie über den Charakter der Venezianer wirklich aufgeklärt worden. Es konnten sich nämlich die mit dieser Arbeit befaßten Gelehrten nicht einigen, bis sie sich schließlich selbst als unfähig erklärten, die Wahrheit über die Venezianer herauszufinden.

Man könnte ein Dutzend oder auch Tausende von Beispielen für die Unmöglichkeit anführen, dem Venezianer gleichsam unter die Haut zu blicken. Das gilt selbstverständlich auch für die Venezianerin, von der manche Autoren meinen, daß sie von einer klösterlich-einsamen Aura umgeben sei, während andere wiederum zu einer gänzlich andersgearteten und mehr nüchternen Erkenntnis kommen. James Morris, der viele Jahre in Venedig zugebracht hat, meinte zum Beispiel einmal, daß man in Venedig nur selten eine „zerzauste Venezianerin" zu sehen bekäme und daß die Frauen hier für gewöhnlich elegant gekleidet seien. Dieser durch reiche persönliche Erfahrung unterstützten Ansicht könnte man entgegenhalten, daß die moderne Venezianerin heute eine eher realistische und damit praktische Meinung in Modefragen vertritt, obgleich auch das nicht die ganze Wahrheit zu sein braucht. Denn immer noch kann man Dienstmädchen oder kleine Verkäuferinnen im Stil einer ehemaligen Nobildonna auftreten sehen, während andererseits auch Patrizierinnen längst erkannt haben, wie bequem ein Hosenanzug sein kann. Und das selbst in Venedig, was immerhin so etwas wie ein Fortschritt ist, denn „die meisten Venezianerinnen würden ohnehin erschauern bei dem Gedanken an Hosen". (J. Morris) Allerdings stammt diese Meinung über die Venezianerin und ihren Horror vor Hosen aus den fünfziger Jahren.

Murano, Burano, Torcello oder Mosaik mit Bruchstellen

Murano hat etwas Nordisches, Gewalttätiges und Abweisendes, das kaum in diese lagunare Welt der diffusen Farben und des verschwimmenden, brechenden Lichtes passen will. Dafür besitzt die Insel, die alljährlich von zahllosen Touristen aufgesucht wird, einen eigenen Canal Grande und außerdem das Bewußtsein, mit seinen schmutzigen langgestreckten Glasfabriken immer noch ein Mittelpunkt der europäischen Glasbläserei zu sein. Dieses ebenso seltsame wie unheimliche Gewerbe, das irgendwie zu dieser griesgrämig anmutenden Insel paßt, hat möglicherweise hier schon in römischer Zeit eine Heimstätte gehabt. Die ersten Flaschenmacher auf Murano werden jedenfalls um das Jahr 1000 urkundlich erwähnt.

Bevor man sich freilich mit der weltberühmten Glasindustrie Muranos beschäftigt, sollte man daran erinnern, daß die Insel einmal so etwas wie ein privater Lustgarten für die Vornehmen und Reichen Venedigs war; und daß hier Aristokraten, „in alles Exquisite eingehüllt, unter ihren Reben und Obstbäumen dahinschritten, über Poesie und philosophische Konzeptionen diskutierten und ihre diskreten, aber köstlichen Liebschaften hatten“ (J. Morris). Außerdem machten es sich Englands Botschafter bei der Serenissima zur noblen Gewohnheit, ihre privaten Appartements auf Murano einzurichten.

Der ebenso große wie einträgliche Ruhm der Insel, die vollkommenste und geschickteste Glasbläserzunft der Welt überhaupt zu besitzen, geht auf das Jahr 1292 zurück. Damals mußten alle Glaswerkstätten von Venedig nach Murano übersiedeln, um die ständig drohende Gefahr von Feuersbrünsten am Rialto und am Canal Grande zu bannen. Das zumindest war die offizielle Lesart. Und gewiß bedeuteten die Schmelzöfen der Glasbläser in den engen und dichtverbauten Quartieren inmitten der sich rasch vergrößernden Stadt eine ständige Bedrohung.

Außerdem machten besondere Eigenschaften des Sandes von

Murano und gewisse Ablagerungen von Meeresvegetation die Insel zu einem geeigneten Ort für die Herstellung von Glas. Und noch im 16. Jahrhundert war zum Beispiel James Howell — den man nicht mit dem Amerikaner William Dean Howells, der Venedig im 19. Jahrhundert mit seiner Anwesenheit beehrte, verwechseln darf — fest davon überzeugt, daß die Überlegenheit des venezianischen Glases von der unvergleichlichen Qualität der Luft herrühre, „welche über der kleinen Insel hängt". Diese Luft soll, ohne daß es dafür freilich einen einzigen dokumentarisch verbürgten Beweis gibt, so unvergleichlich gewesen sein, daß die besten Trinkgläser, die man in Murano erzeugte, sogleich zerbrachen, wenn sie mit Gift in Berührung kamen. Das wiederum animierte den Amerikaner Howells zur Feststellung, daß es für die italienische Gesellschaft, die stets von Giftmischern geplagt worden ist, gewiß eine ausgezeichnete Sache gewesen sei, über solche Pokale zu verfügen. Genützt hat es freilich, soviel wir wissen, keinem einzigen Opfer der Giftmischer.

Aber vieles von dem, was man sich über die Glasbläser von Murano erzählt, gehört eher in den Bereich der Legende oder Anekdote. Tatsächlich waren die hochbezahlten und angesehenen Meister der Glasbläserzunft fast immer Gefangene der Republik, die eifersüchtig darüber wachte, daß nichts vom Geheimnis des künstlerisch und ökonomisch gleichermaßen bedeutungsvollen Handwerkes ins Ausland gelangte. Zugleich gewährte man den Glasbläsern, die man wie kostbare Staatsgefangene hielt, alle nur erdenklichen Vorrechte. Auf der Insel wurde Geld gemünzt, die Glasbläser verfügten über einen eigenen Adelsstand, und im Glasmuseum gibt es ein „Goldenes Register", das durchaus vergleichbar ist dem berühmteren „Goldenen Buch" Venedigs. Das verhinderte freilich nicht, daß der Rat der Zehn seine fähigsten und unbarmherzigsten Agenten ausschickte, um flüchtige Glasbläser zu ermorden, die sich anderswo eine eigene Existenz aufzubauen wünschten.

Heute stehen die Glasfabriken von Murano so gut wie ausschließlich im Dienste des Fremdenverkehrs. Aber immer noch findet jene geheimnisvolle Metamorphose statt, deren Beginn Diego

Valeri einmal so beschrieben hat: „Aus einem vorn an dem langen Eisenrohr hängenden feurigen Glasklumpen gehen jene kostbaren, hauchzarten Formen hervor, sobald der Mann seinen Atem hineinbläst und die Masse mit den ungefügen Werkzeugen dem Bild entsprechend formt, das ihm im Geist vorschwebt."

Die Anfänge der venezianischen Glasbläserei sind übrigens nach wie vor ungeklärt. Vielleicht hat man diese Kunst im frühen Mittelalter von den Glasbläsern Aquileias übernommen, wo es einige Glasmanufakturen gegeben hat, wie das durch archäologische Ausgrabungen bestätigt wurde. Auch im nahegelegenen Altinum gab es bis zum barbarischen Einbruch der Hunnen und Langobarden Glasbläser. Eine andere Möglichkeit könnte in den alchimistischen Kunststücken der Benediktiner von San Giorgio begründet gewesen sein, die den Ruhm genossen, Italiens einzige glasblasende Mönche zu sein; der älteste Bericht über die Glasbläserei in der Lagune stammt aus dem Jahre 982 und erzählt die Geschichte eines solchen glasblasenden Mönches.

Venedig sorgte für seine Glasbläser, die es wie Gefangene hielt, andererseits in fast mustergültiger Weise. Frühzeitig schon gab es eine ganze Reihe von sozialen Bestimmungen, welche die Gesundheit der Glasbläser schützen sollten. Es gab extrem lange arbeitsfreie Zeiten, genormte und zeitlich stark verkürzte Arbeitszeiten für Jugendliche, einen sechsstündigen Schichtwechsel, soziale Absicherungen für kranke oder durch Arbeitsunfälle geschädigte Glasbläser.

Außerdem waren sie in einer eigenen Zunft zusammengefaßt. Die Zunftordnung wurde zuerst im Jahre 1271 formuliert. Im 15. Jahrhundert dann begann der Rat der Zehn mit seinen verhängnisvollen Dekreten und Gesetzen, welche die Glasbläser Muranos tatsächlich zu Staatsgefangenen degradierten. So wandte man damals bereits das Mittel der Sippenhaftung an, indem man die Verwandten eines ausgewanderten oder geflüchteten Glasbläsers kurzerhand in den Kerker warf.

Als Napoleon der Serenissima den Todesstoß versetzte und die Republik aufhörte zu existieren, begannen auch für die Glasbläser von Murano schwere Zeiten. In den ersten Jahrzehnten des 19. Jahr-

hunderts verschwanden sie praktisch aus dem Bewußtsein Venedigs, wurden ihre Produkte nicht mehr benötigt, fanden ihre manchmal hinreißend schönen, zauberhaften und verwirrend farbigen Kunstwerke keine Abnehmer mehr. Erst um die Mitte des 19. Jahrhunderts gab es wieder einige Versuche, das Geschäft der Glasbläserei zu beleben. Heute, da weitgehend der Kitsch der Massenproduktion vorherrscht, allerdings nach wie vor Kunstwerke von allerhöchster Vollendung produziert werden können, was dann exorbitant hohe Preise verursacht, heute sind in rund hundert Betrieben annähernd sechstausend Arbeiter beschäftigt. Und wie es den Anschein hat, ist das Gewerbe der Glasbläser zumindest so lange gesichert, als der Fremdenverkehr floriert und der Geschmack der nach Murano strömenden — oder gelotsten — Kundschaft nicht das Extravagante, Besondere und damit praktisch Unerschwingliche will.

Aber Murano ist nicht nur durch seine Glaswerkstätten berühmt oder dadurch, daß viele venezianische Nobili sich hier ihren Sommersitz eingerichtet hatten, oder daß der erste botanische Garten Italiens angeblich auf dieser Insel entstanden ist, sondern auch durch einen jahrelangen heftigen und kostspieligen Streit zweier Kirchen. Dabei ging es sowohl um den Besitz von wertvollen Reliquien als auch um die religiöse Vorherrschaft auf der Insel. Und weil in jener Zeit, als diese Auseinandersetzung stattfand, die religiöse Vorherrschaft gleichbedeutend war mit politischen und ökonomischen Vorteilen, wurde dieser Streit mit besonderer Erbitterung geführt. Die eine Kirche, nämlich San Donato, steht heute noch. Ihre Rivalin, San Stefano, ist längst verschwunden. Die eigenartige Auseinandersetzung hatte ursprünglich damit angefangen, daß einmal die eine und dann wieder die andere Kirche irgendeinen Knochen, Zahn oder Blutstropfen irgendeines mehr oder minder mysteriösen Heiligen erwarb, bis schließlich die Kathedrale von San Donato in den Besitz des Leichnams ihres Namenspatrons kam. Dieser weitgehend unbekannte und dessen ungeachtet irgendwann einmal heiliggesprochene Donatus war Bischof auf der griechischen Insel Euböa gewesen und hatte sich einst durch eine seltsame Heldentat hervorgetan — er hatte einen Drachen dadurch unschädlich gemacht, indem er ihn ganz einfach kräftig anspuckte.

Die Knochen des Drachens kann übrigens jedermann, der an solche Geschichten glaubt, heute noch hinter dem Hochaltar der Kirche auf der Insel bewundern.

Aber San Stefano ließ die Schmach einer solchen Niederlage nicht auf sich sitzen. Am 14. April 1374 verkündete man mit großem Zeremoniell, daß man nicht nur über den Leichnam irgendeines beliebigen Heiligen oder Märtyrers verfüge, sondern abgezählte zweihundert solcher Reliquien erworben habe, die von venezianischen Wissenschaftern untersucht worden wären. Und diese Untersuchungen hätten unmißverständlich ergeben, daß es sich dabei um die Unschuldigen Kinder von Bethlehem handle, welche bekanntlich Herodes ermorden hatte lassen.

Es war ein grandioses Spektakel und es ließ ehrgeizige Prälaten und eitle Stadtväter zumindest vorübergehend die beträchtlichen Kosten einer solchen Aktion vergessen. Ganz verschweigen ließen sie sich freilich nicht. Denn selbst der dümmste Bewohner Muranos mußte einmal begreifen, daß der Wettstreit der beiden Kirchen irgendwann zum Bankrott führen würde. Reliquien kosteten Geld. Und wenn man gegen den ehernen Grundsatz der Venezianer verstieß, aus teuer eingekauften Reliquien mindestens den doppelten Gewinn zu schlagen, dann war das Ende einer solchen Affäre leicht vorhersehbar. Da konnten letztlich die interessanten Einkünfte aus dem Gewerbe der Glasbläser auch nichts mehr retten. San Stefano, das sich mit seinen Unschuldigen Kindern von Bethlehem ökonomisch und moralisch übernommen hatte, blieb auf der Strecke.

Dafür kann man die ehemalige Kathedrale der Bischöfe von Torcello und Murano, Santi Maria e Donato, auf dem Stadtplatz von Murano in aller Ausführlichkeit besichtigen. Diese Kirche, eine der ältesten Kirchengründungen in der Lagune, war ursprünglich nur der Muttergottes geweiht gewesen und hat erst im Jahre 1125 den zweiten Namen Donato dazuerhalten, nachdem man die Reliquien dieses sonderbaren griechischen Heiligen ausgerechnet in der sizilianischen Stadt Cefalú erworben hatte. Architektonisch ist die Kirche freilich nicht sonderlich bemerkenswert; am interessantesten und auch eindrucksvollsten wirkt die großartige Chorfassade, die zweifellos ravennatischen, also byzantinischen Vorbildern nachgebaut ist.

Andere Sehenswürdigkeiten sind die Klosterkirche Santa Maria degli Angeli, eine Gründung des 12. Jahrhunderts, die im 19. Jahrhundert — als man das damals hier situierte Nonnenkloster und einen Teil der Kirche einem Lazarett zuordnete — größtenteils zerstört wurde, sowie die ehemalige Klosterkirche der Dominikaner, San Pietro Martire, die im 14. Jahrhundert errichtet wurde und heute nach einer gründlichen Restaurierung (1928) die Pfarrkirche Muranos ist. Für historisch interessierte Besucher wäre noch nachzutragen, daß in Santa Maria degli Angeli einst einer der Sieger von Lepanto bestattet gewesen ist, nämlich der Doge Sebastiano Venier, dessen Grab allerdings im 19. Jahrhundert vollkommen verwüstet wurde.

Von besonderem Interesse ist zweifellos auch das Museo Vetrario di Murano, das 1861 von der Stadt Murano gegründet wurde. Heute ist es in den Räumen des Palazzo Giustinian untergebracht, der von 1689 bis 1805 Sitz der Bischöfe von Torcello und Murano war. Dieses Museum erzählt so gut wie lückenlos die Geschichte der Glasbläserkunst und macht unter anderem verständlich, daß Murano zum Beispiel im 16. Jahrhundert, als es auf dem Höhepunkt seiner Entwicklung stand, mehr als 30.000 Einwohner hatte, eine Zahl, die später nicht einmal annähernd wieder erreicht werden konnte.

Über die Gründe des Niedergangs Muranos kann man sich gleichfalls in diesem Museum ausführlich informieren. Spätestens im 17. Jahrhundert nämlich verlor das venezianische Glas seine absolute Vormachtstellung in Europa, woran unter anderem die neuentstandenen böhmischen Glashütten mitschuldig waren, die dem Geschmack der Kundschaft besser entsprachen als die Erzeugnisse der Glasbläser Muranos, die so gut wie ausschließlich für höfische Abnehmer gedacht waren. Dazu kam noch, daß das sogenannte Spiegelglas, das bis ins 17. Jahrhundert hinein nur in Murano hergestellt worden war, nunmehr auch in anderen Glashütten Europas produziert werden konnte. Der Niedergang wurde fast zur Katastrophe, Murano verödete, die Bevölkerungszahl ging drastisch zurück. Erst in der zweiten Hälfte des 19. Jahrhunderts konnte vor allem durch Andrea Salviati dieser dramatische Abstieg aufgehalten werden. Man paßte sich den veränderten Umständen an, heißt es heute in den Informationsschriften zur abwechslungsreichen Biographie Muranos, schnitt die Glasproduktion auf den Fremdenverkehr zu und gelangte schließlich in geschickter Verwertung der herkömmlichen Techniken und Grundformen zu modernen und künstlerisch teilweise befriedigenden Lösungen.

Die verschiedenen Exponate, die im Glasmuseum von Murano ausgestellt werden, demonstrieren den ganzen Reichtum und die Schönheit der Glasbläserkunst. Die ältesten erhaltenen Beispiele venezianischen Glases stammen aus der zweiten Hälfte des 15. Jahrhunderts und sind Flaschen, Kannen, Becher und Schalen aus kräftig koloriertem Glas; darauf wurde dann noch eine weitere Schicht — meist als vielfiguriges Bild komponiert — üppiger Farben gemalt und durch eine zweite Erhitzung neuerlich verglast.

Was die soziale Gliederung der Glasbläser selbst angeht, so waren sie in sechs Zweigzünfte eingeteilt. An der Spitze standen die Fiolai, also die Glasmeister, welche die schwierige Kunst der Herstellung von Glasmosaiken sowie des farbigen und bemalten Zierglases beherrschen mußten. Dann kamen die Cristallai, welche für die Produktion des geschliffenen Glases verantwortlich waren, die Specchiai, denen die Produktion des Spiegelglases anvertraut war, und die Margheritai und Perlai, welche die sogenannten Glasperlen und künstlichen Edelsteine herstellten, die man zur Dekorierung von Prunkgefäßen benötigte. Den Abschluß bildeten die Stazioneri, jene Männer, denen der Verkauf der produzierten Ware oblag.

Nur die wenigsten Besucher, die der Kunst der Glasbläserei wegen heute noch nach Murano kommen, mögen sich daran erinnern, daß die Lagune — darin Murano praktisch wie ein dicker Käfer liegt — bis in die Mitte des 19. Jahrhunderts der Hauptkriegshafen der österreichischen Marine war. Auf den Inseln Sant'Angelo della Polvere, San Lazaretto — nicht zu verwechseln mit dem gleichnamigen venezianischen Stadtteil —, aber auch auf San Giacomo in Palude, Madonna del Monte und Santo Spirito befanden sich stark befestigte Kasernen, Pulvertürme, Geschützstellungen und andere militärische Einrichtungen, von denen die meisten heute nur noch unscheinbare Ruinen sind. Fischer benützen sie als Stützpunkte für ihre Fahrten über die scheinbar unendliche Fläche der Lagune, Möwen und Wasserratten nisten in den alten Mauern, und einige dieser winzigen Inseln werden ganz einfach als wilde Mülldeponien benützt und verschwinden allmählich unter dem Abfall. Und im Arsenal, wo jahrhundertelang Venedigs Kriegsflotten für den unaufhörlichen Krieg gegen die Türken ausgerüstet wurden, ankerten österreichische Kriegsschiffe, deren Matrosen freilich kaum ein Wort Deutsch sprachen. Hier befanden sich auch die großen Pulverlager und Waffendepots, eine Einrichtung, welche die Österreicher von den Venezianern übernommen hatten. Eine ungefähre Erinnerung an diese längst verschwundene Herrlichkeit österreichischer Marinepolitik kann man im Museo Storico Navale am Eingang zum Arsenal mitbekommen.

Manchmal liegt ein gleißendes Licht über der Lagune, das die taubengraue Oberfläche des Wassers wie mit einer rotgoldenen Fackel entzündet. Dann brennt dieses Wasser, das sich am Horizont im zitternden Dunst verliert, mit einer fast statuarischen Ruhe, obgleich die Sonne, die dieses Feuer entzündet hat, irgendwo hinter Schilfwäldern und Schlammbänken verborgen liegt. Dunkelrote Dreieckssegel gleiten über die Lagune, ein Motorkutter tuckert langsam heimwärts, Möwen erheben sich mit schwerem Flügelschlag, und in den Fischreusen, die wie eine Tausendschaft verwischter Beistriche über die lagunare Landkarte wandern, kauern Männer mit wettergegerbten Gesichtern und sortieren sorgfältig das kriechende, wimmelnde und gelegentlich auch schnappende Getier, das noch am gleichen Tag auf den Speisekarten in den Restaurants zwischen Rialto und San Marco angeboten werden soll.

Manches Geheimnis, manche Überraschung, manches, das so vollkommen in Vergessenheit geraten ist, daß man es nicht mehr mit der Biographie Venedigs und der Lagune in Verbindung bringt, hat hier seinen Ausgangspunkt. Mazzorbo zum Beispiel, mit der wesentlich bekannteren Insel Burano durch eine schmale Brücke verbunden, ist eine der einsamsten Inseln in der Lagune. Es war ursprünglich ein dem römischen Gott Belunus geweihtes Heiligtum und im Mittelalter einer der Zollhäfen Venedigs. Eine Reihe von berühmten und reichen Klöstern, zehn Glockentürme und prachtvoll ausgestattete Paläste dokumentierten damals einen Reichtum, den man sich schon längst nicht mehr vorzustellen vermag. Die Erklärung für den Zustand trostloser Leere, den die Insel heute bietet, ist im übrigen recht einfach. Vom 11. und 12. Jahrhundert an, als die Kanäle allmählich versandeten und sich die Malaria, welche die ganze Lagune in ihrem mörderischen Würgegriff hatte, auch dieser Insel bemächtigte, brachen die Bewohner von Mazzorbo ihre Häuser und Paläste sorgfältig ab. Mit den kostbaren Bausteinen ruderten sie hinüber zum Rialto und legten dort die Grundmauern für das später ebenso berühmte wie berüchtigte Freudenviertel rings um die Rialtobrücke.

Mazzorbo ist also mit Burano durch eine Brücke verbunden. Und wenn die Geschichte zutrifft, die man sich über den Beitrag der Bürger Mazzorbos zum Werdegang des Viertels von Rialto erzählt, dann ist auch Burano, das eine sehr ernsthafte und ärmlich anmutende Insel ist, ein wichtiges Detail in der unendlichen Geschichte Venedigs. Viele Touristen, unterwegs nach dem berühmten Torcello, werden Burano, das sie unmittelbar vor Torcello zu sehen bekommen, nur als plötzlich auftauchenden Farbfleck im diffusen Licht der Lagune in Erinnerung behalten. Dabei hat auch diese Insel eine eigenständige und durchaus interessante Biographie. „Eine große brakische Einöde umgibt es, die Feuchtigkeit ausschwitzt", beschrieb es einst James Morris. „Es ist eine gedämpfte Szenerie, schiefergrau, blaßblau und schlammig grün, doch mitten darin spritzt ein Klecks von ziemlich kindlichen Farben auseinander, die sich im Wasser spiegeln und diese düsteren Kanäle beflecken wie ein umgestürzter Farbtopf. Das ist die Inselstadt Burano. Ihr Campanile steht lustig schief, und sie ist dicht bepackt mit Hunderten hellen, bunten Häusern, wie ein Dorf aus ungebrannten Ziegelsteinen in einer öden Wüste: rote und blaue Häuser, gelbe, orangefarbene und blendend weiße, ein Wirrwarr von Elementarfarben, aufleuchtend im Schlamm.“

Burano lebt vom Fischfang und von der Fabrikation der sogenannten venezianischen Spitzen, über deren Entstehung es eine hübsche Legende gibt. Demnach brachte einst ein Matrose, als er nach langer Abwesenheit wieder in die Lagune heimkehrte, seiner Braut ein sonderbares Gebilde mit: eine sogenannte Spitze der Sirenen, ein Meeresgewächs ähnlich einer Alge, das in jenen weit zurückliegenden Zeitaltern, als die Ozeane noch nicht verdorben und gefährdet waren wie heute, wahrscheinlich besser zu existieren vermochte als jetzt, wo chemische Substanzen jeden filigranen Zauber zerstören. Aber wie dem auch sein mag, die „Spitze der Sirenen“ — Halymenia Opuntia lautet ihr wissenschaftlicher Name — war bald alles, was dem Mädchen in der Lagune blieb, denn ihr Geliebter segelte wieder davon. Das Mädchen aber nahm Nadel und Zwirn und ahmte die Pflanze, die ihr als Erinnerung geblieben war, mit großem Eifer nach. So entstand die erste venezianische Spitze.

Wenn man von dieser hübschen Legende einmal absieht, so waren es hauptsächlich Nonnen und Waisenmädchen, welche in der ersten Hälfte des 16. Jahrhunderts die venezianischen Spitzen herstellten. „Adelige Damen wetteiferten als Beschützerinnen und Förderinnen dieser anmutigen Kunst, die die Mode revolutionierte und jahrhundertelang der Kleidung ihr eigenes Gepräge gab. Halskrausen und Armstulpen waren die ersten modischen Produkte der Spitzenarbeit. Bald wurden auch Kirchengewänder und Altardecken in feinsten Spitzen hergestellt, und schließlich gehörte zu einer guten Brautausstattung die spitzenverzierte Bettwäsche.“ (Karl Heinz Ritschel)

Ritschel schreibt in seinem Buch über Venedig auch von der Krönung der jungen Morosina Morosini zur Dogaressa, eine Ehrung, die eher selten passierte und die in diesem besonderen Fall im Jahre 1597 inszeniert wurde, wobei „dieser Krönungstag zugleich für die Entwicklung des venezianischen Spitzenhandwerks entscheidend war“. Die Dogaressa sorgte nämlich dafür, daß bald nach ihrer Krönung eine eigene Schule für die Herstellung von Spitzen eingerichtet wurde, und zwar in Santa Fosca. Dort mußten immerhin 130 Arbeiterinnen tätig sein, um der Dogaressa Gelegenheit zu geben, Repräsentanten der Kirche und der verschiedenen europäischen Fürstenhöfe regelmäßig mit den schönsten Spitzen zu beschenken. Denn selbstverständlich durften die Arbeiterinnen von Santa Fosca nur für die Dogaressa tätig sein.

Die Spitzenklöpplerei hat zweifellos auch etwas mit Kunst zu tun. Oder eigentlich ist sie ein Kunsthandwerk, das der Lust vieler Frauen, sich mit dekorativen Elementen zu schmücken, Rechnung trägt. Ritschel, der sich mit diesem Thema ausführlich beschäftigt hat, schreibt: „Immer neue Muster wurden erfunden, das heißt also immer neue Motive und Stiche. Der Knotenstich, Netzstich, Tüllstich, Hohlsaumstich, der in breiten Schwingungen erhaben gearbeitete Blätterschnitt, der punto rosa, der aus ganz kleinen, dicht zusammengesetzten und mit Stäbchen verbundenen Motiven besteht, der punto in aria aus Blumen, die ineinander verschlungen sind, und schließlich als Krönung der punto Burano, bei dem die eigentlichen Spitzenmotive nicht mehr durch Stäbchen, sondern durch ganz feine, mit der Hand gearbeitete Tüllnetze miteinander verbunden werden."

Das alles hört sich ein wenig verwirrend und vielleicht sogar reichlich unnütz an, aber wenn man sich überlegt, daß im 16. und mehr noch im 17. Jahrhundert die venezianischen Spitzen nicht nur die Fürstenhöfe, sondern auch die Paläste der reichen Kaufleute eroberten und als modisch und geschmackvoll galten, dann wird man den verschiedenen Stichen gewiß mehr Respekt entgegenbringen. Übrigens machte man es sich in Venedig bald zur Gewohnheit, bekannte Künstler in die Produktion miteinzubeziehen. Man gab bei ihnen Muster in Auftrag, ließ sich also von ihnen über das Handwerkliche hinaus beraten. Cesare Vecellio, immerhin ein Enkel Tizians, war der berühmteste dieser Mitarbeiter bei der Produktion von Spitzen.

Aber das Ende der Serenissima bedeutete auch den Untergang der Spitzenindustrie. Außerdem war vorher schon vom Frankreich Ludwigs XIV. die Einfuhr venezianischer Spitzen verboten worden. In Frankreich und vor allem in Brüssel wurde eine eigene

Spitzenindustrie gegründet, und Venedig, das spätestens im 18. Jahrhundert alle seine bedeutenden Positionen eingebüßt hatte, mußte erschöpft und wehrlos mitansehen, wie kostbare Spitzen aus Belgien und Frankreich die internationalen Märkte eroberten.

Burano sei eine Insel der absurden Dimensionen, hat Guido Piovene vor Jahrzehnten einmal festgestellt, eine Meinung, die ihm dann von James Morris nachhaltig bestätigt worden ist. Das Leben fühle sich hier flockig und substanzlos an, und obgleich die Stadt übersät sei mit Gedenktafeln, ist hier im Grunde doch nichts passiert. „Während die Frauen klöppeln, fahren die Männer zum Fischfang, wie in einer Allegorie oder in einer Oper", beschreibt der Brite die Szenerie. „Wildäugige Fischer stolzieren durch die Straßen von Burano, Korkschwimmer und riesige Schuhe tragend, und an der Kirchenmauer hängen Netze zum Trocknen. Die Fischer fahren mit ihren Booten bis zu ihrer Haustür, um sich mit einer Suppe und innigen Umarmungen begrüßen zu lassen. Diese Andeutung idealer Domestizität, die wesentliche Feminität der Frauen, die zottige Maskulinität der Männer, die lustigen kleinen Häuser, die Suppe und die Netze und die blitzenden Nadeln — all das bewirkt, daß sich Burano wie eine langhingezogene Laienaufführung auf der Bühne ausnimmt. Bis vor kurzem war die Insel wirklich sehr arm . . . aber der Ort wirkt nicht real genug, um vom Hunger geplagt zu sein. Es ist eine Insel der absurden Diminution: winzige Kanäle, spielzeugkleine Häuschen, Miniaturbrücken, mikroskopische Spitzenstiche." Was Morris, der sich als langjähriger Augenzeuge venezianischer und lagunarer Verhältnisse einen solchen skeptischen Stil durchaus erlauben durfte, hier eher mürrisch zu Protokoll gibt, ist letztlich das Ergebnis jenes qualvollen Sprungs in der Biographie Buranos, den wie so manches andere Unheil gleichfalls Napoleon zu verantworten hat. Der Niedergang der Spitzenproduktion konnte später dann auch von den Österreichern nicht mehr aufgehalten werden, obgleich sie alle möglichen Versuche unternahmen, um die wirtschaftliche Position Venedigs wieder zu stärken. Aber Venedig hatte nicht ungestraft das Monopol der Erzeugung von Spitzen eingebüßt. Jetzt waren Brüsseler Spitzen weltberühmt und dementsprechend gefragt, während kein Mensch mehr etwas von Spitzen aus Burano wissen wollte.

Und auf der Insel selbst verlernte man allmählich dieses Kunsthandwerk. Als nach dem Jahre 1870 die beiden angesehenen Patrizierinnen Adreana Zon Marcello und Maria Chigi Giovanelli gemeinsam mit dem Politiker Paolo Fambri dieses einträgliche Kunsthandwerk wieder zu neuem Leben erwecken wollten, da fand man erst nach langem Suchen eine uralte Frau auf Burano, welche noch die notwendigen Kenntnisse zur Herstellung von Spitzen beherrschte. Sie hieß Cencia Scarparola, war schwerhörig und lange Zeit störrisch gegen die Überredungsversuche der vornehmen Damen. Aber dann ließ sie sich doch die Geheimnisse der Spitzenkunst entlocken. Es wurde eine Scuola dei Merletti im Palazzo Communale auf Burano gegründet. Erste Aufträge kamen herein, neue Formen der Produktion und der Vermarktung wurden erfolgreich ausprobiert, und schließlich betrat ein gewisser Michelangelo Jesurum, ein tatkräftiger und ehrgeiziger Kaufmann, den Schauplatz. Er organisierte eine eigene Schule, darin die Spitzenklöpplerinnen immer neue und immer bessere Möglichkeiten ihres Kunsthandwerkes erlernen konnten, was wiederum dem Verkauf der Produkte zugute kam.

Burano ist weniger elegant oder eigentlich dem Fremdenverkehr geöffnet als beispielsweise die Glasbläserinsel Murano. Es ist andererseits aber auch nicht von jener düsteren Entschiedenheit und Weltabgewandtheit wie das benachbarte Torcello, das allerdings die berühmteste Insel der Lagune ist. Oder zumindest die kulturgeschichtlich bedeutendste, was bekanntlich auch eine Art von Ruhm ist, gegen die die hübschen Karaffen und andere farbige Kunststücke der Glasbläser von Murano und die filigranen Produkte der Spitzenklöpplerinnen von Burano nur schwer ankommen.

Lange bevor irgendein Mensch von Venedig träumte, lebten auf vielen Inseln und in den Buchten dieser Lagune die Fischer und Marschbewohner, die seit altersher mit ihren primitiven Salzpfannen und Flachbooten ein Leben fristeten, das von den Gezeiten abhängig war. Und später, als Venedig noch immer nicht ins Licht der beschreibbaren Geschichte eingetreten war, existierten hier mindestens zwei Inseln, deren Ruhm damals schon bemerkenswert war: Malamocco und Torcello. Bewohner dieser beiden Inseln, die auf der Flucht vor Hunnen und Langobarden vom Festland in die Lagune gekommen waren, sind es dann auch gewesen, die Venedig mitbegründet haben. Torcello, das im Jahre 1615 wegen der Malaria für unbewohnbar erklärt worden ist, war also lange vor Venedig Bischofssitz und geistiges Zentrum dieser ganzen verwirrenden Welt.

Es bedarf einiger Phantasie, sich mitten in der menschenleeren Ebene der Lagune plötzlich vorzustellen, daß ausgerechnet aus diesem verlassenen, auch verwahrlosten und unbrauchbar anmutenden lagunaren Bereich so gut wie alle Ideen gekommen sind, die Venedig groß gemacht haben. Die merkwürdigsten Legenden, militärische und politische Organisationen, aber auch das außerordentliche kaufmännische Talent, der Sinn fürs Wirkliche, die Lust am Praktischen und am Irrationalen und gleichzeitig dieser unvergleichliche Zynismus, der Venedig zuerst berühmt und groß gemacht und dann auf so schändliche Weise verdorben hat, alles also, auf das die Serenissima später ihr absurdes Dasein gegründet hat, kam aus diesem Brackwasser gekrochen, entstieg den schlammigen Kanälen, wehte von den flachen Inseln herüber. Und wenn man sich überlegt, daß Venedig überhaupt erst durch den spektakulären Diebstahl eines Leichnams groß geworden ist, daß erst seit den dreißiger Jahren des 9. Jahrhunderts auf San Marco so etwas wie ein geordnetes Gemeinwesen entstehen konnte, das sich um die vergilbten Knochen eines fragwürdigen Leichnams scharte, dann ahnt man auch etwas von der Fragwürdigkeit des Ruhms Venedigs.

Torcello, das zwischen dem 5. und 7. Jahrhundert Flüchtlinge vom Festland aufgebaut haben, die vor den Raubzügen der Hunnen und der Langobarden in die Unzugänglichkeit der Lagune geflüchtet waren, war immerhin knapp fünfhundert Jahre lang Hauptstadt und damit religiöser, politischer und ökonomischer Mittelpunkt dieser Lagune. Und Venedig existierte damals noch gar nicht oder nur als eine Art Prolog. Torcellos Basilika von Santa Maria

Assunta, die um das Jahr 639 vom byzantinischen Kaiser Heraklius gegründet wurde — im Vergleich dazu fällt einem ein, daß die weltberühmte Basilika von San Marco, wie wir sie heute kennen, aus dem 11. Jahrhundert stammt —, diese Kirche der Maria Assunta war also bis zu dem Augenblick der unbestrittene Mittelpunkt des religiösen und damit auch des politischen Lebens, als drüben in San Marco der angebliche Leichnam des Evangelisten eintraf. Und hätten die Diebe, zwei Kaufleute aus der Lagune, die kostbare Reliquie anstatt nach Rivo Alto in ihre Heimatstadt, auf ihre heimatliche Insel gebracht, wer weiß, wie heute die Landkarte der Lagune tatsächlich aussehen würde. So aber verschwand zuerst die religiöse Anziehungskraft aus Torcello und später auch der Bischof, der vor der Malaria nach Burano flüchtete. Und als dann das mörderische Sumpffieber die ganze Insel erfaßte, war das Schicksal Torcellos endgültig besiegelt. 20.000 Menschen hatten einst auf der kleinen Insel gelebt. Jetzt waren es kaum hundert, die sich noch in dieser verödeten Wildnis behaupteten. Einst hatte Torcello ein eigenes Tor zum Meer, durch das seine stolzen Handelsschiffe in die Adria einfuhren, besaß es zwanzig Kirchen, verfügte es über gepflasterte Straßen und war es imstande, im Krieg Venedigs gegen Genua, der vor Chioggia entschieden wurde, drei vollständig ausgerüstete Kampfgaleeren der venezianischen Flotte zur Verfügung zu stellen. An den dalmatinischen Feldzügen Venedigs, die der Niederwerfung kroatischer und slawischer Piraten dienten, nahmen stets auch Bogenschützen von Torcello teil. Und noch im 12. Jahrhundert schrieb ein anonymer Kommentator voll Respekt vom „Magnum Emporium Torcellanorum".

Der Niedergang dieser Insel, die ebenso wie Grado oder Malamocco in der Frühgeschichte Venedigs eine bedeutende Rolle gespielt hatte, war lautlos und von katastrophaler Vollkommenheit. Treibsand verstopfte die Kanäle, die allmählich verlandeten. Brackwasser lag faulig und gefährlich zwischen den Schilfinseln, die Malaria bemächtigte sich des ganzen Gebietes, die Pest holte sich ihre Opfer, und Torcello, schwer gezeichnet durch das Sumpffieber und die Pestepidemie, sank in Lethargie und Mutlosigkeit zurück. Zuerst verließen die Kaufleute die fast unbewohnbar gewordene Insel. Ihnen folgten die arbeitslos gewordenen Matrosen und zuletzt auch die Fischer, die in der brackig gewordenen Lagune ohnedies keine zufriedenstellenden Fangquoten mehr erzielten. Venedigs Baumeister holten sich von der Insel das, was noch brauchbar oder kostbar war an den ehemals reichverzierten und kostbar ausgestattenen Palästen. Torcello wurde so buchstäblich zum Lieferanten von Bauschutt, und nicht wenige der berühmten Paläste am Canal Grande wurden mit jenem Material erbaut, das mit Frachtkähnen von Torcello abgeholt worden war.

Nur einmal noch rührte man sich auf Torcello, versuchte man auf sich aufmerksam zu machen, auch wenn dieser Versuch ebenso grotesk wie rührend war. Als Napoleon die Republik beendete und Venedig zu existieren aufhörte, riefen einige romantisch veranlagte Inselbewohner Torcello zum autonomen Staat aus. Ihre Anstrengung, ihr patriotischer Eifer, ihre politischen Exaltationen waren freilich vergeblich. Die Welt, die das einstmals berühmte Torcello längst vergessen hatte, reagierte auf diesen Akt der Überheblichkeit nicht einmal mehr mit Gelächter.

Aber nach wie vor ist Torcello zweifellos eine Insel exquisiter Sehnsucht, wie das James Morris einmal formulierte. Es erzeugt Gefühle, die nicht allein durch die Begeisterung des Romantikers erklärt werden können, an einem solchen zwischen Idylle und Resignation gleichsam eingespannten Ort sozusagen an Land gehen zu dürfen; und die nicht nur damit etwas zu tun haben, daß man neben zahlreichen Bau- und Skulpturenfragmenten auch noch auf einen Marmorthron stößt, der den legendären Namen „Sedia di Attila“ trägt. Dieses Gefühl, das Torcello vermittelt, ist etwas Unnennbares und doch Altvertrautes, etwas, das an Schmerz, Abschied, an die Unausweichlichkeit des Todes erinnert und zugleich doch die Kraft und die Herrlichkeit des Geistes nachvollzieht, diese selbstverständliche Größe, die einst aus diesem Niemandsland, aus diesem inzwischen längst schon wieder gelichteten Dschungel so etwas wie ein kulturelles Paradies machte. „Nirgendwo in der Lagune spürt man deutlicher den Sinn Venedigs, denn dieser Ort trägt unverkennbar den Charakter verzweifelter Entschlossenheit, und es ist, wenn man über seine ausgestorbenen

Wasserwege hinwegblickt, nur zu leicht, sich die Feuer schrecklicher Feinde vorzustellen, die an der Festlandküste brennen, oder im Geist das angsterfüllte Tedeum von Menschen zu hören, die ins Exil gingen.“ (J. Morris)

Torcello ist im Widerschein des Krieges entstanden. Die Furcht der Menschen bewegte es und machte es aufnahmebereit für alles, was Angst verursacht und Elend erzeugt. Seine Kathedrale, teils byzantinisch, teils gotisch, ist eine einzige Metapher auf die Furcht. Sie sei, weil von angsterfüllten Menschen erbaut, schlecht gebaut worden, meinen einige Experten, was eine Anspielung ist auf das Jahr 1000, als der mittelalterliche Mensch tatsächlich glaubte, von der elementaren Katastrophe des Weltenendes vernichtet zu werden; und keine Alternative dagegen wußte als jene, sich dem strengen Weltenrichter als demütiger und erbarmungswürdiger Christ anzudienen.

Aber das, was heute als Santa Maria Assunta auf der Piazza von Torcello einen Blick zurück in die mittelalterliche Welt erlaubt, ist schon der dritte Bau dieser großartigen Kathedrale und dürfte, wie das eine Inschrift vermuten läßt, um das Jahr 1008 fertiggestellt worden sein. Verantwortlich für diese letzte Erneuerung und Erweiterung der Kathedrale war übrigens der Bischof Pietro Orseolo, der im Frühling des Jahres 991 in das Amt des Dogen berufen wurde und dann einer der großen Politiker Venedigs werden sollte. Ihm gelangen nicht nur die Neubauten der Dome von Torcello und Grado vortrefflich, sondern auch Venedigs Anspruch auf die Vorherrschaft in der Adria unterstrich er machtvoll durch erfolgreiche Feldzüge bis nach Dubrovnik.

Nun ist die Baugeschichte der Kathedrale Santa Maria Assunta ungeachtet sorgfältiger wissenschaftlicher Untersuchungen noch immer nicht hinlänglich geklärt. Man weiß nur, daß in den Jahren zwischen 639 und 641 ein erster Mariendom unter Kaiser Heraklius errichtet worden war. Und daß dann in der zweiten Hälfte des 9. Jahrhunderts (etwa um 865) ein Umbau stattfand, dem schließlich die endgültige Erneuerung des Doms um die Jahrtausendwende folgte. Bemerkenswert ist auch der Campanile, der wahrscheinlich um die Mitte des 11. Jahrhunderts entstanden und ursprünglich wesentlich höher gewesen ist. Aber im Jahre 1640 soll ein gewaltiger Blitzschlag seine Spitze abgebrochen haben. Die Kathedrale selbst wirkt immer noch groß und erhaben, zu wuchtig vielleicht für die verlorenen Inseln, für diesen kleinen grasbewachsenen Platz, der wie der Abdruck einer Fußspur wirkt, die ein Engel hinterlassen hat, bevor er sich endgültig von diesem verwunschenen Eiland erhob.

Berühmt sind die Mosaiken von Santa Maria Assunta, die im 12. und beginnenden 13. Jahrhundert entstanden sind und die in der Tat zum Schönsten gehören, was in diesem Wetterwinkel abendländischer Kultur- und Geistesgeschichte entstanden ist. Beeindruckend ist hier vor allem eine Madonna, „groß, schlank und unsagbar traurig, vor einem verschwommenen goldenen Hintergrund. Sie hat Tränen auf den Mosaikwangen, und sie blickt hinunter in die Kirche mit einem Ausdruck zeitlosen Vorwurfs, das Kind in den Armen bergend, als sähe sie alle die Jahre voraus, die da kommen sollten, und machten jeden einzelnen von uns dafür verantwortlich." (J. Morris)

Es ist diese Madonna wahrscheinlich wirklich das vornehmste Kunstwerk in der bewegendsten Kirche der Christenheit, wie das ein italienischer Gelehrter einmal etwas euphorisch ausgedrückt hat, wobei man sich allerdings vergegenwärtigen sollte, daß es griechische Handwerker waren, die das Mosaik der Madonna hergestellt haben. Was übrigens den wellenförmigen verworfenen und von Mosaiken bedeckten Fußboden der Kathedrale angeht, so erinnert er — ähnlich wie der Fußboden in der Basilika von San Marco — an die zeitlose Gewalt des Meeres. Und unwillkürlich stellt man sich vor, wie irgendwann einmal auch über Torcello die große Flut kommen und die letzten Zeugnisse seiner großartigen Vergangenheit verschlingen wird. Man fröstelt bei dieser Vision, aber zugleich weiß man mit schmerzhafter Genauigkeit, daß es sich eines Tages bewahrheiten wird und daß Torcello dann ähnlich wie Malamocco und Constanziaca — eine Insel, die im 6. Jahrhundert noch 40.000 Einwohner zählte — von der großen nassen Flut des Meeres tödlich getroffen sein wird.

Die Lagune ist wie ein Spiegel, der langsam erblindet

Die Lagune, die im Vorfeld einer der größten touristischen Attraktionen der Welt liegt und diese wie ein Burggraben umklammert, ist wahrscheinlich einer der einsamsten und unbekanntesten Plätze Italiens. Ihr schlammiges Wasser, das gelegentlich die Farbe von Roggenmehl annimmt und dann wieder ausschaut, als sei ein zartes, rauchblaues Herbstfeuer darüber hinweggeflossen, verbirgt die sonderbarsten und überraschendsten Geheimnisse. Diese Lagune überzieht mit spröder Haut alle Geschichten, die sich in dieser entlegenen Welt ereignet haben und die im Verlauf der Jahrhunderte eine unglaubliche Geschichte geworden sind, und sie bedeckt mit grauen, verwitterten Runzeln die Erinnerungen an die Menschen, die hier eines der erstaunlichsten Kulturdenkmäler des Abendlandes errichtet haben.

Die Geschichte der Lagune ist noch immer nicht erschöpfend geschrieben worden, weil niemand diese Geschichte wirklich genau kennt. Und über ihre Entstehung kann man auch heute nur Vermutungen anstellen, in denen das Schieben und Scharren der Flüsse, die aus dem Norden kommen, aber auch Erdbeben oder die saugende und mahlende Kraft des Meeres und mitunter auch die Menschen eine gewisse Rolle spielen. Nur ein paar Eingeweihte kennen Zahl und Namen der mehr als tausend Inseln, Schlammbänke, sandigen Untiefen, verborgenen Buchten, schilfbedeckten Landzungen und Flußläufe, die entweder in die Lagune münden oder sich ihren verborgenen Weg durch die Lagune bis hinaus in die Adria gebahnt haben. In alten, längst verflossenen Zeiten, als die legendären Argonauten sich durch den Treibsand, durch die heimtückischen Strömungen und schlammigen Barrieren mühten und einen Ausweg aus dieser labyrinthischen Welt suchten, damals lagen hier die Sieben Meere der Antike, die sich bis hinunter zur längst verschwundenen Lagune von Ravenna erstreckten und die gerade noch den Untergang des römischen Imperiums erlebt haben. Und das alles hat die Form eines sanft geschwungenen Halbmondes, ist erfüllt von sausendem und manchmal auch unheimlichem Leben und könnte in der Tat das seltsamste Geschichtenbuch der Welt sein, wenn die Menschen darin bloß zu blättern verstünden.

Venedig hängt mit tausend Wurzeln an diesem flachen Wasser. Und die Lagune hält immer noch mit einer ergreifenden Gebärde der Geduld die langsam versinkende Stadt in ihren nassen Armen. Da gibt es zum Beispiel im Weichbild von San Marco einen ganzen Archipel von kleinen bis winzigen Inseln und Schlammhaufen, Sandbänken und wasserumspülten Steinhügeln, die kaum einmal ein Fremder zu sehen bekommt, obgleich sie nur ein paar Steinwürfe weit vom Canal Grande in der Lagune liegen. Sie heißen La Grazia, San Clemente, San Servolo oder Sacca Sessola, und sie tragen den bezeichnenden Sammelnamen Isole del Dolore, also Inseln des Schmerzes, weil auf ihnen die Isolierstationen und Irrenhäuser des alten Venedig stehen. Auf einigen, wie etwa auf San Servolo, wurden die Geisteskranken Venedigs schon in der ersten Hälfte des 18. Jahrhunderts betreut. Andere wiederum, etwa La Grazia, dienten bereits im Mittelalter als abgeschiedenes und gutbewachtes Hospiz für die zahlreichen Pilger, die hier auf ein Schiff nach Palästina warteten. Später wurden auf einigen dieser Inseln Pulvermagazine eingerichtet.

Eine ganz eigenartige Insel ist Poveglia, das hinter San Servolo liegt und seinen Namen den zahlreichen Pappeln verdankt, die früher einmal diese Insel bedeckt haben. Poveglia war in den Anfangszeiten der venezianischen Existenz eine völlig autonome Gemeinde mit einem eigenen Senat, ähnlich wie Torcello und Malamocco. Es liegt am Eingang zum blutgetränkten Canale Orfano, wo bekanntlich nicht nur die Opfer des Rates der Zehn, sondern viele Jahrhunderte zuvor schon die unglücklichen Soldaten Pippins ertränkt worden waren, was wiederum bedeutet, daß die Bewohner Poveglias sich einst rühmen durften, Pippins Armee vernichtet zu haben. Im großen Krieg gegen Genua dann, als die Genuesen von Chioggia her in die Lagune einzudringen versuchten und Venedig der starken Rivalin zu unterliegen drohte, verbrannten die Poveglianer freiwillig ihre Häuser, damit die gelandeten Genueser keine Unterkünfte hatten. Heute ist die Insel ein einziges Altersheim und bezeichnenderweise auch ein Schiffsfriedhof, weit abseits der touristischen Pfade, ein graubraunes Spinnennetz im bleichen Wasser der Lagune.

Die Lagune habe, heißt es in Venedig, immer wieder die Serenissima gerettet. Denn ähnlich wie das insulare Großbritannien lag Venedig hinter einem Schutzwall aus Wasser und Schlamm und konnte seine großen Schlachten an weit entfernten Schauplätzen schlagen. Und die zahllosen Auseinandersetzungen, die ein tragisches Charakteristikum für die Entwicklung Italiens waren, haben mit Venedig nie etwas gemeinsam gehabt. Die Lagune bewahrte die Stadt am Canal Grande davor, in einen verhängnisvollen Sog gerissen zu werden, daran sie möglicherweise zugrunde gegangen wäre. Selbst die Türken, die im Jahre 1471 nahe genug an die Stadt herangekommen waren, um vom Campanile von San Marco aus ihre Schlachtfeuer auf dem Festland erkennen zu können, auch die Türken waren niemals imstande, in die Lagune vorzudringen oder sie gar zu überwinden. „Die Venezianer sickerten ursprünglich in die Lagune ein“, schrieb ein italienischer Historiker des 19. Jahrhunderts, „weil sie sich ihnen förmlich als Unterschlupf anbot. Sie befestigten sie, bauten hohe Wachttürme, warfen Verteidigungsketten über die Wasserwege und richteten überall dort, wo es notwendig war, Erdwälle und steinerne Bastionen auf.“ Die Österreicher wiederum, die während der Kämpfe von 1848 Tausende von Granaten in die belagerte Stadt hineinschossen, vermochten nur ein einziges Haus zu zerstören und waren erst dann dazu fähig, Venedig einzunehmen, als die völlig demoralisierten, ausgehungerten und von Krankheiten geschwächten Venezianer resignierten. Im Ersten Weltkrieg fielen zwar etliche österreichische Bomben auf die Stadt, weil die Lagune jetzt die Venezianer nicht mehr vor den Überfällen österreichischer Flieger schützen konnte, aber die dadurch angerichteten Schäden waren verhältnismäßig gering. Man kann heute noch, wenn man offenen Aug's durch Venedig spaziert, etliche Gedenktafeln entdecken, die an diese Fliegerangriffe erinnern, wobei eine unmittelbar vor dem Hauptportal der Basilika von San Marco liegt, sorgfältig eingelassen in den Boden des Platzes, wo sie vor rund sieben Jahrzehnten explodierte, ohne größeren Schaden anzurichten.

Im Zweiten Weltkrieg wurde zwar Mestre mehrfach bombardiert, aber das irritierte die Venezianer kaum, die sicher sein durften, von den alliierten Bomberverbänden verschont zu werden. Es waren dann neuseeländische Truppen, die 1945 die Stadt den Deutschen und mehr noch den Partisanen abnahmen; ältere Venezianer erinnern sich heute noch voll Bewunderung an das halsbrecherische Wettrennen, das zwei neuseeländische Panzerfahrzeuge veranstalteten, als sie über den Damm rasten, der Venedig mit dem Festland verbindet.

Übrigens betrugen die Verluste, die während der beiden Weltkriege in diesem Jahrhundert unter der Zivilbevölkerung entstanden, an die zweihundert Opfer. Aber diese Opfer kamen nicht durch Granaten oder verirrte Splitter zu Schaden, sondern dadurch, daß sie der verordneten Verdunkelung wegen in die Kanäle stürzten.

Dabei war Venedig stets auch ein militärisches Zentrum, woran sich heute niemand mehr zu erinnern scheint. In der österreichischen Ära war Venedig immerhin der Hauptstützpunkt der kaiserlichen Flotte und die Lagune eine einzige riesige Festung. Später, als Venedig wieder italienisch geworden war, konzentrierte das Oberkommando des Königreichs hier neben einer beachtlichen Flottenansammlung auch seine Luftstreitkräfte. Im Zweiten Weltkrieg schließlich war Venedig der Stützpunkt einer Armee von Partisanen und geflüchteten Kriegsgefangenen, die im Winkelwerk der Stadt und draußen in der Lagune so gut wie unangreifbar waren.

Jeder Reisende, der über den Damm nach Venedig hineinfährt, erblickt ungefähr in der Mitte eine kleine Plattform, auf der ein altertümliches Geschütz aufgestellt ist. Hier war 1848 der wenige Jahre vorher von den Österreichern errichtete Damm unterbrochen gewesen, und einige tapfere Venezianer beschossen von hier aus die österreichischen Belagerer. In der Nähe liegt eine winzige Insel namens San Secondo im flachen Brackwasser. Sie war von den

Österreichern zu einem wichtigen Fort ausgebaut und dann von den Venezianern übernommen und als Zentrum ihrer Verteidigungslinie gegen die Österreicher verwendet worden.

Heute erinnert selbstverständlich nichts mehr an die kriegerische Vergangenheit dieser Schauplätze. Aber eine Ahnung davon, wie wertvoll die Lagune für die Sicherheit Venedigs war, erhält man dennoch — die Lagune ist durchsetzt von Erinnerungen an ihre eigene kriegerische oder eigentlich militaristische Vergangenheit. Auf Sant'Angelo della Polvere zum Beispiel war früher einmal eine große Pulverfabrik eingerichtet. Und San Lazaretto diente zuerst als Quarantänestation, dann als militärisches Haftlager. Im 17. Jahrhundert wurden hier angemusterte holländische Soldaten untergebracht, die sich freilich bald so sehr langweilten, daß sie sich zur einzigen Meuterei in der Geschichte Venedigs hinreißen ließen. In späterer Zeit bewachten abwechselnd französische und österreichische Soldaten, venezianische Milizen und italienische Wachmannschaften die plumpen Kasernen auf dieser kleinen Insel, der während ihrer langen Existenz allerdings nie Gelegenheit geboten wurde, sich gegen irgendeinen Feind zu bewähren. Militärische Einrichtungen kann man auch auf den Inseln Santo Spirito, San Giacomo in Palude und Madonna del Monte im Norden der Stadt entdecken. Santo Spirito vor allem darf auch auf eine recht bemerkenswerte kulturhistorische Vergangenheit verweisen, denn hier gab es einst eine von Sansovino erbaute Kirche sowie ein Kloster, das über Gemälde von Tizian und Palma dem Älteren verfügte.

Die wichtigsten Verteidigungsanlagen der Lagune und damit Venedigs befinden sich freilich draußen bei den Lidi. Erwähnenswert wären hier die alte Festung La Lupa und die Ca'Romani, ein Fort, das angeblich auf römischen Fundamenten steht, sowie die beiden achteckigen Festungen, welche mehr oder minder nutzlos die Insel Malamocco bewachen. Am Nordende der Lagune gibt es dann noch die Befestigungsanlagen von Treporti, die eher an ein kubistisches Kunstwerk als an militärische Anlagen erinnern. Dekorativ und imposant gemahnt eine mittelalterlich anmutende Burg auf der Insel Certosa an die ehemalige Bedeutung dieser ganzen Befestigungen, die in der Hauptsache dazu dienten, die sogenannten Tore in den Lidi — durch welche die Handelsschiffe der Venezianer in die offene See ausliefen — gegen jeden Feind hermetisch abzuschließen. Was diese Tore oder Porti angeht, so dienten sie freilich auch dem steten Austausch des lagunaren Brackwassers mit frischem Adriawasser.

Wie sorgfältig die Venezianer diese Porti bewachten, beweist allein schon der Umstand, daß lediglich viermal im Verlauf der venezianischen Geschichte feindliche Streitkräfte in die Lagune einzudringen vermochten. Zuerst waren es dalmatinische Piraten, die im 10. Jahrhundert San Pietro di Castello überfielen und dadurch den entscheidenden Anstoß für die militante Politik der Venezianer lieferten; denn erst dieser Überfall lockte Venedigs Kriegsgaleeren hinaus auf die offene See und bis hinunter in die südliche Adria. Acht Jahrhunderte später marschierten Napoleons Soldaten in Venedig ein, nachdem zuvor schon im April des Jahres 1797 eine französische Fregatte durch den Porto di Lido in die Lagune eingedrungen war. Das betrachteten die Venezianer als unerhörte Beleidigung. Die auf Sant'Andrea stationierten Kanonen eröffneten das Feuer, die Fregatte wurde geentert und geplündert, ihr Kommandant getötet. Genau das hatte sich Napoleon gewünscht, um einen plausiblen Grund für einen regulären Angriff auf Venedig zu haben. Seine Soldaten überfielen jetzt nicht eine wehrlose Stadt, sondern bekämpften einen hinterhältigen Feind, der es gewagt hatte, französisches Blut zu vergießen . . .

Der nächste Eroberer Venedigs kam aus dem Norden. Es waren die Österreicher, die mit der schwachen, kraftlos gewordenen Serenissima einige Mühe hatten und die freilich auch sehr rasch die militärische Bedeutung der Lagune erkannten. Rund sechzig Festungen, Geschützstellungen, sorgfältig ausgebaute Hinterhalte, Munitionslager und Bunker wurden von ihnen in den wenigen Jahrzehnten eingerichtet, in denen sie als Beherrscher Venedigs auftreten durften. Die Italiener, die dieses raffiniert ausgeklügelte Verteidigungssystem von den Österreichern dann übernahmen, sorgten für weitere militärische Anlagen und machten Venedig in der Tat zu einer der bestausgerüsteten Festungen Europas.

Die letzten Eroberer, nämlich Briten und Neuseeländer, kamen 1945 und waren von den Venezianern bereits sehnsüchtig erwartet worden.

Nachzutragen wäre noch, daß niemand daran gedacht hatte, die zahlreichen Befestigungen in der Lagune zu aktivieren. Weder im Ersten noch im Zweiten Weltkrieg war das mustergültig ausgebaute Verteidigungssystem Venedigs auch nur ansatzweise in Gefahr geraten, sich in der Praxis bewähren zu müssen.

Man könnte Stunden und Tage erzählen und trotzdem nur einen Bruchteil dieser alten Geschichten, die mit der großen venezianischen Lagune zu tun haben, der Vergangenheit entreißen. San Lazzaro zum Beispiel, Sitz der mehr oder minder nutzlosen Akademie für armenische Literatur und eines berühmten Mechitaristenklosters, das unter anderem auch Eigentümerin einer ägyptischen Mumie ist und zudem über einen Reliquienschrein verfügt, der in fünfzig Schubladen ebenso viele Reliquien enthält, berühmt auch durch die armenische Druckerpresse, auf der das wahrscheinlich seltsamste Gebetbuch der Welt gedruckt worden ist, nämlich verschiedene 24-Stunden-Gebete, übersetzt in 36 Sprachen, darunter ins Chaldäische, Aramäische, Chinesische und ins sanfte unleserliche Sanskrit. Oder Malamocco, dessen grandiose Vergangenheit heute längst bedeutungslos ist, das in einer Sturmnacht im 11. Jahrhundert zu zwei Dritteln in die Tiefe des Meeres abstürzte und dessen Gassen und Plätze heute noch, soweit sie dem Zugriff der Adria sich entzogen haben, mit Muschelschalen gepflastert sind. Sant'Erasmo und Vignole, auf denen das ganze Mittelalter hindurch aus unerfindlichen Gründen nie getanzt werden durfte. Oder der Turm von San Nicolò, wo vor mehr als einem halben Jahrtausend die erste Sturmwarnung der Welt gegeben wurde. Oder Chioggia, das wie eine alte zerlumpte Frau, derbknochig und breithüftig, am Südende der Lagune hockt, ein halbverwischter Widerschein des Canal Grande, aber kaum jemand weiß, daß hier das älteste Venezianisch, vermischt mit griechischen Sprachbrocken, gesprochen wird.

Von anderen Inseln wiederum kennt man überhaupt nur noch den Namen. Nach dem letzten Krieg zum Beispiel fanden Fischer in ihren Netzen, die sie vor dem Lido auswarfen, Vasen und Statuen, und weitere Funde bestätigen, daß man hier auf die letzten Überreste der Insel Metamauco gestoßen war, die in den Anfangszeiten venezianischer Geschichte eines der Zentren dieser lagunaren Welt gewesen war und die dann ums Jahr 1110 von einem Seebeben vollkommen vernichtet wurde.

Manchmal fegt die Bora, dieser von den Bergen Dalmatiens herabsausende und böige Fallwind, verheerend über die Lagune hinweg. Der Sturm wühlt dann das Wasser so sehr auf, daß die sogenannten „bricole“ nicht mehr zu sehen sind. Das sind Holzpfähle, die von Chioggia bis hinauf zu den Sümpfen im äußersten Norden der Lagune das Wasser wie mit geometrischen Figuren überziehen und die die einzige Garantie bedeuten, daß man ohne größere Katastrophe die Wasserwildnis dieser Lagune in einem Boot durchqueren kann. Manche dieser „bricole“, die mit großer Wucht tief in den schlammigen Boden getrieben worden sind, verfügen über eine kunstvolle Verzierung. Jene „bricole“, die einen der Hauptkanäle kennzeichnen, sind mit Lampen ausgestattet, was in den Nächten der Lagune ein merkwürdiges flitterhaftes und unstetes Aussehen verleiht. Angeblich soll es mehr als zwanzigtausend solcher Holzpfähle geben, an denen sich die Fischer und Bootsführer orientieren, wobei aber vor allem im Süden der Lagune nicht immer die Gewähr gegeben ist, daß die Pfähle auch tatsächlich einen schiffbaren Kanal kennzeichnen.

Im übrigen kann man ohne jede Schwierigkeit von der Lagune aus bis tief ins norditalienische Festland vordringen und etwa mit einer gutausgestatteten Gondel bis Treviso, Padua oder sogar bis nach Cremona fahren. Mancher venezianische Gemüsehändler, der früher einmal den Belästigungen durch den Zoll entgehen wollte, nützte diese Möglichkeit noch um die Jahrhundertwende weidlich aus, was wiederum die italienischen Finanzbehöden zu erstaunlichen Aktivitäten animierte; man begegnete den venezianischen Steuerflüchtlingen mit schwimmenden Zollstationen. Und immer wieder einmal kontrollierten bis an die Zähne bewaffnete Steuereintreiber — von denen freilich mancher sein nasses Grab in der Lagune fand — alle Zufahrtswege vom Festland in die

Lagune. Diese reichlich obskuren Verhältnisse fanden erst zu Beginn unseres Jahrhunderts ein Ende, als der Staat andere Möglichkeiten entdeckte, seine nach Meinung der Opfer nicht immer gerechtfertigten Abgaben einzutreiben.

Angeblich hat die Lagune auch eine besondere Rasse von Menschen herangebildet. Zumindest behaupten das einige patriotische venezianische Schriftsteller und der eine oder andere romantische ausländische Literat, der sich, vom Zauber Venedigs verführt, nicht als beiläufiger Tourist begreift. Einiges mag an dieser Behauptung insofern seine Richtigkeit haben, als tatsächlich nur die widerstandsfähigsten Menschen dem Leben in dieser amphibischen Wildnis gewachsen waren. Malaria und Cholera, diese beiden Hauptmerkmale lagunarer Gefahren, erlaubten nur den kräftigsten, zähesten und wahrscheinlich auch glücklichsten unter den Inselbewohnern ein Überleben, wobei die desolaten sozialen Verhältnisse hauptsächlich in der Zeit nach dem Untergang der Republik eine weitere Belastung darstellten.

Chioggia, das erfahrene Venedig-Kenner nicht ohne eine gewisse Berechtigung als Spiegelbild der Lagune betrachten, Chioggia ist vielleicht der am besten geeignete Schauplatz für eine Erforschung dessen, was man die Psyche oder die Seele der Lagune nennen könnte. Chioggia sei ein Ort von eigensinnigem, mürrischem Charakter, hat ein englischer Schriftsteller vor ein paar Jahrzehnten einmal festgestellt. Der Amerikaner William Dean Howells freilich nannte in den sechziger Jahren des vorigen Jahrhunderts Chioggia eine anheimelnd wirkende historische Stadt; und der Steinwall, der hier die Lagune vom Meer trennt, erinnerte ihn an römische Größe. „Auf dem ganzen Weg nach Chioggia säumen lange, schmale Streifen ländlicher Siedlungen die nicht sehr breite Littorale, und zur Rechten liegen die Laguneninseln. Chioggia selbst ist kaum mehr als ein Dorf, ein Venedig im kleinen wie Murano, mit Kanälen, Booten und Brücken. Hier aber spielt sich das Leben in viel stärkerem Maße als in dem vom Meer eingeschlossenen Venedig auf dem Land und zugleich auf dem Wasser ab, und obwohl auf den Straßen im Inneren kein Pferd zu sehen ist, dringen die Bauerngespanne doch über eine lange Brücke vom Festland ein."

In Chioggia, das lange Jahrzehnte von sich behaupten durfte, der größte Fischerhafen Italiens zu sein und dessen Fischerkähne einst bis in den nördlichen Atlantik ausfuhren, behauptet man hartnäckig, daß Carlo Goldoni ein Sohn dieser Stadt sei. Die Venezianer revanchieren sich dafür mit der zynischen Bemerkung, daß der geflügelte Löwe von San Marco, der auch in Chioggia auf einer Säule thront, in Wahrheit nichts weiter als eine Katze von San Marco sei, so dürftig und zerzaust sehe er aus. Aber weder am Canal Grande noch in Chioggia vergißt man, daß sich hier einst das Schicksal Venedigs entschieden hat, als die Invasionstruppen aus Genua am hartnäckigen Widerstand der Venezianer scheiterten und Chioggia dabei eine mehr als heldenhafte Rolle spielte.

Heute lebt man hier wie seit Jahrhunderten schon vom Fisch, wobei man gottlob nicht auf die Fangergebnisse in der Lagune angewiesen ist. Freilich wird es auch immer schwieriger, seinen Lebensunterhalt mit dem zu bestreiten, was in den gesetzlich vorgeschriebenen Fanggründen der Adria gefunden wird. Und nicht wenige Fischer aus Chioggia, die sich in Nacht- und Nebelaktionen bis an die ergiebigere dalmatinische Küste vorwagten, landeten in jugoslawischen Gefängnissen und mußten froh sein, wenn sie nur ihr Schiff und nicht auch ihr Leben verloren. Der Kampf um den Fisch wird nämlich auch in der Adria mit immer größerer Härte geführt, und heute schon glaubt man in Chioggia genau zu wissen, wann das letzte Fischerboot von seiner letzten Ausfahrt heimkehren wird. Deshalb setzt man auch hier wie überall entlang der italienischen Küste fast verzweifelt auf den Fremdenverkehr, was freilich angesichts der zunehmenden Verschmutzung der Adria auch ein gewisses Risiko enthält.

Es scheint das Schicksal der Leute von Chioggia auszumachen, immer die rauhere, bedrohlichere Seite des Lebens bewältigen zu müssen. Und sozusagen im Schatten der glücklicheren, glänzenden Serenissima zu stehen. Es ist das ein Schicksal, das man in Chioggia allerdings mit großer Gelassenheit trägt. Und das wahrscheinlich den herben Zauber dieser eigenwilligen und unverwechselbaren Stadt ausmacht.

Die Insel von San Giorgio Maggiore liegt der weltberühmten

Piazzetta und der nicht minder bekannten Dogana di Mare gegenüber und ist von beiden Schauplätzen etwa gleich weit entfernt. Ihre Bedeutung für das Stadtbild im Süden Venedigs, wie es sich in der Hauptsache seit dem 15. Jahrhundert herangebildet hat, ist eminent. Aber nicht minder bedeutsam ist wohl auch der Umstand, daß mit dieser kleinen Insel praktisch die Lagune beginnt. Immerhin ist die Isola di San Giorgio Maggiore so sehr zu Venedig gehörig, daß man ihr eine eigene Geschichte und Entwicklung nicht zutrauen will. Und doch verfügt diese Insel, die wie eine beschwingte Melodie dem wesentlich dunkleren venezianischen Kanon vorauseilt, über eine völlig eigenständige Biographie.

Am Anfang, als drüben jenseits des Beckens von San Marco das erst in Ansätzen vorhandene Venedig nur langsam, zögernd Gestalt annahm, war die Insel — und befand sich damit im Gleichklang mit allen Nachbarinseln — nichts weiter als eine Saline, wo die nomadisierenden Jäger und Fischer ihre Salzpfannen anlegten. Später entwickelte sich daraus ein Weingarten, bis schließlich im Jahre 982 der Doge Tribunus Memmo die ganze Insel den Benediktinern schenkte. Damit begann eine ziemlich abenteuerliche Geschichte. In dieser Geschichte scheinen die Namen fast aller bedeutenden Familien Venedigs auf, was allein schon durch die 135 Äbte verständlich wird, die das Kloster von San Giorgio Maggiore regierten und von denen viele dem venezianischen Patriziertum angehörten.

Einmal, nämlich im Jahre 1800, fand hier sogar ein Konklave statt. Es war übrigens Österreichs Kaiser Franz, der nach dem ruhmlosen Tod des Papstes Pius VI. — dieser starb bekanntlich nach der Gefangennahme durch Napoleons Offiziere 1799 im Exil — die kleine Insel für das Konklave vorgeschlagen hatte. Und so trafen hier einander am 1. Dezember 1799 abgezählte 37 Kardinäle, um bis zum 14. März 1800 darüber zu beraten, welchem von ihnen sie die Papstwürde antun sollten. In Rom saßen die Franzosen, der Vatikan war von fremdem Militär besetzt, die Welt schien aus den Fugen, aber am 14. März 1800 wurde hier auf der Isola di San Giorgio Maggiore gegenüber der Piazzetta und der Dogana di Mare mit Nicolo Chiaramonti jener Kardinal zum Papst Pius VII.

gewählt, der wenig später dann ein fragwürdiges Konkordat mit Napoleon schließen und ihn zu Notre Dame in Paris sogar zum Kaiser krönen sollte.

Jahrhundertelang sei, so schwärmen alle Chronisten Venedigs, die Silhouette der Klosterkirche von San Giorgio Maggiore, darin sich auch die Reliquien des heiligen Stephan von Ungarn befinden, ein Wahrzeichen der Serenissima gewesen. Wissen sollte man in diesem Zusammenhang, daß von hier aus die Benediktinermönche das heidnische Ungarn missionierten, wobei der fromme König Stephan eine bedeutende Rolle spielte. Aber an solche Geschichten erinnert sich heute kaum noch jemand, während die Klosterkirche — von den beiden erhaltenen Kirchen Palladios, die es in Venedig gibt, ist San Giorgio zweifellos die großartigere — ein Schmuckstück Venedigs ist. Mit ihrem Bau wurde 1566 von Andrea Palladio begonnen. Kurze Zeit nach seinem Tod (1580) wurde sie vollendet, aber erst dreißig Jahre später eingeweiht. Sie zählt zu den schönsten und bedeutendsten Sakralbauten Europas, wobei vor allem die Fassade aus istrischem Kalkstein mit ihrer weichen und schimmernden Helligkeit als Vorbild für zahllose Kirchenbauten in ganz Norditalien diente.

Aber die Insel von San Giorgio Maggiore vermag auch noch mit anderen Überraschungen aufzuwarten. Im 19. Jahrhundert gab es hier eine Werkstätte für den Ballonbau, wobei allerdings keine sonderlich rühmenswerten Reminiszenzen an diese Ära vorhanden sind. Später übernahm die italienische Marine die Insel und errichtete hier ein Ausbildungszentrum für sogenannte Froschmänner. Und dann begann das großartige Zeitalter des Conte Vittorio Cini. Er war einer der Gründer des riesigen Industriehafens Porto Marghera drüben am Festland bei Mestre. 1945 verlor er seinen einzigen Sohn bei einem Flugzeugunglück. Zum Andenken an diesen Sohn, der Giorgio hieß, pachtete Cini die Insel vom italienischen Staat und gründete hier unter anderem ein Ausbildungszentrum der Marine, aber auch eine Bibliothek, eine Konzerthalle und ein Zentrum für historische Studien. Er ließ ein großartiges Freilichttheater errichten, halbverfallene Klostergänge restaurieren und vor allem das von Palladio geschaffene Refektorium wieder erneuern.

Die Restaurierung dauerte rund ein Jahrzehnt, und die Fondazione Giorgio Cini investierte Milliardenbeträge in dieses Vorhaben, das die Insel zu einem mustergültig restaurierten Wahrzeichen Venedigs und der Lagune machte.

Gleichfalls in Sichtweite von San Marco, und zwar am Kanal, der hinaus zum Lido führt, liegt San Lazzaro, „eine kleine angenehme, gut unterhaltene, ziemlich vorstädtische Insel mit Zypressenhainen, einem schönen kleinen Campanile, Lauben, Terrassen und Ufergärten“ (J. Morris), eine kleine Insel, die in sämtlichen Reisebeschreibungen und Romanen eine unerhörte Berühmtheit erlangt hat, wie das vor mehr als einem Jahrhundert schon der Amerikaner Howells überrascht feststellen durfte.

San Lazzaro ist eine Erinnerung an jene längst verschwundenen Zeiten, als in den Gewässern der Lagune so gut wie jedes Inselchen und jeder Steinhaufen ein Kloster tragen mußten. Heute sind es nur noch zwei Inseln, nämlich San Lazzaro und dann noch das in den nördlichen Marschen gelegene San Francesco del Deserto östlich von Burano, welche sich eines Klosters rühmen dürfen.

Was nun San Lazzaro angeht, über das im vorangegangenen Kapitel schon in summarischer Kürze einiges Wissenswerte berichtet wurde, so erfuhr es im Jahre 1717 durch den gelehrten armenischen Priester Mechitar seine Auferstehung zum bedeutenden Kunstwerk in der Lagune. Denn in jenem Jahr gewährte Venedig dem zwei Jahre zuvor aus seinem Kloster auf dem griechischen Festland von den Türken vertriebenen Armenier Mechitar — was übrigens soviel wie „der Tröster“ bedeutet — nicht bloß Asyl, sondern stellte ihm das zu jenem Zeitpunkt verlassene und auch reichlich verwüstete San Lazzaro als neue Heimstätte zur Verfügung. Mechitar, nach dem sich dann die Ordensgemeinschaft der Mechitaristen benannte, machte die Insel sehr rasch zu einer Hochburg armenischer Gelehrsamkeit und Religiosität. Heute ist das dort gleichfalls von Mechitar gegründete Kloster — der Meister überwachte mit freundlicher Strenge den Bau dieses Klosters und legte selbst Hand an, wenn es nottat — eines der Hauptzentren armenischer Kultur, wobei man in diesem Zusammenhang vielleicht noch Wien nennen sollte, wo sich gleichfalls eine große armenische

Gemeinde um die Bewahrung ihrer kulturellen Souveränität bemüht.

Das Kloster ist Sitz der Akademie für armenische Literatur, was ein großartiger Titel für eine heutzutage eher unbedeutend gewordene Angelegenheit ist. Früher einmal freilich, als man dieser armenischen Literatur und Kultur noch ein großes Interesse entgegenbrachte, war ein solcher Sitz einer Akademie eine respektable Visitenkarte. Immerhin verschonte ein Napoleon, der nach der Eroberung Venedigs alle Klöster in der Stadt und in der Lagune schließen ließ, dieses eine von San Lazzaro, wozu allerdings ein geschickter Schachzug der Mechitaristen beigetragen haben mochte. Sie hatten nämlich schon vor dem Auftreten des korsischen Eroberers auf San Marco ihre Abgesandten nach Paris geschickt und es auf ihre sattsam bekannte freundliche und einschmeichelnde Art verstanden, sich der Gunst des Imperators zu versichern. Aber auch andere Potentaten und Fürsten waren von den geschickten und kosmopolitischen Mönchen als nützliche Freunde in eine intime Bindung zum Kloster gezogen worden. Ein Herzog von Madrid spendete eine kostbare Sammlung mineralogischer und ozeanographischer Gegenstände. Papst Gregor XVI. stiftete eine Büste, die ihn selbst darstellte, ein Geschenk, das den Mönchen von San Lazzaro möglicherweise ein enttäuschtes Seufzen entlockt haben mochte. Ein armenischer Millionär, der in Kairo lebte, schenkte dem Kloster eine ungemein kostbare Bibliothek armenischer Literatur. Und ein Patriarch von Venedig stiftete jenen Reliquienschrein, über den im vorangegangenen Kapitel schon berichtet wurde und dessen Besonderheit es ist, daß sich in seinen fünfzig Fächern tatsächlich je eine heilige Reliquie befindet.

Aber es gibt auch noch andere Kostbarkeiten, die der rühmenden oder doch erstaunten Aufzählung wert sind. So zum Beispiel etwas von jenem geheimnisvollen Manna, das in einem kleinen Kästchen aufbewahrt wird und von dem alle Welt annimmt, daß es etwas mit der heiligen Speise zu tun haben muß, über die schon in der Bibel berichtet wurde. Dazu kontrastieren altgriechische Holzschnitzereien vom Berg Athos, Beispiele chinesischer Elfenbeinkunst, ein buddhistisches Rituale, antike Waffen, eine koptische Abschrift aus dem Koran, eine deutsche Serie von Medaillen, auf denen sich merkwürdigerweise nur die Köpfe britischer Monarchen befinden, ein Gästebuch mit zahlreichen interessanten Eintragungen und eine Unzahl von handschriftlich signierten Photographien, auf denen Staatsmänner, Bischöfe und andere ehrenwerte Persönlichkeiten eines Zeitalters zu erkennen sind, das den Mechitaristen auf San Lazzaro noch mit mehr Behutsamkeit und Zuneigung entgegengekommen ist, als das möglicherweise heute der Fall ist.

„Zu den liebenswürdigsten Freunden, die wir in Venedig fanden, gehörten die Mönche des armenischen Konvents, dessen Gebäude aus der glasklaren Lagune emporsteigen und sich, ungefähr eine Meile entfernt, über den südlichen Teil der Stadt erheben", erzählte William Dean Howells in den sechziger Jahren des vorigen Jahrhunderts mit einer gewissen Begeisterung seine eigenen Erfahrungen mit San Lazzaro. „Diese Masse aus ehrwürdigem Backstein auf einer Insel voller Lauben ist zum Schutz vor dem Meer von festem Mauerwerk umschlossen und enthält innerhalb des Hofes einen Garten mit einer Fülle schöner Blumen und den merkwürdigen Bäumen des Ostens, während ein anderer das Kloster selbst umgibt und fleißig das Obst und Gemüse liefert, mit dem man die Bedürfnisse der wohlgepflegten sterblichen Hülle der guten Brüder befriedigt."

Diese liebevolle Zustandsschilderung einer Idylle, die von bukolischer Landschaft, zwanzig bis dreißig Mönchen mit dichten Bärten und wehenden schwarzen Soutanen und einem rostroten, frommen Gemäuer handelt, entspricht heute freilich nicht mehr in allen Punkten der Realität. Aber es gibt auch so noch genügend Erzählenswertes über San Lazzaro, zum Beispiel den Hinweis auf eine gastronomische Kuriosität des Klosters, nämlich eine Rosenmarmelade, deren Geschmack so exquisit und zauberhaft sein soll, daß sie nur auserlesenen Gästen aufgewartet werden darf. Auch die Bibliothek des Klosters mit rund 50.000 Bänden ist durchaus aufzählenswert. Und schließlich gibt es noch die Druckerei der armenischen Mönche, mit der man imstande ist, Werke in mehr als dreißig Sprachen herzustellen.

Und dann ist da auch noch die Erinnerung an den ebenso exzentrischen wie genialen englischen Poeten und Lebemann und schwärmerischen Verfechter demokratischer Tugenden, Lord Byron, der im Jahre 1816 allen Ernstes sich der schwierigen Aufgabe unterzog, die armenische Sprache zu erlernen. Er ließ sich zu diesem Zweck dreimal in der Woche von seinem Leibgondoliere nach San Lazzaro rudern, wo er mit den freundlichen Mönchen den lebhaftesten Umgang pflegte, in ihrer Bibliothek immer wieder auf köstliche und interessante Raritäten stieß, aber auch mithalf, Bäume zu pflanzen und im übrigen ein kleines Sommerhäuschen, das ihm von den Mechitaristen zur Verfügung gestellt wurde, mit seinen Meditationen und geistigen Exaltationen erfüllte. Lord Byron konnte sich aber nur einige Monate dazu überwinden, einem verhältnismäßig strengen Lebensstil zu gehorchen und seine wöchentlichen Sprachübungen bei den Mechitaristen einzuhalten. Bereits nach vier Monaten, in denen er regelmäßiger und freilich auch gerngesehener Gast des Klosters war, erlahmte sein Interesse an allem Armenischen. Und er nahm sein unstetes, abenteuerliches Zigeunerleben wieder auf.

Das andere Inselkloster in der Lagune kann zwar keine solche Persönlichkeit von irritierendem Reiz in seiner Biographie aufweisen, vermag dafür aber einen der großen Heiligen des christlichen Abendlandes als seinen Ahnherrn zu benennen. San Francesco del Deserto mit seinem Franziskanerkloster inmitten von Zypressen und hohen Schirmpinien, „die sich wiegen und krümmen in der Brise wie eine Reihe tibetanischer Gebetsfahnen" (J. Morris), führt seine Existenz auf den heiligen Franziskus zurück. Dieser habe hier einst Schiffbruch erlitten, und zwar ausgerechnet mit einer venezianischen Galeere, die ihn hinüber ans dalmatinische Ufer hätte bringen sollen. So wird es zumindest behauptet. Und deshalb verstehen sich die Franziskaner, die auf dieser kleinen Insel im Norden der Lagune von einer besseren Welt träumen, als Erben einer Geistigkeit, die mit dem lärmenden Treiben der von Touristen überschwemmten und von Umweltkatastrophen bedrohten Lagunenstadt nichts gemein hat.

Möglicherweise enthält diese Legende vom unfreiwilligen Aufenthalt des heiligen Franziskus, für die es allerdings keinen wie immer gearteten historischen Beweis gibt, dennoch ein Körnchen Wahrheit. Denn im Jahre 1219 war der Heilige, nachdem er im Orient vergeblich die Heiden zu bekehren versucht hatte, auf einem italienischen Handelsschiff in seine Heimat zurückgekehrt. Und dabei könnte es sich durchaus um eine venezianische Galeere gehandelt haben, von der man sich mit einiger Phantasie auch vorstellen darf, daß sie während einer schweren Bora hier in der Lagune in Schwierigkeiten geraten sein könnte. Jedenfalls zeigen die Mönche den wenigen Besuchern, die sich nach San Francesco del Deserto verirren, voll unverdrossener Freude am Wunderbaren ein Holzstück, das einst dem Stab des heiligen Franz entsprossen sein soll, sowie einen Sarg, in den er sich angeblich hineinzulegen pflegte, um sich ans Leben im Jenseits zu gewöhnen.

Immer waren die Inseln in der Lagune eine Heimstätte für die verschiedenen Orden, die hier weniger ihren missionarischen Pflichten als vielmehr jener Pflicht gehorchten, dem venezianischen Vaterland auf irgendeine Weise nützlich zu sein. San Clemente zum Beispiel, einem großen und weißen Steinblock ähnlich, wuchtig und abweisend, war einst der Sitz eines solchen Klosters, daran noch eine Kirche aus dem 17. Jahrhundert erinnert. Im Jahre 1843 machte man die Insel zu einer Nervenheilstätte für Frauen, was später auch auf Männer ausgeweitet wurde. San Clemente ist bloß zwei oder drei Meilen vom Markusplatz entfernt, aber es gibt sich dem zufälligen Besucher wie eine fremde Welt, die dieser nur zögernd betreten will. San Servolo wiederum war schon im 8. Jahrhundert eine schöne Heimstätte den emsigen Benediktinern, die für Venedig so oft von großer Bedeutung gewesen sind, bis man, und zwar im Jahre 1725, auch hier ein Hospital für Geisteskranke einrichtete, in das freilich auf Anweisung des Rats der Zehn nur Patienten aus vornehmen Familien eingeliefert werden durften.

Ein Kloster gab es auch auf San Giorgio in Alga, das am Kanal nach Fusina liegt. Ein venezianischer Doge, der später wegen

Hochverrats enthauptet wurde, ist hier einmal im dichten Nebel gestrandet, was allgemein als böses Omen angesehen wurde. Und Eugen IV., gewiß einer der unglücklichsten Päpste, hat hier als Mönch namens Gabriele Condolmiere gelebt; und war, wie wir vermuten dürfen, wahrscheinlich glücklicher als später, da er nicht mehr wie einst in der Lagune als frommer Gelehrter, sondern als Politiker auftreten mußte. Das Kloster, das viele Jahrhunderte lang das Wahrzeichen dieser kleinen Insel gewesen ist, wurde übrigens 1717 bei einem Brand fast zur Gänze zerstört. Es spielte dann in den Revolutionswirren von 1848 noch einmal eine gewisse Rolle, als Freiwillige aus Venedig den Campanile bestiegen, um von dort aus die Bewegungen der österreichischen Besatzungsarmee zu beobachten. Später errichteten zuerst die Österreicher und dann die Italiener in den Überresten des Klosters ein Pulvermagazin und eine militärische Anlage, die aber wie so vieles andere in der Lagune ohne jede Bedeutung blieben und nutzlos verrotteten.

Auf La Grazia wiederum, dicht hinter San Giorgio Maggiore gelegen, betreuten früher einmal eifrige Mönche die Pilger, die ins Heilige Land wollten, und dementsprechend war auch das Kloster, das hier errichtet wurde, einer Figur der Jungfrau Maria gewidmet, welche niemand anderer als ausgerechnet der Apostel Paulus geschaffen haben soll. Selbstverständlich wurde auch hier ein Pulvermagazin eingerichtet, nachdem das Kloster von Napoleon aufgehoben worden war. Während der Revolution von 1848 sprengte ein zufällig entflammtes Streichholz die ganze Herrlichkeit in die Luft.

Und von Poveglia, zuerst Quarantänestation, dann Zufluchtsstätte für arme und alte Venezianer, darf man nur vermuten, daß auch diese Insel einmal ein Kloster getragen hat. Ähnliches gilt für Sant'Erasmo und Vignole, während auf Mazzorbo, wo einst die Händler aus Mitteleuropa ihre kostspieligen Zollformalitäten erledigen mußten, eines der reichsten und vornehmsten Klöster der ganzen Lagune stand. Einem venezianischen Reiseführer aus dem Jahre 1740 kann man entnehmen, daß hier „Reihen stilvoller Paläste die Kanäle säumten und eine wohlhabende Gesellschaft von Patriziern und Kaufleuten den Ort zu einem der lebendigsten Zentren der Lagune machte". Allerdings steht in diesem kuriosen Büchlein kein Wort davon, daß der Niedergang in Mazzorbo schon im 11. Jahrhundert eingesetzt hat, was die meisten der verwöhnten Mönche veranlaßt haben mag, anderswo in der Lagune — wo die Malaria noch nicht mit solcher Heftigkeit wütete — ihre Zelte aufzuschlagen.

Klöster, Quarantänestationen, Irrenhäuser, Pulvermagazine, Munitionsdepots, Fortifikationen, manchmal hat man, wenn man die Geschichte der Lagune studiert, tatsächlich den Eindruck, als habe diese teils verwunschene und teilweise ihren eigenen Zauber kokett vermarktende Welt zwischen Meer und Festland keine andere Aufgabe gehabt, als ein kostbar geschmückter Vorgarten Venedigs zu sein; wobei der Schmuck freilich im Verlauf der Jahrhunderte abhanden gekommen ist; und vielfach eine Wildnis zurückließ, die heute wieder jene Form anzunehmen beginnt, die ihr am Anfang ihrer historischen Existenz eigentümlich gewesen ist.

Was die Klöster angeht, die bis auf zwei alle verschwunden sind, so waren sie sozusagen das Salz in dieser Suppe aus luxuriösem Leben und hartem Überlebenskampf. Denn viele der Inseln dienten den Venezianern als eine Art immerwährender Sommerfrische, als Fluchtpunkt, an welchem man auch dann seinen wollüstigen Neigungen nachgehen konnte, wenn drinnen am Canal Grande und am Rialto wieder einmal die lästigen Moralgesetze der venezianischen Politiker wirksam wurden. Solches Treiben, das aus manchen Inseln Freudenhäuser und Tempel eines orgiastischen Wirkens machte, bedurfte also frommer Pflichtübung; oder jenes stillen Einverständnisses, das manchen Abt und damit manches Kloster mächtig und vermögend gemacht hat. Diese Klöster waren Zufluchtsort für enttäuschte oder gefährdete Patrizier, bequemer Alterssitz für vermögende Venezianer, ein angenehmes Exil jenen, die es sich leisten konnten, hinter Klostermauern die nämliche Bequemlichkeit und den gleichen Luxus zu genießen, wie sie das draußen in der Welt gewohnt gewesen waren.

Aber alle diese Dinge, Ereignisse, Biographien sind längst Vergangenheit. Und sie haben im Grunde so wenig bewirkt wie jene rund sechzig Fortifikationen, die im 19. Jahrhundert die Lagune zur uneinnehmbaren Festung machen hätten sollen. Die Mönche sind verschwunden. Ihre Klöster sind zu Bauschutt geworden. Und über die Mauern der Festungsanlagen kriecht Efeu. Was Bestand gehabt hat und immer noch eine Funktion besitzt in der Lagune, was über alle politischen und sozialen Veränderungen hinaus sich seine Bedeutung hat erhalten können, sind lediglich die Isolierstationen und Irrenhäuser. Muß man diesen Umstand als ein charakteristisches Omen betrachten? Oder zählt auch das bloß zu den vielen Eigentümlichkeiten, die typisch sind für Venedig und seine launenhafte Existenz?

Orts- und Sachwortregister

Namensregister

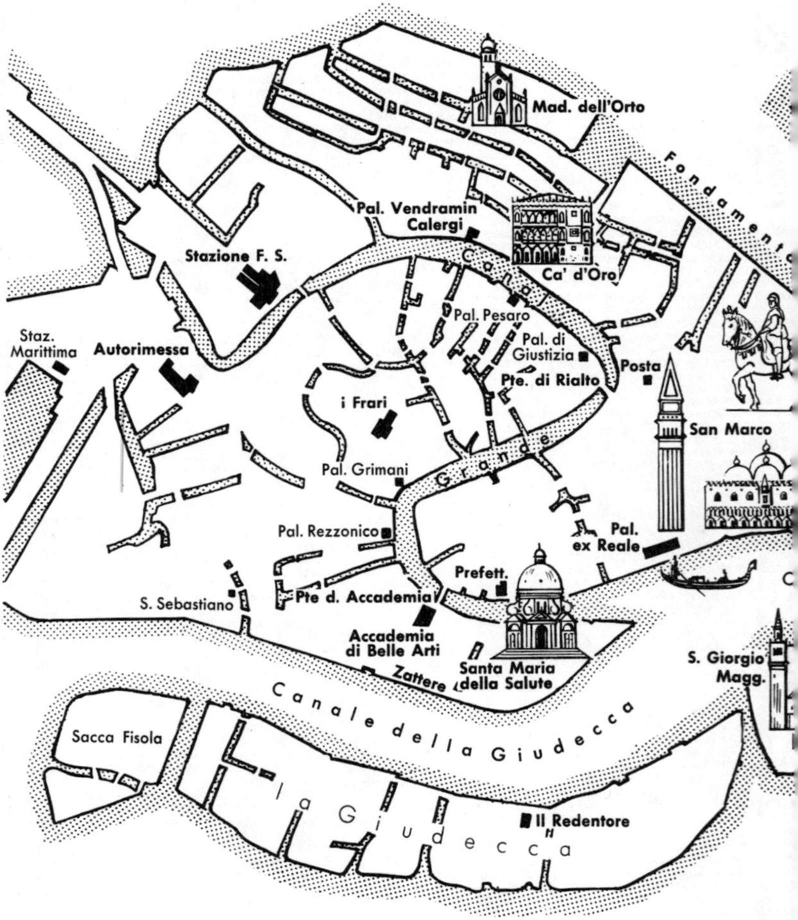

Mad. dell'Orto
Fondament
Pal. Vendramin
Calergi
Stazione F. S.
Ca' d'Oro
Canal
Pal. Pesaro
Pal. di
Giustizia
Staz.
Marittima
Autorimessa
Posta
Pte. di Rialto
i Frari
San Marco
Grande
Pal. Grimani
Pal. Rezzonico
Pal.
ex Reale
Prefett.
S. Sebastiano
Pte d. Accademia
Accademia
di Belle Arti
Santa Maria
della Salute
Zattere
S. Giorgio
Magg.
Canale della Giudecca
Sacca Fisola
la Giudecca
Il Redentore

VENEDIG

la Grazia